京师
发展讲演录

GUEST LECTURES OF BEIJING
NORMAL UNIVERSITY ON DEVELOPMENT ISSUES

胡必亮 刘复兴 主编

山西出版传媒集团
山西经济出版社

图书在版编目（CIP）数据

京师发展讲演录 / 胡必亮，刘复兴主编. —太原：山西经济出版社，2012.12
　ISBN 978-7-80767-625-6

Ⅰ.①京… Ⅱ.①胡…②刘… Ⅲ.①中国经济—经济发展—文集　Ⅳ.①F124-53

中国版本图书馆CIP数据核字（2012）第299545号

京师发展讲演录

主　　编：胡必亮　刘复兴
出 版 人：赵建廷
责任编辑：李慧平
特约编辑：任永玲
装帧设计：赵　娜
出 版 者：山西出版传媒集团·山西经济出版社
社　　址：太原市建设南路21号
邮　　编：030012
电　　话：0351-4922133（发行中心）
　　　　　0351-4922085（综合办）
E - mail：sxjjfx@163.com
　　　　　jingjshb@sxskcb.com
网　　址：www.sxjjcb.com
经 销 者：山西出版传媒集团·山西经济出版社
承 印 者：山西出版传媒集团·山西新华印业有限公司
开　　本：787mm×1092mm　　1/16
印　　张：15
字　　数：216千字
印　　数：1-3 000册
版　　次：2012年12月　第1版
印　　次：2012年12月　第1次印刷
书　　号：ISBN 978-7-80767-625-6
定　　价：32.00元

序 言
preface

  第二次世界大战以来，许多发展中国家开始走上了独立自主的发展道路。经过半个多世纪的艰难探索，有些国家已成功地跻身于新兴工业国行列，有些国家的发展结果则不尽如人意。伴随着这些国家的曲折发展过程，学术界、国际组织和政府部门的专家、学者以及决策者们都对发展问题提出了许多看法与见解。其中一些学者还因此而赢得了国际学术界的大奖。仅以经济学界为例，刘易斯（W. Arthur Lewis）、舒尔茨（Theodore Schultz）、阿玛亚·森（Amartya Sen）、斯蒂格利茨（Jeseph Stiglitz）等都由于他们卓越的关于发展问题的研究成果而分别获得了1979年、1998年和2001年的诺贝尔经济学奖。由此可见，发展研究特别是经济发展研究已经成为一门专门的学问，并得到了世人比较广泛的关注与认同，其中的一些基本理论和方法也已被归纳总结为基本教义在大学讲坛上得以教授与传播，发展经济学就是这样的一门学科。

  回顾与反思半个多世纪以来的发展研究历程，我们不难发现，在许多发展问题的看法上，人们的意见是相当不一致的；同时我们也发现，人们在有些问题的看法上，已经形成了一些基本的共识。譬如说，在如何理解"发展"这样一个最基本的问题上，实际上一直也是存在不同看法的：早期比较普遍的看法是，发展只是一种经济现象，因此发展问题就是一个如何促进经济增长的问题，就是一个如何提高人均 GDP 水平或人均收入水平的问题；现在人们则比较普遍地认识到，尽管发展的核心是经济发展问题，但发展本身却是一个综合性的现象。因此，发展研究应该是一种多维体的综合研究，不仅包括与经济增长和收入分配相关的研究，也应该包括社会发展方面的研究，还应该包括制度及其机制形成与变迁的问题研究。

可喜的是，经过多年的研究与探索，大家都认为发展是一个过程，是一个不断变化的过程，发展的最终目的只有一个，那就是人们的生活水平与质量得以不断提高，人们都能过上幸福美好的生活。要做到这一点，除了从经济发展方面做出努力外，还要大力发展教育、医疗卫生事业，增加人们的就业机会，减缓贫困，减少不平等，保障人的安全，维护人的尊严，等等。

再譬如说，在发展研究的基本特征方面，有些特征是大家公认的，但有些特征大家就会有不同的看法。一般认为，发展研究具有很强的动态性特征，因为发展过程本身就是变化的过程，包括经济结构的变化、社会结构的变化、体制与制度的变化，等等；发展研究也有比较强的综合性，涉及经济、社会、制度、文化、历史、政治、国际关系等各方面；发展研究的综合性不仅表现在研究对象方面，也表现在研究的理论基础和方法上，因为发展研究涉及许多学科，也就很自然地涉及许多相关的理论与方法；发展研究与其他学科相比，还具有很强的战略性，因为许多研究都直接涉及国家发展的重大战略选择，如大家比较熟悉的进口替代、出口促进、比较优势、土地改革等都是事关国家发展的重大战略；与很强的战略性密切相联系的是发展研究也具有比较强的政策性，研究的结果往往都有助于形成重要的发展政策，如农业发展政策、工业化政策、城市化政策、贸易政策、汇率政策、税收政策、货币政策、财政政策，等等；在研究方法上，与其他研究比较重视逻辑推理不同的是，实证研究、案例研究、比较研究对发展研究具有特别重要的意义。

对于发展研究中已基本形成了学科体系的"发展经济学"而言，一直以来都是存有争议的。持赞成意见的学者认为，将发展中国家的经济与制度转型独立出来形成一个经济学的分支学科，即发展经济学是非常必要的，因为发展中国家具有与发达国家完全不同的制度环境，包括其市场不完善、信息不充分、政治不稳定等，那么如果完全按照发达资本主义国家的经济学（即新古典经济学或新自由主义经济学）来解释发展中国家的发展过程与发展问题、制定发展政策的话，很容易出现"市场失效"的问题，其中一个基本选择就是让政府在发展中国家的发展过程的一定阶段发挥更加重要的作用；但也有学者认为，对于研究发展中国家的经济问题也是可以用新古典经济学、宏观经济学、劳动经济学、货币经济学等得到解释的，如果政府对经济发展实行过多、过强的干预，则容易产生寻租、腐败现象，出现"政府失效"问题。

总之，不论是发展研究，还是发展经济学，目前都还存在许多有争议的问题，需要我们做进一步的深入研究与探讨。如果我们将目前的一些全球性的重要现象与问题如欧债危机、国际金融危机、石油价格和粮食价格过快上涨等现象与发展研究联系起来考虑，特别是当我们将发展研究的一些一般性的问题与中国这样一个大国处于转型中的一些特殊现象结合起来进行研究的话，其意义就更显重要了，当然研究的难度也会更大一些。

为了加深对各种复杂的发展问题的理解，进一步推进发展研究不断向纵深发展，我们定期邀请国际、国内在发展研究方面造诣深厚的专家、学者就发展研究方面的特定问题到北京师范大学来为广大师生做专题发展报告，启发我们共同思考这些重要问题。根据这些专家、学者的演讲，我们整理出了这本《京师发展讲演录》，供关心发展问题的广大读者参考。

为了这项有意义的学术活动的开展，许多部门和许多人都为此做出了巨大的努力与贡献：北师大社科处、学科处和研究生院为我们这项活动的开展给予了大力的支持和很好的指导，特别是北师大"文科跨学科沙龙"资助了这项活动，我们对此表示最衷心的感谢。具体的组织工作是由北师大经济与资源管理研究院学生会主持的，学生会主席朱磊和副主席陈仕雄尤其发挥了重要作用；北师大经济与工商管理学院和北师大管理学院的研究生会也积极参与组织了其中的部分专场报告会。北师大经济与资源管理研究院2011年级硕士生对讲演者的录音进行了认真整理，然后由袁威和孙祥栋统稿；我又花了近一个月的时间，逐字逐句地修改定稿了前五讲，孙祥栋花了许多时间修改定稿了后五讲；山西经济出版社社长兼总编赵建廷先生和编辑室主任李慧平女士积极承担起了这本讲演录的编辑出版工作，他们工作非常刻苦，使这本书得以较快面世。我们对大家的辛苦工作和全力奉献致以最诚挚的谢意。

胡必亮

2012年9月16日于意大利圣安娜高等研究院

目 录
content

第一讲 能源战略与经济发展方式转变
　　——中国能源研究会常务副理事长周大地演讲录　　/ 1

第二讲 经济全球化的由来及其发展历程
　　——意大利比萨大学经济学副教授 Pompeo Della Posta 演讲录　　/ 31

第三讲 从诺奖得主到凡夫俗子的经济学谬误
　　——澳大利亚蒙纳士大学经济学教授黄有光演讲录　　/ 51

第四讲 案例研究与教学
　　——哈佛大学肯尼迪政府学院公共政策学
　　教授 Arnold M. Howitt 演讲录　　/ 74

第五讲 社会转型与中国土地制度的变革
　　——国家土地副总督察甘藏春演讲录　　/ 97

第六讲　货币重商主义与东亚经济增长
　　——意大利圣安娜高等研究院政治经济学
　　　教授 Stefan Collignon 演讲录　　　　　　　　　　　/ 122

第七讲　全球医疗卫生发展趋势
　　——哈佛大学公共卫生学院中国项目主任刘远立演讲录　　/ 146

第八讲　实验经济学的兴起和发展及其在中国的应用
　　——德国不莱梅大学 ZMT 研究中心
　　　科学家 Björn Vollan 博士演讲录　　　　　　　　　/ 178

第九讲　全球经济2050：我们是否能实现一个新兴市场的世纪
　　——美国新兴市场论坛首席执行官 Harinder Kohli 演讲录　/ 199

第十讲　中国金融发展与人民币国际化
　　——美国卡内基国际和平基金会
　　　高级研究员彼得·鲍泰利教授演讲录　　　　　　　　/ 217

第一讲　能源战略与经济发展方式转变

——中国能源研究会常务副理事长周大地演讲录

2011年9月22日,国家能源专家咨询委员会副主任、中国能源研究会常务副理事长、原国家发改委能源研究所所长周大地应我院邀请,到我校京师发展课堂发表题为《能源战略与经济发展方式转变》的演讲。以下是演讲实录[①]:

主持人:李晓西教授

我们北京师范大学经济与工商管理学院、管理学院和我们经济与资源管理研究院共同组建了"科学发展与可持续发展研究基地",我自己是这个基地的负责人。2010年我们就进入了"985工程"建设的大盘子。大家知道,"985"对学校的支持力度还是蛮大的。文科一年有几百万元的资金支持。我们三个院都有一些项目。在基地的项目下我们设了能源政策研究,由北师大中国能源与战略资源研究中心承接,这个中心是2010年由校长特批成立的,挂靠在经资院,我担任顾问,主任是经资院院长胡必亮教授,执行负责是林卫斌老师和张生玲老师。能源研究机构有很多,我们中心的研究主要是希望在国际化方面做得更好一点。我们现在与哈佛大学肯尼迪政府学院的亚洲能源与可持续发展研究中心达成合作协议,促进中国与美国以及亚洲其他国家能源领域的交流合作。能源问题也是可持续发展

[①]本演讲实录内容由北京师范大学经济与资源管理研究院2011级硕士研究生刘诗瑶整理。

中非常关键的问题。

作为京师发展课堂的第一讲，我们很高兴邀请到国家能源专家咨询委员会副主任、中国能源研究会常务副理事长、国家发改委能源研究所原所长周大地。周老师在能源研究方面做出了很大的贡献，包括"十二五"规划的能源部分周老师都做了很多工作，有很多调研报告。周老师今天会给我们讲能源战略与经济发展方式转变。周老师讲完后我们还会有提问交流的环节。

今天我们还请到了几位嘉宾和媒体的朋友：中央财经大学仿真实验室主任付强教授、中国能源报记者、经济参考报记者、中国税务报记者、中国经济网记者等。

下面我们以热烈的掌声欢迎周大地老师！

演讲人：周大地

大家好！我先声明一下，事先不知道有媒体，因为现在不是政策宣讲，所以不全是官话，何况目前我国能源战略处在面临调整的过程之中，我的有些观点也不一定是共识。同样的说法可能不同的人有不同的理解。我今天讲的主要代表个人观点，也反映了能源界一部分人的认识。现在能源界的认识也不完全一致，大方向、有些重大问题还是会有共同的看法。但具体到一些数字，具体到一些行业部门的发展，就会有不一致的看法。今天说的也不是什么结论，大家都是搞研究的，把这个问题提出来，仅供大家参考。

我们讲绿色低碳可持续发展能源战略主要是以下5个方面，这几个方面也是相互关联的。首先要讲能源需求的现状和发展趋势，然后讲我们面临的内外部环境资源约束，接下来讲为什么科学发展要实施节约优先的能源战略，还有能源供应如何实现绿色低碳能源结构调整的问题，最后是从"十二五"开始能源发展的重点。

改革开放以来，一次能源生产量从1978年开始逐年增加，2002年以后增速加快。近10年来的增速明显超过过去。我们看到，能源生产以煤炭为主，煤炭的增量最多。一次能源现在是用标煤作单位来计算的。23亿吨标准煤折合32亿多吨原煤。2002年以来的能源增长主要是煤炭增长多，一年增加2亿吨。原油产量是缓慢上升的，1978年相当于标煤1.5亿吨，现在相当于不到3亿吨标煤。原油产量有所上升但增速平缓，与整个能源增长曲线有差异。天然气今年增速快，但总量有限，不到1.3亿吨标煤，与总消费30多亿吨相比是个小数字。

能源消费曲线与供应曲线差不多，但是数量更大。2010年的能源消费是32.4亿吨标煤。消费以煤为主。石油消费比重比石油生产要大，石油消费增速明显大于国内产量增速。我国1978年还是净出口石油国，目前已经成为世界上第二大石油进口国，石油消费大于国内石油生产。水电、核电和风电，特别是水电有较大增长，但总量仍有限。这些低碳能源（还包括太阳能）总共是2.7亿吨标煤，比重不到8%。风电装机数量近年高速增长，2010年总量达到世界第一。2010年年底的风电装机共440多万千瓦，已经超过美国。但是运行状态与发电量可能未达到世界第一。我国的风电分布在西北、内蒙古、新疆、甘肃等地，还有吉林、辽宁。受电网的影响，风机装上后不能马上并网发电。能源及相关的基础设施投资数量巨大，2010年投资超2万亿元人民币。将近60%至少是50%的资金投入到电力行业及相关的基础设施建设中。电力行业是投资的重要领域，但与全国总投资28万亿元相比，也不是拉动投资的主要部门。

实际上，能源消费增长过快，资源环境压力巨大，这是难以持续的。资源环境压力首先看气候变化，这是重大的资源和环境约束。应对气候变化催生了低碳经济，即用远远低于目前的温室气体排放总量和强度来实现全球经济发展，要求全球的温室气体排放大幅度下降，远期接近于0。有的模型要求到2070~2080要减到0；按有的模型算，要把温室效应控制在一定范围就要实现负排放。现在排多了，以后就要想法把温室气体从大气中拿回来。在这种情况下，发达国家温室气体排放要显著下降，全球要降到0左右甚至是负数。所以无论是发达国家还是发展中国家，在今后30~50年甚至更长时间，温室气体排放都要下降。我们中国首先要把温室气体排放增速降下来，每年增加2亿吨煤的排放量就很多，我们以后要实现总量显著减排。真正要做到这一点,对发达国家和发展中国家都是巨大挑战,远远不是我们搞点风能、太阳能就能把低碳问题解决的。

国际社会应对气候变化的进程有很长的历史了。这几年比较热,实际上在1988年的时候联合国大会就通过了为当代和后代人类保护气候的决议。组织了IPCC(政府间气候变化专门委员会)在1990年发布了第一次气候变化科学评价报告。1992年联合国大会又通过了《联合国气候变化框架公约》,要求发达国家的温室气体排放要下降,后来发现大家虽然很关切,但没有谁真正下降了。怎么具体执行呢?联合国气候变化框架公约就讨论通过了《京都议定书》,要求发达国家带头减排,到2008~2012年时温室气体的排放比1990年总量平均减少5.2%。后来美国退出,表示国内不通过。但随着《京都议定书》到期,各国从2006年开始谈下一步怎么办。2007年联合国气候变化大会通过了《巴厘岛路线图》,又在2009年的哥本哈根气候变化大会达成了《哥本哈根协议》。哥本哈根大会去了100多个国家的政府首脑或国家元首,是一次巨大的聚会,但也没有达成什么重大的结论。去年又在坎昆气候变化大会上形成了《坎昆协议》,今年还将在南非德班继续进行艰难谈判。为什么会有这么多的谈判,有这么多人关注,各个国家花这么大的力气?是因为一方面,各国都承认气候变化是重大挑战;另一方面对于究竟该如何应对又感到难度很大。这就形成了很大的矛盾。何况还有各国的国家利益混在其中,各国就会有不同的看法,干起来确实不太容易。哥本哈根大会前后,对于气候变化是否由人类活动所引起、全球气候是否变暖,也有部分人提出了很多质疑,国内也有一些人提出了一些质疑。但我个人认为,因为我也是IPPC第三工作组第二次到第五次评估报告的lead author和coordinating lead author,对它的活动比较了解。应该说IPCC的科学评估报告是目前为止对气候变化本身的原因有比较系统研究、科学性较高的主流认识。尽管在哥本哈根大会前后对IPCC的一些结论有一些质疑,而且找到了第四次评估报告中小的数据和引证的失误,但是IPCC三大厚本科学评估报告引用了上万个数据甚至不只上万个数据中,最后只有共7处的三四个数据在引用过程中出错,比如有一个2350年写成了2035

年。但是基本结论没有被推翻，科学的可信性经过全球各国的科学家用不同的方式客观评价还是不能否定的。所以 IPCC 的结论是有科学依据的。

人类温室气体的排放主要来自化学燃料的过度使用，一个分子甲烷比一个分子二氧化碳增温效果高 21~23 倍，按增温效果算二氧化碳特别是化石燃料的燃烧增加最快、起作用的数量最大。实际上，人类增温的主要作用还是能源活动排放的二氧化碳和甲烷。当然，砍伐森林也起了一定作用。

世界各国减排的压力都是巨大的，但我国越来越多地成为焦点。各国已经在哥本哈根同意到 2100 年将温度变化控制在 2 度，要求全球大幅减少温室气体排放总量，2050 年单位 GDP 平均二氧化碳排放强度比现在下降 10 倍以上。发达国家 2050 年温室气体排放要比 1990 年减少 80% 以上，发展中国家的温室气体排放总量要明显低于现在的排放量。低多少？有人说 15%，有人说 30%。就是说还有 40 年的时间，我国现在还在大量增加，2050 年人均二氧化碳排放量只能在 2 吨左右，现在世界人均是 4.3 吨，而我国目前是人均 5 吨，已经超过世界人均排放水平。所以目前我国每年增加的排放量占全球增量的 60%。有人提出，如果中国不减排，世界减排也没用。尽管有点不公平，但这是事实。我国每年增加的排放量比发达国家减少的排放量还要多。如果中国不减排，他们减排也是白搭，世界温室气体排放总量还是会上升的。

所以，不管各国政治家目前的争论如何，温室气体的作用、全球升温的大面积负面影响将逐渐显现。很多气候的极端事件频度和烈度都比过去大。中国人口多，生态平衡余度低，不适应人居住的地方也有人居住。如果气候变化，水资源分布和干旱问题更加严重，我国就很可能出现很多生态移民。中国为发展经济加大了排放，如果全球变暖产生不可逆转的负面影响，我们也会受到重大影响。对于如何减排、谁先减、减多少，世界各国有反复，吵得一塌糊涂，但从趋势看不得不减。现在减得慢，以后就得减得更多更快。现在的能源发展不可能不考虑以后，5~10 年后中国也要"毕业"了，你说自己是发展中国家，到时候人均 1 万美元，进入 OECD 的门槛，不能再说发展中国家不负责任了。但能源技术的周期是二三十年甚至更长。我国必须考虑未来发展，不能使劲儿地挖煤，否则今后困难更大。

减排与可持续发展是可以争取双赢的。因为减少温室气体排放主要是大幅度地转变能源消费方式，减少温室气体排放需求。实际上就是要提高能效，加强节能。同时还要合理消费。加起来就是要把能源消费总量合理化，甚至要减少。所以我们转变消费方式包括生产性消费将是低碳发展的基础，这与我们现在搞节能是完全一致的。所以，首先要强化节能，包括加强技术进步，提高能源转化效率的技术节能；也包括转变发展方式，调整产业结构，推进产业升级，提高产品增加值率的这种结构性节能。这是我们正好要干的事儿。第二，要发展核能、水电、风电、太阳能等新能源和可再生能源，优化能源结构。实际上，对中国来讲，天然气的碳排放强度要低许多，得到同样的能源，天然气排放的温室气体要比煤少40%以上。石油也比煤炭低20%左右。所以，在这个情况下，调整能源结构，增加这种优质的、清洁的像天然气这样的化石能源，也是一个减少排放的过程。还要减少农业温室气体排放，通过植树造林减少毁林，通过森林管理、封山育林等增加森林碳汇。木头本身是碳水化合物，通过光合作用吸收二氧化碳变成有机物，可以储存上百年，这是很好的碳汇。我们可以看到减少温室气体排放这个事儿，即使没有气候变化问题，我们要解决能源问题也必须这么做。我们要解决生态环境的问题也要这么做。所以有很多措施是一致的。

除了气候变化问题外，我国还面临严重的资源环境制约。应该说世界资源不足以支撑发展中国家按照发达国家的现有模式发展。直接表现就是国际能源价格。随着发展中国家进入优质能源消费的领域，国际油价和气价反复震荡上冲。而且能源安全问题，包括我们的内部环境问题，都在不断加强。我们即使不看有无气候变化问题，单看这些问题，我们的能源安全、我们自己的环境问题、我们资源可获性的问题、我们面临的即使可以买到但价格越来越高的问题，也得想办法去解决。从能源角度来看，从80年代开始到现在，石油和天然气占了现有能源的60%以上，煤炭在全世界的能源中占28%。去掉中国的话，占了不到22%。所以，大家可以看到如果真正想改变能源结构，还需要做大量的工作。国际上石油是最大的能源，也是影响最多的。在很多发达国家，石油和天然气是主要的能源，占了70%~80%甚至更多，至少占60%左右。所以国际能源价格主要是以油价来做代表，国际油价的反复高位震荡说明世界石油供应平衡很脆弱，稍微需求增长一点，油价就蹿着往上跑。当然，也有人讨论所谓的国际石油的峰值问题。说再用几十年世界石油就没有了。是不是这么回事？不是。因为真正从资源数量来看，从技术的发展和不断地找到新的资源和过去认为采不出来的资源变成可以采出来的资源来看，石油也可能还能用上一二百年，一百五十年是可以的。而并不是说从现在开始30年石油就没了。但是，石油无论如何都是稀缺的，因此为了石油资源打仗的事儿也有很多。哪个国家也不会说我的石油资源白送你，你随便来采。而且一旦掌握了石油资源就是财富。所以现在不管是发展中国家还是发达国家，都对这点儿财富看得很紧。俄罗斯尤科斯石油公司的头儿霍多尔科夫斯基为什么会被抓起来？就是因为他想把石油资源国际化。资源必须是由国家控制的，他不能这么干。包括我们去伊拉克开采石油。伊拉克给我们作业费，前2年签订合同，每采出一桶石油给1.99美元的作业费。所以卖100美元是他的事儿，并不是你帮他开采你就有油权了。如果你投资可以用石油卖出的钱来返还，但是资源的那部分只有你干活儿的钱，你分不到资源的这一部分好处。像这样的国家都是这样，所以对于资源的控制使实际的石油产量增长不可能按照所谓经济规律进行。所以大家可以看看世界商品能源消费国家的结构。1980年的时候，发展中国家占了整个世界商品能源消费的20%左右，到现在为止，大约占40%多一点，大多数商品能源像刚刚说的油、气、煤和水电主要还是发达国家十一二亿人口消费。石油输出国的人口更少，但他们很浪费。2010年我国的能源消费大约占世界能源的20%左右。但我们看到，原油的需求价格弹性是明显提高的。我国在1993年前是石油输出国，1993年后开始变成石油进口国。刚开始可能还是出口点这个，进口点那个，到后来就都是净进口了。2000年后石油进口增速加快、数量加大，正好赶上或是造成了国际原油价格上升。大家看到，石油价格弹性比需求的变化是放大的。实际上，国际能源价格升高我国是被动买单的。因为在国际金融和矿产品寡头垄断的控制下，国际能源价格是脱离生产成本的，现在石油价格与生产边际成本差得很远。中东国家的石油开采成本只有1至2美元，整个国际上的边际开采成本加起来也就40至50美元，但是石油价格达到100美元以上。实际上，石油价格上升主要不是成本推动的，它的定价机制是一个期货型的，这个机制的运行是由支付者的支付愿望和能力决定的。只要有需求，就把价格定得很高，除非需求降下来。1999~2009年，全球的原油消费增加了3.6亿吨，我国增加了1.95亿吨，占总量的54%。所以有人说，中国是推高原油的主要动力之一，我觉得也只能承认这一点。尽管我们也是买单的，国际油价每提高1美元，在目前进口2.5亿吨的数量下，我国进口原油每天多支付500多万美元。如果我们继续增加进口，油价升高对我国的影响将会更大。如果我们这么多人要像美国一样消费，美国是6亿吨，那么我们就得进口十几亿吨。这样油价就不是100美元了，可能会达到500美元。

我国的人均资源占有量明显低于世界平均水平。我们看到，煤炭63%，是最高的。实际上，如果世界平均水平是100%，石油、天然气则只占7%。其他的淡水、耕地、森林面积、铁矿石（我们现在每年进口6亿吨铁矿石）等基础性资源的占有量都很低，所以中国是搞不起资源浪费型经济的。

能源矿产资源对外依存度高。我们看到，2009年石油对外依存度已经达到了52.6%，现在达到55%以上。铁矿石在2009年达到70%，铁矿石价格翻番往上涨。中国大量进口铁矿石，2000年生产1.35亿吨钢，现在是6亿多吨。所以我们的资源约束很强。

国内的生态环境制约因素不断加强。我国的环境污染十分严重，生态问题突出，几乎所有的污染物排放量都居世界第一，这是环科院的研究结论。生态破坏造成的损失占当年GDP的3%~4%，一些严重地区甚至是7%以上。全世界癌症的年增发病率达到3%~4%，北京更严重。环境污染对人类的身体健康产生了直接的威胁。

常规环境污染治理目前水平很低。按照现有的大气环境标准，80%以上的城市达到二级以上，但按照联合国环境署为发展中国家提出的大气环境标准是低于发达国家标准的。实际上，我们只有不到20%的城市达标。除了大气，几乎所有的重要水体都有不同程度的污染。土地水资源全面紧张，持久性化学污染物、重金属污染严重，城市普遍向不宜居的方向发展。土地硬化率在东南沿海达到了50%以上，就是说土地的50%都被水泥、厂房覆盖了。而伦敦、巴黎的土地硬化率只有百分之十几。50年代的时候，毛主席说在天安门能看到厂房大楼就好了。北京人也很惨啊，北京郊区的人工湿地，逢年过节北京人都挤到小树林里搭帐篷，10米之内好几个帐篷。北京人生活质量很可怜的。我去参观了巴黎的城市展览，他们提出城里人想到农村去。城市园林化是以后的趋势，城市园林面积要增加。我们要真正为老百姓长期利益考虑。

目前环境问题十分严重。从能源角度来讲，煤炭开发的环境影响是十分严重的，但没有正式提到议事日程上来。此外，还有对水资源的破坏、土地沉降等问题。有人说发展水电要移民。实际上为了发展煤炭的农村搬迁也不占少数。煤炭开采造成的水资源、土地资源和生态破坏累计数量巨大。目前已经有80万公顷土地塌陷。以上就是我要讲的环境资源约束问题。

未来的能源发展面临更多挑战。在考虑节能和供应约束的条件下，有人认为到2050年要达到66亿吨标煤，比去年的32.4亿吨翻一番。我们仅消费煤炭就要达到30亿吨标煤，也就是40亿吨煤炭，要增加10亿吨以上的煤炭，还要大量增加石油进口。强化低碳发展、清洁经济能达到高速增长，但能源结构、生产结构和消费结构必须进行很大的调整。总量就有可能从66亿吨降到50亿吨，同时煤炭消费数量可以保持大约30亿吨，一次能源的数量就变成20亿吨了。石油消费比率降低，天然气、核电等可再生能源比例大幅增加。这样我们有可能在2030年左右碳排放达最高点。以后虽然能源有所增加，但都是核电、水电这些零碳能源。天然气比例上升，煤炭比例下降。这从现在的技术水平来看是可以达到的。

有人说西部省份靠能源发展经济，凭什么不增加生产量。我们计算了一下，未来的能源供应能力难以支撑能源需求的快速增长。第一，煤炭增加有很大的不确定性，首先是安全问题。煤炭生产每年都会死不少人，现在百万吨死亡率是 0.6~0.8 人。先进煤炭生产国像美国不是说有多好，而是他们只采好采的煤。美国有 60% 的煤矿是露天矿，地下的高瓦斯矿、高风险矿都不去采。美国的煤炭资源量比中国还大，但是只采十几亿吨，而中国现在是采三十几亿吨。我国每年直接矿难死亡 2000 多人，加上尘肺病 2000 多人，总共是 5000 人左右。美国 10 亿吨煤矿难只死 20 人左右，其他先进国家每百万吨煤死亡人数只有 0.02~0.03，差一点的是 0.3~0.4，而我们国家目前是 0.6~0.8。不是我们不重视，而是地质条件恶劣，我们是提着脑袋下井。因此难度大就难管。能否大量增加煤炭产量就看环境生态和死人问题能不能解决。现在北京、广东都把煤矿撤了，西方国家特别是欧洲井工开采几乎取消。所以优化能源结构不仅是对消费数量的大量限制，也是战略的调整方向。20 世纪 50 年代，世界进入石油天然气时代，石油成为第一大能源。实际上，欧洲最大的煤炭消费国俄罗斯消费 1.9 亿吨（我们是 30 多亿吨），德国第二是 1.7 亿吨，其他国家很早就实现了能源优质化。我们想依靠煤炭实现现代化进行赶超是很困难的。煤炭在生活上利用效率低，工业上 ITCC 最高效率达到 40%，而天然气联合循环就能达到 50%。德国搞井工开采，不允许沉降，要搞回填，加上各种安全环保措施，2005 年的时候生产每吨煤补贴 130 美元才能维持，从经济角度讲是不可行的。

非水可再生能源应用难度比较高。工程院的研究表明，2010 年陆上可开发风力资源约 6 亿~10 亿千瓦，加上水上总共 7 亿~12 亿千瓦，我们看做是 10 亿千瓦，1 亿千瓦风电能替代 0.6 亿吨标煤。所有风力开发大约是 6 亿吨标煤。现在我们是 32.4 亿吨标煤。五分之一能靠风力。要搞 10 亿千瓦，我们现在才搞了 4000 万千瓦。太阳能光伏每千瓦能替代 0.4 亿吨标煤。风电平均发电时间一年只有 2000 小时，而核电有 8000 小时，能源转换出来的能源替代数量是有限的。所以，并不是说只要搞太阳能、风能就能随便浪费了。还有生物质能源。巴西国土面积和中国差不多，但只有 2 亿人，亚马逊有大量的原始森林，土地资源十分丰富。按照巴西的计算，每头牛有 1.5 公顷地随便放养。因此巴西可以发展可再生能源，用甘蔗制糖做酒精。中国 18 亿亩地连解决吃饭问题都有很大压力。我们算过，真正中国可利用的各种生物质能源包括城市垃圾，可利用资源不到3亿吨。一共可能有5亿~6亿吨。还有资源要用于饲料、工业原料。因此资源数量是有限的。我们计算了一下，我国2020年合理的能源生产量就是33亿~35亿吨标煤左右，如果石油、天然气进口再增加一些，总共的能力大约40亿吨标煤。再要多就要增加煤炭。实际上，石油国内产量只有2亿吨、天然气3000亿立方米、水电4亿千瓦、核电2亿千瓦、风电3亿千瓦、太阳能5000万千瓦。现在数值可能有变化，再加上1亿千瓦风电，就是0.6亿吨标煤。加起来国内是40亿吨标煤，加上进口，总能力49亿吨标煤。

所以中国想继续增加能源消费，要么增加挖煤而继续污染，而且矿难的事故也很难完全避免；要么花高价进口能源。所以我国能源消费不能照搬发达国家的消费模式。我国能源消费以生产用能为主。其中生产用能中工业占70%左右。发达国家工业只占30%~40%，普遍只占30%甚至还少，建筑和交通用能各占30%~40%。我们经过产业调整，要满足人们生活的合理用能和生产的高效用能需求的话，可以通过开创有中国特色的相对简朴的面对大众的能源消费模式，可以完成中国的能源平衡。为什么要强调大众消费呢？因为富人无所谓开节能车的问题。从供应曲线来讲，价格提高，真正退出消费的不是富人阶层而是穷人阶层。所以要保证多数人合理的能源消费，政策就不能只是鼓励少数富人随便用而多数人用不起。实际上，经过计算，如果我们的建筑面积、住房可以达到与日本、欧洲接近的水平，达到基本水平的汽车用量，比如说包括农村地区在内平均每家人一辆车，那么中国可能要5亿辆车（按平均每个家庭3口人计算）。因此，我们不能追求奢侈的生活消费方式。我们的经济布局、城市规划、交通模式、营养模式都要重新考虑。国际引进的高级建筑物，说是节能，其实单位面积能耗非常高，所有的空气通过风机送风调整，能耗反而上去了。很多普通住房可以通过开窗户通风也照样舒服。要形成合理的消费方式。日本现在大缺电，上班族不系领带了。过去空调厉害，上班族系领带。现在大缺电，一条领带大约增加2度的温度感觉。领带是欧美传统，当地的气候是夏天不热，冬天不太冷。但我们夏天热，还要西服领带在屋里使劲吹空调，这是不合理的消费方式。

我们可能实现的能源低增长方案。到 2020 年 40 亿吨左右，到 2030 年 45 亿吨多一点，到 2050 年 50 亿吨多一点。这样可以实现现代化，产业可以发展，人民生活水平也可以比较高。因为技术进步是一个重要因素。拿空调来说，性能系数 COP 过去是 1 点多，现在的中央空调可以做到 8 以上。日本人的热泵式空调，在供热时 COP 能达到 5。这个技术的变化使同样的能源消费提供的能源服务成倍增加。因此，我们的低能源需求发展前景还是有巨大空间的。

所以"十二五"期间必须努力加快转变经济发展方式。现在有些地方还是以速度为中心，通过扩大投资、上大项目求发展、争速度。这受到了市场本身的严重挑战。2008 年我国的人均 GDP 是 3000 多美元，2010 年是 4300 美元，可能今年能达到 4700~4800 美元。现在发达国家是 4 万~5 万美元。我们现在从 3000~4000 美元增加到 2 万美元也得增加 6~7 倍。完全靠现在这种土地、矿产资源消耗甚至是劳动力大量投入是不能翻 6~7 倍的，关键在于提高劳动生产率。我们现在的问题是产能过剩进一步压低了一般制造业的利润空间。不能靠继续扩大生产规模、制造低附加值的产品把中国经济搞上去了。

下面我们看几个数据。首先，中国是 GDP 中工业比例最高的国家，发达国家只有 20% 多一点，我们是 49%。服务业比重我们是 40% 多一点，而发达国家是 70%~80%。第二，从能源消费看，人均能耗美国最高，沙特油比水便宜，俄罗斯是躺在天然气上过日子。GDP 能耗我们是 4 点多，比美国还差，是意大利、英国、法国的 5~6 倍。人均 GDP 也差很远，把人均 GDP 搞上去不是拼能源消费数量而是要讲求能源效率。主要矛盾是能源效率而不是人均数量。当然人均数量也要上升，但光靠增加这个不能达到人均 GDP 几倍甚至上十倍的增长。出口也是个事儿，我们现在大量出口制成品，但是挣钱少，2008 年产量的一半甚至 90% 用于出口。我举过鞋子的例子，除了中国以外，我们每年为世界上每人生产了一双半的鞋子。制鞋全用化学品、石油，因为现在的鞋子都是橡胶、化纤、塑料。再看原材料产量，2009年中国的各种原材料基本上是世界的三分之一到一半以上，这个数不是非常准确，找到完全的统计数据很难。终端产品的产量也是世界的40%，其中汽车是30%，其他是40%~70%。世界的500多种产品中，中国有300多种产品的产量都是世界第一。中国经济发展是靠把产量搞上去还是把质量搞上去？这是非常明显的。不是增加一个10%就完了，而是要5年、10年翻一番。最低速度是7.2%，人均GDP达到5~6番才能达到2万美元。届时人家已经6万~7万了，我们还是中等发达国家水平。单位投入的增加值产出是关键。以德国为例，德国2008年出口总量是14900多亿美元，我们是14300多亿美元。2009年由于金融危机都有所下降，我国是12000多亿美元，德国不到12000多亿美元。我国现在的数量和价值量都是世界第一大出口国。但德国的能源消费总量只有我们的13.3%，1/7左右，工业能耗是总能耗的1/3。德国出口1万多亿美元的产品，相对的能源消费强度是我们的1/17。所以你到商店里去看，凡是德国制品都是贵的而且质量好，比如德国汽车。国产的所谓德国牌子，核心部件和发动机也是别人的，他们"坐地分赃"将50%拿走。

钢铁也是一个问题，世界各国的钢铁产量增加到一定程度也会降下来的，拐点出现在人均5000美元左右。在建规模是难以继续扩大的。根据统计局公报，每年建的高速公路、铁路、码头加起来的数量是非常惊人的。尽管还可能将这种速度维持几年，但基础设施建设很快会达到饱和状态。

所以，我们现在经济转轨的压力很大，能源要考虑到经济转轨的特点。我们感到原材料产能扩张难以持久，需要加快医疗卫生、教育等大众服务型消费发展，调整国民收入分配比例，调整价值分配结构。我们感到能源消费的增长速度是可能实现显著变化的。今年上半年的电力增长13%不到。现在说以后会慢下来，没人听你的。但我们从能源发展战略上来看，不能只看这个月、下个月，还要看明年怎么样，后年怎么样。这种趋势到底是会延续还是会改变。这种趋势除了主观愿望外，市场上还有没有更多约束。这些问题需要多看看。所以我们感到，如果中国的原材料高能耗的这种建设规模不再继续扩大的话，即使维持现有规模，也很了不得。那么能源消费的增长有可能出现比较大的变化。历史会说明会不会是这样的。

所以，我们认为，"十二五"的能源工作重在需求管理。从供需问题上来讲，不是要更多地增加供给来达到平衡，而是要抑制不合理需求才能达到平衡。节能降耗是转变经济发展方式的重要抓手。为什么要搞节能优先，是因为可以促进产业结构调整，提高发展质量。我们还可以根据我国的情况来发展高效消费系统，包括工业建设系统。我们中国人不能和别人比车怎么奢侈，但是我们要比我们的轨道交通，比如说我们的高铁。有人把高铁又说了个一塌糊涂，我个人认为中国的高铁是具有开创性意义的。中国只有根据自己的情况发展才能在消费方面有革命性的进展，才可能在知识产权方面拿到真实的东西。我们必须开拓符合自身情况的又高效又低碳又服务于大众的社会消费模式和个人消费模式，才可能真正把我们的知识产权拿回来。高铁就是个例子，美国人人都生活在汽车轱辘上，要么坐飞机，要么开车跑，铁路反而不太方便所以衰退了。在这些问题上不要太苛求，创新的过程中肯定要出现麻烦的。所以我们要在技术创新、特别是能效方面到 2020 年争取达到国际先进水平，以引领世界发展潮流。跟人家比奢侈，人家的有钱人比我们还有钱，人家搞了几十年奢侈品拉动消费，我们只能当徒弟，要用新的消费模式来引领世界。

下面我来讲讲能源价格问题。一说能源价格，人家就会说，你周大地老是一有石油价格变化你就出来说话。现在的 CPI 是 5%，PPI 早就是 7%~8%甚至是 10%了。在这么一个价格变化的趋势下，我们现在说要把我们的能源价格应该实行普遍补贴的方式。第一，普遍补贴并不是补贴我们的老百姓，因为我们现在的工业用电占 76%，居民用电只占 10%多一点。一次能源消费里面，民用直接消费只有 13%不到，70%以上是工业消费，还有其他产业消费。所以补贴的不是老百姓而是产业。那么在一个产业结构里头，每年电力投资是所有能源投资的一半，每年投进 1 万亿元。现在电力行业是人几万亿元的资产，但又不怎么赚钱。整个电网公司是靠副业养主业的。发电公司在发电部门是亏损的。几万亿元资产甚至大几万亿元资产不产生价值。那么价值去哪儿了？补贴用电行业去了。我们刚说了石油进口是55%以上，以后还会增加比例。进口这一部分，不管怎么样要买就得拿高价。这钱石油公司已经付了，我们规定成品油不能涨价，所以石油公司的炼油部分亏损。这钱补给谁了？每年几百亿元补给石油消费者了。可能现在开车的人多一点，大伙儿感到压力挺大，但中国汽车与欧洲比明显个大，耗油多。欧洲油价目前瑞士是1.7瑞士法郎一升，意大利油价是1.3~1.4欧元一升。

还有一个消费税的问题。长期以来，日本、欧洲这些国家多是石油消费国，通过对能源征税的办法来抑制消费。所以欧洲、日本的人均能源消费、人均汽油和石油消费都只是美国的一半甚至不到。美国是执行石油低税政策，按石油价格的12%~14%征税。所以石油价格低的时候我们显得比他们高，有1块多的成品油消费税。加上我们还有比较高的企业增值税，所以中国税的比例比美国高。但是比其他的石油消费国要低得多。我们在这个价格水平下搞一个资源节约型的社会应该怎么办？没办法。所以，先不要考虑税收是否合理，从资源建设的角度看，你到底采取补贴性能源价格来解决问题呢，还是从市场经济角度给出合理信号，让大家从技术方面开始考虑节油，从行动上考虑节油。有人说现在中国铝消费世界第一，外国人做铝窗都跑到中国来做，有人很高兴。实际上我们挣的加工费和我们给铝业进行的电价补贴、环境补贴比起来，我们的损失要大得多。人家看你的劳动力便宜、资源价格便宜于是便跑到中国来加工，最后我们挣了很少的钱，把资源和环境都赔进去了。这个是划不来的。所以今后我们对能源价格会有重大的调整。何况现在能源的发展方面，特别是一些优质能源发展方面，如果再不调整价格，就干不动了。这一次的全国电力短缺，其中很大一部分原因是电力厂认为多发了要赔钱，宁愿不多发。这是重要因素之一。

调整能源的产业结构，现在叫得比较响的是风电、太阳能。要不要发展风电和太阳能？要。但是要解决中国的能源供应问题，靠太阳能和风电，第一，不够；第二，太慢。所以中国的当务之急是把天然气、水电和核电先搞起来。以现在这种速度一年要增加1亿吨标煤以上，是不是每年要新建2亿千瓦风电？电网接受不了，因为风电是不可控的、波动性的、可中断的。这样，当白天要用电时，却没有电；你睡了，不用电时风电又来了，你怎么办？所以得别人给它背着，或者搞大量的储能系统，风电的价格要上升一倍以上甚至两倍才能解决问题。因此中国要解决问题要从我们能拿到的相对高效又清洁的能源上想办法，即天然气、水电和核电。否则，煤炭就得多来一点。真正靠风电、太阳能发展解决问题为时过早。现在我们的天然气有巨大的发展潜力。资源特别是非常规天然气，包括煤层气、液燃气，现在世界上技术有了大突破。天然气资源包括常规的和非常规的，潜力都有相当大可能增加。水电还有2亿千瓦以上有待开发（没有算雅鲁藏布江，开采难度大）。如果2050年达到4亿千瓦以上的话，核电也可以提供15%以上的一次能源。这样就可以降低对煤炭的单方面需求的压力和进口石油的巨大压力。当然可再生能源也要发展，远期成为有效的替代能源，但是现在讲50%~80%都靠可再生能源，在中国来讲是十分困难的。因为从世界来讲，他们把生物质能看成是很重要的甚至是第一位的可再生能源。我国的生物质能发展受到了土地问题的巨大制约。我举个生物质能问题。大家知道中国每年进口多少大豆吗？5500万吨，我们除了大豆还进口700万~800万吨食用油。所以中国农业为了食用油、饲料，每年进口5500万吨大豆。连食用油都没解决怎么能拿土地种生物质能、用油料作物烧汽车呢？！所以天然气是重点，目前的天然气产量能够超过3000亿立方米，加上进口可以达到4000亿~5000亿立方米。可以占到一次能源的10%以上，而现在是2%。

第二个是核电。要科学评价日本福岛核事故的影响。现在是提核色变，福岛对全世界核电重大的负面影响是临时的，也可能影响我国的核电发展规划。搞不搞核电，搞什么样的核电，我们过去很积极，现在也开始怀疑。福岛到现在为止直接生命损失为零，没有因为核辐射死亡的。但是间接经济和社会影响是比较大的。因为有10万人搬家了。10万人的搬迁，全世界有过两次：一次是因为切尔诺贝利核事故，一次是因为福岛核事故。前段时间，河南齐州有人谣传核辐射了，正式报道2万多人、非正式报道十几万人连夜逃跑，就跟当时福岛核事故之后买盐一样，一听到谣传，老百姓就去买盐了。所以到底怎么认识核电问题？我觉得确实要讲科学，要防止不必要的核恐怖。UNSCEAR（联合国核辐射影响科学评价委员会）已经成立很多年，长期对切尔诺贝利事件进行跟踪，对各种核辐射的问题进行分析，是一个客观的联合国机构，与世界卫生组织、联合国粮食署等都进行合作。它的结论是切尔诺贝利核事故说得那么危险，总共134人出现过辐射病的症状，这些人头晕、皮肤痒等，其中28人死了。大家知道切尔诺贝利事故中核反应堆的核心炸出来了，喷了几千多米高。然后石墨堆燃烧起来，放射性物质在那儿冒烟。所以第一批上去堵漏的人就像黄继光一样，做牺牲去了。但也只有28人，我们前面讲到我们的煤矿每年死2000多人，加上尘肺病每年共死5000多人。其他的受切尔诺贝利事故影响的人，大多是皮肤挫伤，早发白内障，但并不是失明。第二，在清理工作中，动员了大约60万人来轮流工作，有士兵、工人，没有放射性症状，辐射量是30~150毫西弗。前段时间说微西弗就吓死人了。对可能受辐射影响地区跟踪了20年，当时跟踪了所有18岁以下的小孩，因为18岁以前甲状腺要发育，要吃碘盐，结果发现加起来几百万受影响的人里面有6000名当时的小孩前前后后得了甲状腺癌，其中15人死亡，其他人治好了。仍然居住在辐射影响区的居民20年累计受辐射9毫西弗，相当于做了一次CT扫描，要是得了其他癌症搞了放射疗，可以达到几十甚至上百毫西弗。我1986年去波兰，他们跟我说蜂蜜是核事故以前的，没有放射性。其实波兰离得老远了。我当时听了害怕，结果经调查，像波兰这些国家，第一年增加辐射量1毫西弗，以后逐年减少，很快就查不出来了。全球资源本底是平均2.4毫西弗。地理分布不一样，有高有低，高到十几二十几，低到零点几。所以怎么看待核问题，我觉得应该科学地看。核电应该是相当安全的，全世界400多个核电厂，到目前运行14000多堆年，共发生过3次事故，三里岛虚惊一场，切尔诺贝利是人工操作失误，这一次是自然灾害。因为核电厂的水平高是11米，海啸大的高到14米。这就把核电厂给淹了，使得原来的安全措施停电了，甚至仪表都不工作了，所以就失去了冷却。中国核电氢爆、隔水都解决了，现在更加考虑到地质灾害的影响，要想得更长远一些。"9·11"后，现在的核电站大型商用飞机撞上去都撞不坏，已经算是安全的了。20世纪70年代印度化工厂毒气泄漏，死了1万多人。交通事故每年死十几万人。在这些问题上，科学性强一点要好，有利于解决中国的问题。大家可以看核电站占各国发电的比例，这是前几年的数据，高的达到70%~80%，欧洲所有的发达国家都在20%~40%甚至50%~60%。美国是20%左右。加拿大水电很丰富，也有百分之十几的核电。所以核电实际上是富人掌握的技术，技术要求高。2006年核电占一次能源的比例，法国是将近40%，这些欧洲国家核电占一次能源的比例很高，中国只有1.4%，世界平均为5.8%。

可再生能源战略定位。需要大力发展，但现在还有技术成本，还有大量应用的系统的很多新的要求，现在还是属于技术攻关阶段，需要解决应用问题。所以中国的能源要从现在开始改变。不能说30年以后靠可再生能源，这30年我就使劲儿用煤。而是从现在就得改，所以现在就要往低碳道路上走。

要坚定不移地发展水电。现在有很多说法，说三峡盖了以后使上游变旱了，下游变涝了，出了一大堆事。中国的水力资源分布不均，河水的流量不足以支撑生活用水。像北京不用发电也得把密云水库保住，没有密云水库，我们有多半年没有水喝。不是为了发电而是为了生命。所以说如果不修坝，中国有一半地方的人就不能活了。这些问题应该看得更广更客观一点。

新能源的发展关键在应用。解决价格和大规模上网的稳定性制约问题。大规模应用首先是用户的经济承受力问题。这些问题包括电动车，要进一步地发展技术，克服现在在很多方面的不足，当然给予一定的政策支持也是必要的。但是中国的能源所面临的挑战是巨大的。一定要多元化，找到不仅能够使现在增加能源供应，又能改善环境、减少碳排放的重大措施，而且选择好目标后，要从政策各方面给予支持。

因为时间关系，我对能源问题作了初步介绍，有很多想法和说法也不一定对。既然是搞学术研究，我不妨把有些话说得更直白些，不打官腔，说出来供大家研究讨论。欢迎大家批评指正。

胡必亮教授点评：

我们很幸运地听了一场精彩的报告。首先我向周大地老师表示感谢！然后向大家表示歉意，因为我有事外出，来迟了。但我至少抓住了这样三个信息：

第一，周老师演讲的题目是能源战略与经济发展方式。实际上，能源战略就决定了经济发展方式。能源是inputs，是物质的开端，通过经济活动后产生两种东西：一种是商品，是有用的物质；一种是废物和垃圾。我们的能源政策取决于你将什么样的东西放进去，生产出来的就是什么东西。我们现在的能源政策是把地下花了许多年储存的石油、煤炭弄出来，通过经济活动后排放到空气中，将地下的碳转化为空气中的碳，这样导致的结果是环境的污染。因此如果能源战略不对的话，环保努力实际上都是被动的；另一方面，能源结构也决定了经济结构。所以我们要从根本上解决经济增长方式的问题和环境问题的第一步是要解决能源战略问题。那么，有没有更好的办法呢？周老师已就此问题做了精辟的分析，我个人认为我们今后要通过更好的制度设计来鼓励技术创新，如清洁能源技术、可再生技术等。刚才周老师在演讲中提到了补贴制度，当然并不是说周老师本人主张能源补贴，我只是说他在演讲中提到了这样一种制度安排。如果对能源实行补贴，经济增长方式就很难改变。补贴能源，从一定意义上讲就是鼓励能源的浪费，鼓励传统能源的大规模使用。到最后跟传统能源相适应的通常是传统产业、耗能产业。这样的话，经济增长方式怎么可能实现转型呢？补贴能源就是在鼓励经济增长方式不改变；补贴能源的使用，就是鼓励环境的污染；补贴能源，就是在扩大收入差距；补贴能源的使用就是浪费资源；补贴能源，就没有积极性去改善能源的使用效率。因此，一般来说，补贴能源的制度安排是没有道理的，除非补贴消费者的基本能源消费，比如生活用电。这是有利于缩小收入差距、改进社会公平和公正的。而我们现在的补贴不是这样的。要提高能源的使用效率，一定是由市场决定价格，但是在某些行业的某些方面对个人消费者可以实行有针对性的补贴，这就相当于是扶贫，是可以做的。大家如果感兴趣，对能源的补贴制度进行研究是非常有价值的，我完全同意周老师的看法。

第二，技术选择也相当重要，政府应该增加投入，促进能源技术进步，将好的技术投入到能源方面。美国总统奥巴马上台后，每年对能源技术的研发增加了几百亿美元的投资。能源技术是非常重要的技术，它决定经济结构、环境，它是源头。所以制度结构和技术结构的改进都是大有文章可作的。

第三，能源问题是一个全球性的问题，不能关起门来研究能源。我们只有一个地球。能量来自于地球，碳排放也是无国界的。能源问题是全世界的问题，解决这个问题也是世界各国共同的事业。每一个国家都在做这方面的努力。尽管20世纪90年代末21世纪初美国在小布什时代退出了京都议定书，但随后的奥巴马政府的新经济政策中最关键的一个大的政策变化就是从传统的化石能源向新能源转型，改变传统的能源结构。美国政府制定了很多相关政策，譬如刚刚周老师提到的电网问题。美国正在建立一个全国统一的智能电网。这个智能电网体系可以自然吸收太阳和风的能量，并且有储存功能。智能电网能自动地储存和分配，就像计算机系统的云计算一样，有一个自动调节的系统。现在美国正在做这套系统。这套系统要真正建成就不需要用煤发电了，太阳每天照射，智能电网储存太阳能后释放。如果成功了，不仅对美国，对全人类都是一个福音。这就能解决从地下挖煤和取石油的问题了。刚才周老师也提到了能源结构多元化的问题，美国现在鼓励多种动力的汽车，而不是单一地使用石油做汽车动力，如果买一辆混合动力的车，政府补贴7000美元。生物能也是受补贴的，这既是好消息，也是坏消息，因为生物能大量占用了农业资源和粮食特别是玉米和高粱，可能对粮食安全形成了一种威胁。能源问题是全球性的问题，是人类共同的问题，我们也应该从全球的视角进行研究。我们成立的能源研究中心就是基于这样一种想法的。我们试图和哈佛大学建立密切的合作关系，重点研究全球的能源政策和能源治理，就是选择合理的制度安

第一讲 能源战略与经济发展方式转变

排和技术选择这样一个基本思路。我们一开始就是希望成为一个全球性国际化的研究中心，但我们的工作才刚刚开始，非常希望得到在座的各位特别是得到周老师的指教。

谢谢大家！

提问一：

首先感谢周老师的精彩演讲。实际上周老师的这个报告我不只听过一次，我是中央财经大学的。每次我都觉得不解渴。因为时间关系，我在这里只想提一个问题，时间留给其他同学。我们知道电既是一次能源又是二次能源，我想请教周老师，您觉得中国的电价今后几年是否会成倍地增长？

周大地：成倍增长不太可能，但是这几年电力消费快速增加，甚至电力消费弹性系数大于1，和我们现在实行的电价长期基本不变，一定要到发电公司全部亏损了才能调整一两分钱这样的电价方式是有直接关系的，其他都在涨价，就电价便宜了。现在我不是说农村不该这样消费，但是如果中国农村都要用电炊了，这还是可能有点儿太超前了。我们现在大量高耗电的产业大幅度发展，比如说我们做的太阳能电池，95%以上出口，就把这些能源消费留在了中国，其原材料生产都是高能耗的，特别是有色金属，我们现在实际上是最大的生产国，这和我们的电费不合理是直接相关的。即使我们不说通过政策推动节约型发展，就从电力行业能够获得一个合理的资本投入的收益而言，我想为了抑制电力消费超过经济发展的速度增加，电价调整的幅度绝对不是一两分钱的事儿。现在全国平均上网电价大约是不到四毛钱，消费电价大约是五六毛钱，在这种情况下，电价调整至少在一毛钱以上，才有可能达到经济上的一个平衡而还谈不上促进节约的问题。

提问二：

周老师您好！根据您的讲解，您认为无论油价还是电价，中国目前的能源价格太低了，这导致中国在这方面消耗太多。但是我有个问题，我们知道中国可以说是资源由国家垄断，由政府控制。您认为，比方说油价，

· 21 ·

一方面您说它太低导致它消费过多，但是我们一般老百姓觉得油价又太高了，而且公司的利润率又是惊人的，这种差距是怎么形成的？我非常疑惑、非常矛盾。

周大地：不要先说它是国营还是非国营，世界上的石油公司现在是两类集团，一类是国家石油公司类的，所有的石油资源基本上采取国家石油公司方式或者变相国家石油公司方式来管理和经营，不管沙特也罢、俄罗斯也罢，包括委内瑞拉都属于这类情况；第二类就是采取寡头方式管理和经营，如埃克森美孚。实际上在20世纪90年代末期，世界石油工业出现公司大重组。现在我们说的BP，实际上是前英国石油、阿莫科、阿科三个大石油公司和其他十多个小石油公司合并成的；埃克森美孚也是由美孚与埃克森合并的结果；壳牌也是和其他公司合并的。所以世界上的石油公司实际上是按地区进行寡头分治的。

学生插问：

它的公司股权是国家控股还是？

周大地：凡是资源国的，基本上是国家控制的；凡不是资源国的，都希望别人不控制，因为它可以进入。世界上的石油实际上是这样的，在殖民时代或者是准殖民时代的时候，石油公司在别人国家是说了算的。当时石油价格是几十美分或几美元，在1973年所谓的第一次石油危机以前，世界石油价格平均是两三美元一桶，那叫掠夺性开采。20世纪50年代和60年代，所谓的反殖民化就是民族独立，这些资源国逐渐拿回了自己对资源的控制权，后来又成立了欧佩克组织。石油输出国组织利用了阿以战争，阿拉伯国家确实受了大气，他们当时达成了政治共识，用石油作为武器，对美国、日本、阿姆斯特丹——欧洲的石油转运地进行了石油禁运，就是说你花多少钱我都不卖给你。搞了3个月，结果就把美国搞得在全国限制石油消费，出现了第一次石油危机，然后价格就从两三美元升到了十几美元。后来又是第二次石油危机，欧佩克控价的作用拿回了，资源拿在我手里才说了算。现在这个状态，基本上是几大石油公司对世界石油控制程度不到20%，其他80%以上都是由国家石油公司控制的。现在谁都知道石油交给个人就是聚财，交给国家还算是一个可以讨论的问题。所以现在的资源由国家控制，不管什么形式，国家公司也罢，其他方式也罢，基本上是一个趋势。同时，在石油市场方面也是一个寡头垄断式的，因为石油风险很大。BP公司在20世纪90年代初期曾经在中国南海投了16亿美元，用16亿美元打了一堆干井，然后走了。后来，别人又来打，打出天然气了。但是，16亿美元对于小公司谁受得了。这次BP在美国溢油事件中赔款200多亿美元，其他的公司谁干得动，一百个也垮了。所以能源特别是石油，是一个高风险高回报的产业，加上地缘政治的关系，加上资本和产业的结合，所以大公司年税后利润高的时候能达到四五百亿美元。BP赔的200亿美元还不到它一年的利润。

我们现在的石油公司，从生产规模上讲不比BP小。第一，我们现在还有一部分资源；第二，原油生产量，像中石油已经到了一亿吨以上了，比BP多，但现在我们这些公司的利润率比它们低。这是个很大的问题，不是所谓的经营成本问题，因为在这些行业包括电力行业，工资只占它成本中很小的份额。资本成本是最大的成本。主要成本里面，第一是燃料费用，第二是资本费用，特别是核电更是如此。所以它是一个高资本集中度的行业，包括石油。你如果想去，比如查韦斯想跟我们进行石油谈判，因为你是中国的，我"讲政治"，这话不是这么说的，但就这么个意思。所以你到这些国家去，你没有政治背景，你说我就是来做生意的，对不起，靠边站。所以为什么美国要在中东存有势力，否则它在中东根本上就没有发言权。打仗不是直接为石油，而是为了让我说了算。所以从石油价格这个问题来讲，我们中国现在不可能搞一个和世界油价脱钩的价格体系。现在只有我们的劳动力价格是脱钩的，我们的劳动力这么便宜，世界上没有这么低的，这是脱钩的，所以造成了我们的劳务和世界是不挂钩的。但是我们的原材料大量买进，这早就一致化了，卖出去的东西，制成品50%以上出口，我们还加了补贴、加了退税，早就国际化了。我们现在进口的消费品也早就国际化了。资本要国际化，人民币要可自由兑换，在这样一个价格体系下你不可能独立，除非你是能源生产国，是出口国，可以采取出口部分卖高点，国内补贴点，有的国家就是这样做的，而且石油输出国组织的很多国家国内价格很便宜，包括伊拉克。因为你再涨价，大家就会说你卖这么多钱导致财富分配不公了，现在已经不公平了。中国的石油生产方在价格45美元以上之后，销售额的40%作为特别收益已经交给国库了。除了17%的增值税以外，销售额的40%要交特别收益金，已经成为财政收入了（45美元以上的超额部分），所以当时的暴利税我们很快就执行了，所以中国石油公司的收入比国外公司的收入本来就少得多。那么，中国石油公司加上炼油要赔钱，在国际竞争的时候敢报价吗？中国石油公司有多大的能力动用资金在国际竞争中说敢拿一百亿元买一个油田呢？

学生接着问：

但是最近中石化、中海油在国外都拿了好几个油田了！

周大地：是啊，我们现在拿下的油田，属于中国人能吃苦的结果，比如苏丹的油田是怎么拿下来的？一开始苏丹是个战争地区，到现在为止南北苏丹还在打，生活资源非常差，当时是中国、加拿大、马来西亚在与当地合作，结果在勘探过程中，加拿大首先受不了走了，马来西亚第二个受不了也跑了，因为疟疾、生活艰苦，当地人也跑了，最后是中国人拿着GPS把油找出来了。中国石油工人比较能吃苦，最后就把苏丹变成石油输出国了，所以苏丹跟中国的关系一直这么好。石油输出成了这个国家一个主要的外汇收入来源。所以，中国石油公司能做的事儿外国石油公司不一定能做得了，何况我们现在发明了三次采油技术，即使是别人的骨头，觉得榨不出油来，我们也还能榨出二两油来。所以很多不太好的油田我们也敢去收购拿来生产。我跟一个沙特石油公司谈过，他要我们到他的下游搞炼油厂，我们要他的上游，他说我们上游不缺钱。他们当然是不缺钱，卖这么贵，成本又低，然后也不想搞三级采油，因为那里自喷井还来不及呢，不需要。所以要对行业的情况有进一步了解，再研究经济学，不要从经济学这个概念出发套上去，那不一定套得上。所以国企不应该成为、现在也不是所谓落后、低效、腐败的代名词。民企老板腐败不腐败，行贿不行贿你知道吗？民企老板的消费有多高你知道吗？正是因为我们是国企，你才有发言权；如果不是国企，你连发言权也没有。

提问三：

周老师，我想问一下，中国的汽油除了19%的税，还会再收一些其他的税或费吗？

周大地：中国的汽油是有1元的消费税，但是除此之外经营环节是需要收取税收的，所以只要有一个环节是独立经营的，比如说上游下游分散开来，那么分散的结果最后肯定会贵。

学生接着问：

我之前在德国读过一篇文章，它说德国的汽油现在是每升1.4欧元左右，但按照德国国内法律，他们需要收取0.9欧元的税。我不知道在中国的情况是怎样的。北京现在的油价是每升8.45元，那么在这个价格中有多少是税收，有多少是给石油公司的，我们石油本身的价格是不是比德国高？

周大地：我们怎么会比德国高呢？我跟你这么说吧：第一，中国的石油公司，只要是上市公司，你完全可以去查财务报告，如果你认真去查，它所有的成本都在那儿，包括它的子公司的情况你也可以查。第二，你可能认为中国石油公司拿钱太多了，但你知道，它是国家定价，我觉得它不贵，你说德国有0.9欧是税收，那么还有0.5欧是非税收部分，也就是它的成本和利润，0.5欧大约就是4.5~5元。据我所知，97号汽油在欧洲到了1.5欧，而不是你所说的1.4欧。

提问四：

周教授，您好！我是从中央财经大学过来听您的讲座的，觉得受益匪浅。我有两个问题，一是我们知道现在发改委在下放油的定价权，就我们这种普通消费者来看，可能认为油价会被中石油、中石化这样的企业来左右，不知道您是否认为这个定价权下放对我国能源的发展有好处。第二个问题是，之前有过了解，有关太阳能的产品会产生一种剧毒的物质，而这种物质会影响我国的生态环境。如果这样的话，我国大力发展风能、太阳能的话，会不会造成对环境的破坏呢？

周大地：风电产生大幅度的破坏现在还没有依据，当然有人会说鸟可能撞在风叶上。但是大幅度的生态破坏现在看来还没有，因为高空的风，离地面50米，对大气环流、季风都不会产生太大的影响。就像你造一个防风林一样，它会影响地面的状态，但不会影响所谓的大气环流的问题。所以说风能对生态造成重大的破坏，现在好像还没有充分的依据。太阳能在制造过程中，如果工艺采取的不合适，是会产生环境污染，我们过去曾经有一部分确实有一些问题，现在从技术上是可以解决的，但有一个成本问题。因此，可再生能源的问题在于解决成本高的问题。现在太阳能的发电大约还在1元左右，风能现在是补贴到了0.51元到0.61元，一般同一地区的煤电为0.3元或者0.4元，大约要贵两毛钱，即50%；同时这个电还不可调，所以要有备用能力来支撑它，加之远距离输送等，加起来的成本就比较贵，所以现在大量使用可再生能源是经济性与技术性的问题，而不是环境问题。回到你提出的第一个问题，中国的加油站也有相当一部分是民营的，这个民营为什么会发展不当，或者是外国的石油公司为什么不到中国来，当然这里面有些是行政审批的问题，但实际上我们开放市场，我们的石油进口商有100多家，不只是三大石油公司，有100多家是有资格的，为什么搞不大，为什么不愿意到下游来搞，就是因为我们现在的油价在现在的税收制度下是赚不了钱的，所以他就没法活，所以你只要油价控制得紧的时候，那些民营就得关门了。可能你们认为中石油、中石化已经暴利了，中国的石油行业早就挤破门了，别人早就进来干了，实际上它没有暴利，甚至还担着经常亏损的风险，所以民营企业就敢叫板不干，这就是经济现象。我不用去查账，不用去查它为什么不干，既然能发大财，干嘛不干，也可以从小干起嘛。我们国家曾经有40%的民营加油站，后来一看价格控制得很低，维持不下去了，所以就不干了，这是一种经济现象。所以你看什么时候投资都集中到一起了，并且民营也一窝蜂上，那么肯定是因为这个行业赚钱多，比如说房地产，不赚钱的就不去，所以我国的价格到底是个什么状态你就清楚了。

提问五：

周老师，您好！我是北师大哲学与社会学院的，我有一个问题向您请教。我们现在的这种资源使用方式的产业结构，您觉得您所想象得到的2030年、2050年会是一种什么情况呢？

周大地：中国现在是社会主义市场经济，我们现在还在探索。现在提出的科学发展观，我觉得还是非常鼓舞人心的。因为科学发展观提到了五个协调，过去我们仅仅只是面对文字时觉得挺枯燥的，但是真正具体到现实的时候，它还确实有具体内容。"十二五"的主题是科学发展，主线是转变发展方式。我觉得现在中央对出现的经济问题包括环境、资源问题还是有充分认识的，当然现在中国社会面临的不简简单单是能源问题了，还有一些重要问题，如我们是走一个自由的市场化道路呢，还是要有方向地加以引导，这对我们实际上是一个巨大的挑战。如果放开干，我想经济可能会有一定的着陆，因为世界上很多国家都陷入了"中等收入陷阱"，到七八千美元的时候，便宜劳动力没了，也没知识产权，金融受别人控制，所以就转移你的产业，在这个基础上你有什么就干什么，这样的国家有很多，巴西、阿根廷、东南亚这一大堆都是这个状态。然后过几年来一次金融危机，把你的钱耍一遍。亚洲金融危机把泰国GDP搞掉了40%。这种方式有很多，现在欧洲也是，一个评级就把希腊快搞垮了，意大利也不行了，然后别人可以抄底，所有你的资产价值降到最低的时候，国际资本很高兴啊，进来救你来了，便宜东西都买下了。然后你经济一发展，股票一上升，他赚好多倍。你要是没有这个本事处理这些问题，当中国碰到类似问题时，就不仅仅只是一个能源问题了，而是整个经济能不能可持续地稳定发展的问题了。现在我们靠的是大量的环境资源投入，人人都在超时工作，挣1000多人民币、200美元一个月，还能够找几亿劳动力老老实实给你干活，世界上找不着第二个地方。但是长期这么干下去，老百姓不干了，现在农民工回家不少，对不对。过去在城里扛个大包还能当个万元户，现在一看城里房子这么贵，一辈子两辈子也买不了房子，我在这儿混下去没什么前途，我怎么干？所以生产力就会受到影响，就会出现社会公平问题等等。如果这些问题得不到妥善处理，生产关系不调整，生产力也会受到影响，所以这都不是能源问题，能源仅仅是诸多矛盾之中的环境、资源里的重要内容的一个方面的反映，所以处理好环境问题也要把增长方式和发展方式解决好。能源问题解决好了，也是发展方式解决好的一个重要内容。我不知道这样算不算回答了你的问题，因为这个问题讨论起来很复杂。

提问六：

周老师，我想请教您一下前段时间的渤海漏油事件的问题，当时新闻报道说，中海油公司占了51%的股份，美国康菲公司占了49%的股份。我想问一下，为什么在渤海海域上，还需要美国公司占49%的股份？这是第一个问题。另外再想问一个就是您对中国核电发展的前景有什么看法，中国能否大规模地使用核电？谢谢！

周大地：核电问题我刚才好像已经说过了。我觉得我们在石油勘探方面，还是要利用一些专业的石油公司，我们还不能做到完全自己干，包括中海油在技术方面也有有求于人的地方。当然自己去试也是有可能的，但也不一定不漏油。海油公司最开始是采取海洋区块招标，因为我们当时什么都不会，从技术到设备都没有，所以一开始我们采取的办法是：我划块，你们来，然后我争取在里头反包一部分，我来提供一些服务，慢慢地跟你学，是这样发展起来的。当然，中国现在在海洋钻井平台、工程船、工程设备方面已经发展得不错了，而且也可以开始独立干一些事了。比如说在1000多米还能干，当然渤海没这么深。在各种复杂地质条件下深海作业，其实跟在太空作业一样，所有的人都去不了，全部是自动化的，全是遥测遥控机器人，而且在这么复杂的海况下，因为复杂的技术，尤其是深海技术也是被世界上少数若干个公司垄断的。这种技术是绝对不会卖给你的，你就得跟着慢慢地琢磨。所以我们现在也搞深海探进船，到深海5000米，实际上也都是积累。深海石油开发中有很多技术是很复杂的，所以有时候合资也是为了合作。当然，这个作业者这次是康菲，就是由它负责具体操作，我们可能有一些反包项目，比如它的一些工人可能从我们这儿雇，完全外国雇很贵。所以这样的话它实际上是第一责任人。

核电的问题，我想核电确实需要一个政治力量。法国自己说法国的核电是戴高乐主义和当时社会主义结合的产物，完全靠市场经济，谁来担这个风险呢？美国核能是在美国能源部支持下搞起来的，后来再民营化。法国的核电完全是国家公司搞起来的。有些国家没有独立的核电，先买然后再国有化，韩国就是这样。所以它确实需要一个国家的政治决策。中国现在的核电发展问题，我觉得不是一个技术问题，是一个政治决策水平和能力问题，当然也有一个公众接受的问题。而公众的接受问题和你所谓的知识的合理传播非常有关系。搞民主当然是可以的，但即使搞民主，也要有民主的程序；搞科学，要有科学的决策程序。不能说有一帮人在微博上喊，你就不敢干了。即使是微博，我们要看有多少人上了微博，代表了多少民众的意愿，然后在什么样的状态下再将这些意愿集中起来，通过代表大会也行、民选大会也行，反正最后得有一个政治制度来集中大家的利益。如果说微博，现在也有造势的，水军，网络水军，如果他这么一造我们就不敢干什么事了，他这么一造我们就必须干这个事，那这个民主也是很滑稽的了，即使美国也不能这么搞，美国还选举呢，人人投一票才能投出一个总统来，否则骂死人那还不容易吗。所以我觉得对核能的科学性、核能的危害究竟有多大，要有大探讨。欧洲当时是把切尔诺贝利事件作为东西方斗争的一个重要内容，把苏联唱衰。你说你苏联不是技术先进吗，你看你搞的核电给人类带来了大灾难，再说当时一万个核弹头对着准备打核战争，所以欧洲人对核电已经是谈核色变，核电就是核弹。这个影响几十年都消除不了，因为造成了这么多年的影响，就像一个人说了那么长时间的话都被认为是真的，你突然告诉他是假的，那你就得费大劲了。所以我觉得你要去寻找最新的、最具科学性的结论。联合国系统有一项关于癌症问题的很客观的调查，从理论上推断，所谓的这个核影响，有可能增加5%的癌症发病率；但是从病理上来看，找不到依据证明核因素影响癌症发病率，因为其他的因素比这个要大得多。所以最后没有谁说是因为切尔诺贝利事件得了癌症，除了甲状腺癌，这个可以说一般情况下得甲状腺癌很少，所以这都是碘的问题，却都归了核事故。其他的你说得癌是由于什么原因，非常难。不用说核，其他的污染，现在北京的癌症发病率以50%的速度增加，那么你说到底是哪个污染物，还是你生活太紧张了，都很难说。所以联合国认为，由于紧张情绪造成的健康危害，比核本身带来的危害要严重得多，主张不要过分紧张。联合国报告是在2008年发表的，而且这个报告在今年4月份重新审核发表了，加了个附录，我觉得可以供大家参考。现在我们的新闻媒体，用英文讲就是"No bad news is good news"。当然有人愿意知道 bad news 也行，我不反对；但如果媒体一天到晚都是 bad news 的话，我看也起不了什么好作用。

演讲者简介：

周大地，中国能源研究会副理事长，能源经济专业委员会主任委员，中国可持续发展研究会理事，北京能源协会理事长，中国海洋石油总公司高级顾问，国家"863计划"能源领域专家委员会委员，联合国全球环境基金第二届科技委员会委员，《中国能源》杂志社编委会主任，北京能源效率中心发起人。从事能源经济、能源政策和能源系统分析研究，在我国能源进口政策、能源价格改革、能源结构优化、能源效率等方面均有深入研究，并在可持续能源发展、全球气候变化等研究方面在国内外享有盛誉。

第二讲 经济全球化的由来及其发展历程
——意大利比萨大学经济学副教授 Pompeo Della Posta 演讲录

2011年10月25日，来自意大利的 Pompeo Della Posta 博士应胡必亮教授邀请，到我校京师发展课堂作题为《经济全球化的由来及其发展历程》的演讲。以下是演讲实录①：

主持人：胡必亮教授

各位老师、各位同学：晚上好！今天我们非常荣幸地邀请到了来自意大利比萨大学的 Pompeo Della Posta 教授来我院进行为期六周的讲学。Pompeo Della Posta 教授可以说是我们的老朋友了，我们2010年级的同学们到意大利访学期间，就受到了 Pompeo Della Posta 教授和他的学生们的热情接待，他还为我们作了很好的授课。2011年级的学生们现在也非常幸运，可以听到 Della Posta 教授精彩的讲课。Della Posta 教授的研究领域非常广泛，涉及经济全球化、货币与金融、国际贸易、欧洲经济等学科领域，对这些问题感兴趣的同学可以利用他在我校授课的这段时期多与 Della Posta 教授交流。从我听 Della Posta 授课的感受而言，我认为 Della Posta 教授的讲课风格非常风趣幽默，善于旁征博引，还善于引导大家积极开动脑筋思考问题。因此，我相信大家一定能够从他的演讲中获得许多新的知识与启发。下面我们用热烈的掌声欢迎 Pompeo Della Posta 教授演讲。

---

① 本演讲内容由北京师范大学经济与资源管理研究院2011级硕士研究生于倩整理。

演讲人：Pompeo Della Posta 教授

谢谢胡院长的介绍！能收到胡院长的邀请，来北京师范大学经济与资源管理研究院讲学我也感到非常幸运。今年6月份，你们赴意大利的学生，都给我留下了很好的印象，因为他们都特别优秀，上课时积极地提问题、参与讨论。我十分喜欢来自北师大的学生，这也是我百忙之中抽出时间到这里讲学的重要原因，我相信你们也一定像上一届的学生那样优秀，我们一起轻松愉快地探讨问题，共同学习。今天的内容主要是向大家介绍经济全球化的发展历程。一共分为三个部分：什么是全球化？全球化是什么时候开始的？以及全球化的三个不同发展的历史阶段。

一、引言

人类社会的早期，人们活动的空间是离散的，经过了漫长的时期才逐渐演变成由民族和国家组成的社会形态，而经济全球化正是在人类社会由民族、地域的历史转变为世界历史进程中起到了重要作用。"经济全球化"这个名词首次出现在20世纪70年代的《经济学人》杂志中。如今，不仅在经济学而且在社会科学方面得到普遍使用。尽管这个词相对较新，但它与之前的一些词，像"地球村"、"世界经济"、"世界体系"直接联系。少数经济学家、几位世界历史学家和有些苛刻的批判家甚至这样解读全球化：旧时期殖民主义、帝国主义的历史阶段的现代版本。（世界上最强大的国家不断掠夺最穷的国家）

不管它与过去的现象有什么联系，还是有多么普遍（这个词可以指从因特网到汉堡包的任何事物），"全球化"这个词给我们生活的时代命了名。事实上，貌似好像很容易理解全球化的含义，但找到一些共同的特点确定它的定义却很难。随着"全球化"这个词的诞生，人们经常用来指貌似相反的事物，例如，我们的世界变小了，因为距离不再是一个无法克服的难题；我们的世界又变大了，因为我们的视野开阔了。全球化经常被错误地定义，我们将在下面作详细讨论。

在讨论之前，必须要明确指出的是，我们主要讨论经济全球化，把其他可能的方面（政治、文化、社会等等）放在一边不作讨论。但是我们应该知道，从不同的角度进行分析，将有助于我们更好地理解全球化的各个方面。

二、全球化的有争议的解读

（一）全球化是国家的终结

Osterhammel 和 Peterson，Scholte，还有 Basevi 都认为：国家作为经济全球化的第一要素相比较于市场而言，发挥的作用较小。实际上，Scholte 和 Basevi 将经济全球化和国际化区别开来，主要是基于国家在经济全球化过程中发挥的作用不断弱化，而在国际化当中仍可能控制着经济。这样的观点在"空间时间的压缩"上得到了体现，也就促成了如今网络社会的形成。但是，这样的观点至少忽略了两个事实：第一，在经济全球化的现阶段，不只是市场还有国家，在干预经济以减轻经济全球化给受害者带来的负面影响方面，都发挥着越来越重要的作用；第二，经济全球化，特别是在最近的 30 到 35 年之间，能够成为可能，得益于紧密加强经济联系的政治决定，下面我们将详细讨论这一点。出于同样的原因，我们也可以说，如果政府或者居民愿意的话，经济全球化可以随时中断。更不用说，经济全球化不是一种不可避免的现象，这否定了所谓的 TINA（There Is No Alternative：别无选择）模式的有效性，挑战了许多分析家和评论家认为经济全球化是一个自发的、无法抗拒的过程的观点。

（二）全球化是"地方"的终结

全球化的第二个特点，和上面所述紧密联系的就是"地方"的消失。这个观点常常被媒体报道，而且考虑到跨国公司的作用以及全世界范围内的文化渗透与文化融合，公众也就将之视为全球化的一个特点。然而，相反的是，有一个表达"glocalization"就经常被用来描述"地方"和"全球"的重要性。事实上，在当今这样全球化的世界，地方离消失还很远。地方的观点、产品、价值是对全球化造成同化力量威胁的有力回应。

地方发挥的重要作用还有像一些作者强调的"home bias"，就是人们在购买货物、服务时都愿意购买本国的；在进行金融活动时，也都更加倾向于自己国家提供的。因此，Cohen 提出了"想象中的全球化"的概念。他观察到全球贸易的 80% 是工业或者农业产品，仅占发达国家 GDP 的20%。这也就解释了为什么全球化的特点在统计数据方面相对薄弱。Rodrik 参考 Feldstein 和 Orioka 关于国内储蓄和投资紧密联系的发现，强调了地方的相关关系。而且，通过参考所谓的"引力模型"以及基于双边贸易与经济体间的经济实力呈正相关、与它们间的距离呈负相关这一思想，尽管运输成本下降，但距离对于贸易的负面影响仍在持续。

三、全球化的定义

（一）价格趋同对定义全球化有必要吗

世界历史学家通常认为以前的贸易状况足以说明经济全球化的特点，但是经济史学家和经济学家则认为全球化是以深度经济融合为特点的，也就是货物交换所带来的价格趋同。换句话说，大量的贸易如果没有价格趋同相伴的话，也就不足以成为全球化的一个特点。

但是，一些作者认为经济全球化不能简单地用单一的指标来定义。实际上，全球化是一个"多维度概念"，它的特点取决于我们着重看待哪一方面。比如，如果我们比较重视全球化过程中的劳动力流动和移民，相对不是十分重视其他方面，我们就可以认为现在的全球化水平低于 19 世纪的水平，甚至如果考虑到中国工人的工资仅为发达国家的 1/10 的现实，那么，我们根本就没有生活在全球化的世界中。

而且，一价定律没法得到满足，因为在全球化过程中，地方主义仍然发挥着重要的作用，正如我们在上面所讨论的一样，会妨碍价格的一体化。毕竟，大多数的国际经济学教科书中也写到一价定律不能总得到满足。实际上，价格趋同在许多部门都是不完全的，因为存在着不完全竞争市场。这样的市场特点有规模报酬递增、差异产品的生产。在这样的情况下，竞争就基于产品的不同特性，而不是基于价格，以至于没有市场机制能带来全面的价格趋同。

最后一点需要考虑的是，在 19 世纪中叶之前，贸易主要与无竞争货物有关，所以一价定律无法付诸实践。在那段时期之后，货物和劳动力之间能进行贸易，经济联系越来越紧密也在数据上体现得越来越明显，这样紧密的联系在之前根本不可能。

（二）经济学家和经济史学家对全球化的观点（狭义的）

首先让我们回顾一些现有文献资料中对全球化的定义。2004年，Das整理了这些定义，并列出了一份长长的清单。比如：1999年，弗里德曼定义全球化为"市场，经济和技术的整合，使世界从中等规模收缩成较小规模，使得我们每一个人都能比以前任何时候花费更少的钱，到达世界更远的地方"。这个定义强调了人们对全球化所有的美好期望，但是就"我们每一个人"都能获得这些好处来说，这个定义也未免过于乐观了，它忽视了一个大多数分析家和经济学家达成的相反的共识——全球化伴随着许多成功者和失败者。

世界银行称，全球化是指"个人和公司能自由、自愿地与其他国家进行经济交易"。但是这个定义也不能令人满意，从很多发展中国家和欠发达国家的人民没有能力提供他们的劳动力而论，可以认为我们目前并没有生活在全球化的时代。另外，"自愿的"这个词意义不明（下文我们将就细节进行讨论）。根据这个定义，由于自由贸易受殖民地的炮舰外交政策所迫，那么维多利亚时代就不能被视为全球化的第一阶段。

Srinivasan于2002年提出的定义也非常地具有局限性，他认为全球化是指"解除各国之间贸易壁垒的过程，以及经济、社会和政治对贸易壁垒解除的反应"。该定义的局限性不仅在于它只涉及了贸易，没有指出全球化经济的特征是相互依赖，而且忽视了国家一直扮演的角色（上文已对此进行了讨论）。

根据Keohane and Nye发表于2001年的文献，他们认为全球化是指"世界各个大陆之间相互依赖、相互联系的状态"，这个定义具有更加普遍的意义。根据这个定义，全球化的进程提前于"正式的"全球化时代至少大约400年，因为通常认为"正式的"全球化时代开始于19世纪末（我们下文将会提到）。而且，根据Nayyar2007年的说法，应该注意到定义中

"相互依赖"这个词意味着各国之间相互产生的影响是均衡的,当产生的影响不均衡时,相互依赖就转变为依赖了。他的观点常常体现在发达国家与欠发达国家、甚至于发展中国家之间的关系上。

如上所述,在定义"全球化"这个概念的过程中,全世界的历史学家们起到了关键的作用,全球化的要素表现为世界范围内关系的拓展、集中和加速。我们可以认为经济全球化是指加强物质、服务、资本和劳动力交易力度的过程,这个定义与上文 Keohane and Bye 于 2001 提出的定义类似。然而,该定义没有说明加强交易的最低限度是什么,而这对于说明我们现实生活在全球化的时代是十分必要的。因此,这个定义仍不严谨。

对于全球化的一个更加严谨的定义是认为世界遥远地区间存在着统计意义的、系统的(及规律化和稳定的)及自发的联系。然而,也是在这种情况下,在武力或其他恐怖事件胁迫下,(单边)对"自由贸易",如对奴隶贸易进行征税的情况并不能作为全球化的例子。这个定义也解释了为什么很多历史时期可能已经出现了全球化过程的整合现象,但是不能被认为是全球化时代。而且解释了,尽管古代已经出现了通过陆地和海洋进行长距离交易的情况,但直至 19 世纪中期才形成了物质、资本和劳动力整合的市场。当然,这个定义仍不能为全球化提供一个定量的衡量,例如无法通过一个适当假设的指数加权计算经济全球化的不同方面,包括世界贸易、国际资本流动、资金流动、劳动力流动,还有跨国公司、国际分工和世界货币体系所扮演的角色。这个定义似乎是适当的,毕竟它有可操作性。

如我们在上文中讨论的那样,经济学家和经济史学家认为全球化的特点只能是价格趋同以及一价定律的实现。根据价格趋同观点,由于存在不断挖掘价格差异的可能,当在世界不同地区购买一个产品、一种服务、一个资本单位或者劳动力单位已经不存在任何差异时,就有可能被视为实现了全球化。如果在国外能找到定价更为便宜的特定产品,市场驱动力就将按照上述方式使顾客更倾向于从该地区购买该产品,而非从售价更加昂贵的本国市场购买。这样做的结果,一旦价格降低,产品需求就会减少;而一旦价格升高，产品需求就会增加。这样价格就能逐渐在不同地方之间趋于平衡。这些特点自 19 世纪以来（而非在此之前）从某种程度上得到了满足，这正是经济史学家和经济学家认为全球化开始于 19 世纪的理由，这与发现全球化实质要素在历史前期也有出现的世界历史学家观点相悖。

根据这些解释，经济学家倾向的（全球化）定义也许可以通过以下引自 Das 的陈述来总结：全球化代表了各地域劳动力的国际化加强以及由于货物贸易、服务贸易、跨境企业投资、资本流动和人力资源迁移导致的地区与全球经济的整合度提升，产生一种对价格利率和工资趋同的满意趋势。

这样，我们可以认为狭义上的全球化或者开始于 1820 年拿破仑战争之后，或者与维多利亚时代同期，也就是 19 世纪的后 50 年。

（三）历史学家和政治学家关于全球化的观点（广义的）

上面所说的全球化的定义只是部分地令人满意，因为它遗漏了不以令人满意的价格趋同程度为特点的情况（例如国际政治、军事力量等）。我们应该寻找一个定义，结合经济学家和经济史学家强调的价格趋同以及世界历史学家强调的方面（交换的力度所发挥的作用）和政治科学家的论断（霸权力量发挥的作用）。这些方面对于理解全球化的过去和现在的关键点都非常重要。

从广义上来看，全球化可以定义为这样一个过程：国际劳动分工细化，通过货物和服务贸易、跨境投资、资本流动、人力资源自愿或者非自愿（比如在政治和军事压力之下）的移民，国家经济不断融合。

当全球化被广义地理解的时候，就可以认为全球化开始于 15 世纪的地理大发现。

从现在起，我们将以经济学家和经济史学家定义全球化的观点为准。下面我们将详细讨论，全球化的开端最早将被定为 19 世纪初，因为拿破仑战争结束后价格开始趋同后的情况。大多数作者认为全球化开始于维多利亚时代，也就是 19 世纪末，而其他作者认为全球化开始于 1820 年之后。

考虑到经济学家和经济史学家对全球化的定义以及历史学家和政治家对全球化的定义有所不同，全球化开始的时间也就会有所不同。

四、全球化是什么时候开始的

事物发展的趋向性和规律总是在历史发展变迁的进程中逐步显现出来的，探讨和研究经济全球化发展的历史趋向性必须对其发展历程有一个正确的认识。

(一) 全球化之前的重要历史时期

就像世界历史学家告诉我们的那样，过去有许多"世界体系"，这些体系甚至在欧洲殖民帝国之前就有着紧密而且稳定的贸易关系。像中国和地中海地区之间的丝绸之路，阿拉伯半岛和印度之间的航线，近东与北非频繁贸易往来的商队。William 同样认识到"不同国家、地区之间进行奢侈品贸易已经存在数千年"。更不用说以前大规模的移民运动，但是这些贸易往来不总是成体系的，也没有暗含出发地和目的地间的任何结构性的联系。

换句话说，世界历史的开端远远早于全球化，经济全球化的一些要素在很早的历史发展阶段就出现了。一些历史学家声称罗马帝国代表着经济全球化的第一个例子，因为他们已经开始与印度进行贸易。

全球化，是一个不断发展变化的长期过程，不是以一种一成不变的方式历经数个世纪。我们不难发现全球化的任何迹象，例如发现美洲之后，欧洲进口那里的马铃薯。马铃薯在全球化的发展过程中的作用值得一提：它们是爱尔兰的重要初级食品，但 1845 年的马铃薯短缺冲击了整个国家，带来了毁灭性的饥荒，导致爱尔兰人民大量移民至美国。我们可以得出结论，全球化发生之前的事件（殖民主义、奴隶制、帝国主义等）在分析解释下面要发生的事件上不容忽视。当然，全球化的网络不是对称均匀地发展：可能影响某些地区而抛开其他地区不管。而且，这种网络可以这样一种方式发展，即使一些地区的重要性增强，从而成为网络中心，而其他地区则处于边缘地位。

下面我将简要地介绍包含一些经济全球化要素的主要历史时期：

金融全球化的最早迹象可以追溯到美索不达米亚帝国（公元前 3360~312 年），当时美索不达米亚的银行家与非洲国家和波斯（现在的伊朗）进行金融往来。

第一种货币是希腊帝国使用的 drachma，希腊的航船使橄榄油、酒、木材、纺织品、银制品贸易得以实现。这一时期的贸易不只是出于军事目的，它将希腊哲学、思想和技术创新传播到了东方，从而有助于创造未来发展的前提。而且，希腊哲学家的著作如果不是保存在伊斯兰国家的话，现在恐怕也找不到了。

在罗马帝国（公元前 509 年到公元后 476 年），也不难发现全球化的迹象，当时贸易范围已从埃及和北非以南延伸到了土耳其以东和苏格兰以北。

中国在历史上相当长一段时间是闭关锁国的，但中国的疆域广阔，拥有人口达 200 万的大城市。在促进文明的诸多贡献中，我们必须强调宋代纸币的发明。日本也是封闭国家，直到 1853 年之后才开放。阿拉伯帝国标志着伊斯兰国家经济、社会、文化、科学发展的最高峰。许多科学发现都来自阿拉伯翻译的希腊、波斯和印度著作。要想了解阿拉伯对欧洲和西方文明所作的贡献，我们马上就会想到阿拉伯数字。有意思的是，中国纸张的发明也是通过阿拉伯传到欧洲的。

在欧洲文明和中国联系的作用下，蒙古帝国的运输和通信效率大增，开始开放贸易，人口大量流动。蒙古帝国发挥的作用如此重要以至于欧洲和亚洲的文化交流受益于这个伟大的地理发现。

文艺复兴时期同样创造了经济全球化发展的条件，特别是当时意大利银行开始为地中海地区的贸易和商业往来提供金融服务。

有可能一价定律在 16、17 甚至是 18 世纪还未奏效，但帝国主义和殖民主义奠定了全球化历史的基石。或者可以说葡萄牙和西班牙殖民帝国的出现是无法抗拒的全世界融合的开端。

这就是 Osterhammel 和 Peterson 的方法。他们认为全球化的第一阶段从地理大发现到 18 世纪中叶，这一时期的政治革命影响了美洲和欧洲，工业革命为史无前例的紧密经济关系创造了前提。特别地，在地理大发现的早期，全球化成为历史的关键特征。世界著名历史学家 Braudel 提出了相似的观点，他同样承认地理大发现不仅在接下来的几个世纪里发挥着重要的作用，而且也呈现出了经济全球化的许多基本特点。

地理大发现和全球化开始之间的将近4个世纪，主要以若干帝国在不同历史阶段和在不同地理区域的经济霸权为特征，这些帝国有葡萄牙帝国、西班牙帝国、荷兰帝国和奥斯曼帝国。

（二）经济学家和经济史学家关于全球化开始时间的不同看法

狭义上的全球化，也就是以货物市场上一价定律的有效性为特点的全球化，在拿破仑战争之前没有开始，因为只是到了1820年之后，一些重要的价格趋同现象才被观测到。按照 Angus Maddison 的说法，世界贸易额在1500年到1800年间仅增长了1%，到1820年左右增长了3.5%。那些认为全球化开始于19世纪的作者同样在一定程度上参考了 Kuznetz 的观点，即认为现代经济增长的开端准确地是在拿破仑战争结束的时候，那时正值英国工业革命时期。而且将全球化开始的时间定为19世纪意味着与大卫·李嘉图提出全球化的理论支持和论证，即比较优势理论的时间相吻合。

但是，按照经济学家的观点，全球化开始于19世纪的第二个50年，也就是维多利亚时代。实际上，Cohen 参考了前人的研究工作，估算出1870年利物浦小麦价格比芝加哥高57%，到1913年仅高15%。在比较利物浦和孟买的棉花价格差异还有伦敦和仰光大米价格差异的时候也有类似的情况。把全球化开始的时间定为19世纪末的人们注意到大不列颠保护主义结束是在1846年，伴随着《玉米法案》的废除，还有英法间签订的《柯布登条约》，取替了进口绝对禁止而采用了从价关税，这个条约是拿破仑三世于1860年签订的。

认为全球化开始于19世纪末而不是19世纪初的观点还与另一些人的观点相一致，这些人认为在英国"炮舰外交"下诞生的单边自由贸易政策属于重商主义时期的政策，可能是从15世纪中叶到19世纪末。如果我们让全球化开始于19世纪末而不是19世纪初，鸦片战争和《南京条约》时期仍然可以被认为属于重商主义时期，当时英国仍在"犯错"而"没有看到自由贸易的本质"。这一观点的问题在于在19世纪的最末期和20世纪的初期，英国全国范围内仍在奉行殖民主义和重商主义政策。以至于从这个观点来看，认为19世纪的最后20~30年与19世纪之前的几十年有很大的不同，就不太合适了。

把全球化开始的时间定为19世纪末可能会似是而非，因为这忽视了Bairoch所定义的"自由的插曲"，而且考虑到19世纪70年代末和19世纪80年代，保护全球化受害者（包括德国和美国农民、北美工人等）的政策措施已经陆续出台。特别是1879年德国Bismarck对农业和工业部门都采取了保护主义措施，1887年法国对谷物类征收的关税达22%，1892年法国推出《梅里那关税法案》。瑞典、意大利、西班牙和葡萄牙也效仿同样的模式。美国加强了对移民（特别是非洲移民）的限制。但是如果我们认为《柯布登条约》是自由贸易的开端的话，"自由的插曲"只延续了从1860年到1879年的20年时间，如果我们认为《玉米法案》的废除是自由贸易的开端，则"自由的插曲"延续了34年时间。

记住可能暗示全球化时代的正式开始是在19世纪初而不是19世纪末的所有原因，经济全球化的重要组成要素在第一个殖民期已经显现，价格趋同是表征全球化的要素之一，让我们把注意力集中在最近的130到140年这段时间，大多数经济学家认为这段时间是真正的全球化时期。根据大部分现存文献，我们将这一时期分为三个阶段：第一阶段是19世纪末到20世纪初；第二阶段是第二次世界大战末期到20世纪70年代，极其不稳定的动乱10年；第三阶段是20世纪80年代到现在。这三个不同阶段在商品和服务市场、金融资本市场、移民和劳动力市场方面都有不同的特点。

五、传统观点：全球化从维多利亚时代至今的不同阶段

（一）全球化第一阶段的特点

全球化第一阶段，通常指的是从1870年至1913年（第一次世界大战爆发之前）的时期，此期全球化表现出以下特点：

1.大规模南北国际贸易（行业间贸易、不同生产行业的商品交换，特别是南方初级商品与北方制造业产品的交换）。因此，国际贸易属于中

心—外围型，只影响少数工业化国家及其殖民地。1870年至1913年期间，世界贸易每年都以3.9%的速度增长，而世界GDP每年以2.4%的相对较低速度增长。因此，世界贸易占世界产出的份额呈稳步增长态势。世界出口额与GDP之间的比率在44年内翻了一番，从1870年的4%增长到1914年的8%。同样，欧洲出口额和进口额与GDP之间的比率从1870年的25%跃升至1914年的40%。

2.对于资本流动和资本市场，有几项衡量措施可以用来了解资本市场一体化的程度：一个是与GDP相比贸易经常账的绝对量（经常账赤字额或盈余额越大，为平衡收支而产生的资本流动就越大）；第二个可能的措施是比较国内储蓄与国内投资（两者之间的相关性越高，资本流动程度就越低）。这两个指标的实用性在过去那些年日益增强（受黄金标准所授予稳定性的驱使）。以黄金为基准、英镑为主的国际货币体系出现了相当大的资本流动，尤其是长期资本流动和外商直接投资（主要针对农业、采矿业和基础设施建设项目，如铁路等）增长迅速。从世界范围来看，1913年，外资存量占GDP的比重是9%，而对于发展中国家而言，同一比重从1870年的9%增加到了1914年的32%。1913年，全球外商直接投资的存量达到140亿美元。主要以债券为代表的长期投资组合存量在1913年更多，价值达300亿美元。一半以上的外商投资总额（包括直接投资和证券投资）是针对亚洲、拉丁美洲和非洲的殖民地的，而其余投资几乎被北美和欧洲等分。

资本流动极其大的时期恰好在第一次世界大战之前，英国在海外的投资约占其储蓄额的50%（主要投资于"新世界"，即澳大利亚、加拿大、新西兰和美国），而法国的比例约为25%。另一个令人印象深刻的数字是，19世纪末，主要来自英国、法国和德国的外商投资约相当于发展中国家GDP的1/3。

3.大规模移民运动（即1870年至1914年，移民人口几乎占世界人口的10%），主要迁往北美洲和南美洲。结果是，不同洲的工资出现了经济理论预测的趋同现象：Lindert and Williamson估计，由于移民导致劳动力供给减少，爱尔兰的工资上升了32%，意大利上升了28%，等等；而"新世界"的移民致使阿根廷、澳大利亚、加拿大和美国的工资分别降低了22%、15%、16%和8%。

从第一次世界大战开始到第二次世界大战结束这30年期间，由于全球采取保护主义措施，贸易额急剧下降。该项措施于1930年由美国发起，尽管许多经济学家强烈反对，但美国国会还是批准了《斯姆特－赫利关税法》（Smoot-Hawley Tariff Act）。该项措施提高了进口关税，从而致使其他国家采取报复措施。如上所述，英国于1932年重新开征关税。因此，1950年的全球贸易额达到全球GDP的5%，很接近1870年的水平。在两次世界大战期间，移民人口的比重也大幅下降。

（二）全球化第二阶段的特点

第二阶段（即1946年至20世纪70年代末）表现出以下主要特点：

1.大量的国际贸易，主要是北北贸易（行业内贸易、同类产品的交换）：世界出口额占世界GDP的比重在1950~1973年期间增加了一倍以上。根据Nayyar的研究，该比重从6%增加至14.3%。而其他估计表明，世界出口额/GDP比重从1950年的5.5%增加至1973年的10.5%。这也是由于运输成本从1950年至1980年进一步降低了1/3导致的结果，尤其是降低了航空运费。随着电气和电子的创新，科技进步的速度非常快。较长一段时期以来，包括全球化的第三阶段，即1948年至2000年期间，货物贸易额平均每年增长6%，而GDP平均每年增长4%。因此，2000年的贸易额实质上比1948年高出22倍，而同期GDP只增加了7倍。

2.在全球化第二阶段，资本市场的资本流动相当有限。银团贷款成为布雷顿森林体系崩溃后的主要手段。更确切地说，净国际银行贷款占世界贸易额的比重从1964年的0.7%上升至1980年的8%。

全球外商直接投资开始逐渐恢复。全球外商直接投资占全球GDP的比重从1960年的4.4%上升到1980年的6.1%，为全球化第三阶段资本的大量增加作了准备。1973年，外汇市场的交易额约是世界出口额的9倍，这一数字将在全球化第三次浪潮中大幅增加。

3.移民恢复。虽然移民人口较少,但这次主要是欧洲内部的移民,如移民至法国、德国、比利时和荷兰。另一个不同之处在于来源国,先是来自欧洲南部,之后来自土耳其和北非,大量工作需求促进了移民。不用说,当危机来临时,即两次石油危机后,失业问题开始影响欧洲,因此,许多移民计划很快就中断了。然而,在20世纪60年代中期,澳大利亚、加拿大、新西兰和美国以更加宽容的方式修订了他们的移民政策,因此,这些国家出现了新的移民浪潮。这些政策为这些国家提供了新的移民渠道,因此,来自拉丁美洲、非洲和亚洲的移民开始再次迁入这些国家。然而,这一次采用了摘樱桃(Cherry picking)战略。例如,加拿大依据移民的不同性质(教育、经验、语言技能)建立体制,因此,只有总分超过预定分值的人才被允许移民。其余的前英国自治区域也采用了类似的选择性政策。

(三)全球化第三阶段的特点

全球化第三阶段的特点主要体现在以下方面:

1.加强国际贸易,包括北北贸易(行业内贸易,相同产品的不同品种的交换)、南北贸易,涉及越来越多的新全球化者,通常指的是"发展中"国家(一般指的是亚洲国家,印度和中国是最明显的例子),以区别于"欠发达"(或"最不发达")国家。随着时间的推移,发展中国家在世界贸易中的参与程度不断增强。事实上,在整个国际贸易中,亚洲国家的商品和服务出口份额从1953年的7.3%上升到了1990年的27%,1998年则达到了32.2%,2006年高达36%。然而,这一阶段的南北贸易特点不同于全球化的第一阶段,主要是制造业产品与初级产品、矿产品和农产品进行交换;在1980~1998年期间,发展中国家的制造业产品占出口总额的比重从25%上升到了80%。这说明,中国和印度在世界贸易中的比重越来越大,而且,国际贸易主要由中间产品和组件产品决定,也被称为"离岸贸易",即同一公司的子公司在不同国家之间开展贸易。Nayyar认为,受产业政策影响的全球化第一阶段与第三阶段有一定的相似性:在第一阶段,国际贸易主要受大规模生产影响,功能呈现刚性分割,而且,机械化程度高;最后一个阶段出现了新兴的弹性生产系统,该系统以"即时"生产为理念,致使跨越国界的经济活动急剧增加,主要表现为国外公司本地化和服务具体化。

因此,过去几十年来,世界出口额占世界GDP的比重已急剧增加,从1975年的14.3%上升到了2000年的20.2%。2000年,发达国家的同一比重为16.7%,1975年为13.6%,而发展中国家的同期比重几乎翻了一番,从1975年的17.5%升至2000年的31.2%,特别是从20世纪80年代初开始呈加速增长态势。

继1986年在埃斯特角城(乌拉圭)发起的乌拉圭回合谈判后,再加上1994年签订的马拉喀什协议,从1980年至20世纪90年代末,平均关税水平减半,从30%的平均水平下降至15%。这也反映出一个事实,即许多发达国家专注于生产高科技设备和产品,至少初步反映出,生产某一产品的标准生产周期逐渐从较发达国家转向欠发达国家,当然,这取决于市场的成熟程度以及产品本身的盈利程度。

全球化第三阶段的另一个特点是发展南南贸易,即发展中国家之间的贸易变得日益重要。

服务贸易也增加了很多,发展中国家不仅出口商品,而且也出口服务,例如,1997年,其服务出口约占出口总额的20%。

2.金融业以资本流动自由化为特点,外商直接投资和资本投资组合流动急剧增加,金融衍生工具也呈现爆炸性增长。凭借银行贷款,外商直接投资和投资组合流动增加,资本流动的构成随时间的推移日益发生改变。

国际资本流动总额从1980年的12000亿美元增至2004年的58000亿美元,其增长率(6.6%)远高于GDP增长率。每日资金流动甚至达到每年国际贸易值的60倍。

过去几十年来,外商直接投资也大幅增加。外商直接投资流动与全球GDP的比率从1982年的0.9%增至2000年的7.6%。需要注意的是,从1993年至1998年,年度外商直接投资从2120亿美元增至5850亿美元。因此,外商直接投资存量占世界GDP的比重从1980年的6.1%跃升至2000年的20%。外商直接投资的急剧增加也与国外生产活动的非局部化有关，以利用欠发达国家和发展中国家更有利的生产条件，主要是相对较低的劳动力成本优势。但是，外商直接投资发挥重要作用也与世界各地开展的有利于外商直接投资的立法修改有关。在以往时期，55%的外商直接投资针对的是农业和采掘项目，但这一时期的外商直接投资主要针对的是制造业和服务业（分别占外商直接投资的55%和35%）。外商直接投资似乎最近在发展中国家的作用越来越大：2002年，发展中国家获得的外商直接投资占外商直接投资总额的35%~40%，而1990年只有19%。发展中国家的外商直接投资与GDP的比率也呈增长态势，从1986~1990年的0.78%的平均水平增至1997~2003年3.1%的平均水平。但也应该承认，发展中国家获得的外商直接投资完全未呈现出均匀扩散态势，而是集中于少数几个国家或地区。巴西、中国内地、中国香港、墨西哥、新加坡约获得50%针对发展中国家地区的外商直接投资，而非洲只获得外商直接投资总额的3%。此外，通过对当前的外商直接投资与全球化第一阶段的外商直接投资进行比较，结果表明，发展中国家和欠发达国家当前获得的外商直接投资只占外商直接投资总额的32%，而在维多利亚时代却占55%左右。这也反映出了一个事实，虽然过去的外商直接投资是把可投资资源转移到欠发达国家或新兴工业化国家的一种手段，而且这些国家的增长机会最具吸引力，但当前的外商直接投资大多针对工业化国家，而这些国家有较高的赤字，公众消费贷款的利率较高，主要用于转移支付，而不是生产性投资。

2001年4月，外汇市场的日成交量达到12100亿美元，这一数字约是1989年的两倍，（但比1998年下降了19%）。也就是说，1998年，全球每日外汇交易额约是年度世界出口总额的100倍。另一个令人印象深刻的比较是，所有央行的外汇储备规模（1997年约合15500亿美元）与全球每日外汇交易额（1998年4月平均为14900亿美元）之间的比较。

场外衍生工具（如掉期交易和期权合约）的日成交量在过去几年急剧增加：2001年4月为5750亿美元，而1995年为1510亿美元，1998年为2650亿美元。这些工具的爆炸性增长最初受市场真正的合法需求推动，以防范风险，结果到2008年，许多人认为其成了金融经济危机爆发的起源。

(四) 从 2009 年到现在：全球化的第四阶段

真难以想象 2008 年夏末（2007 年已初见端倪）的金融经济危机席卷全世界揭示了全球化的一个劣势。人们对自由市场顺畅高效的运作信心动摇了，政府干预政策也受到了质疑。一些声音建议国家干预程度应该加大，以避免过去出现的问题。但是，没有人敢说自由市场必须受到干预。

六、总结

找到全球化共同的特征很难。实际上，伴随着"全球化"这个词的出现，人们常指貌似相反的事情，例如，我们生活的世界既变小了又变大了，小是因为距离不再是无法克服的问题，大是因为我们的视野开阔了。这就是几个关于全球化的论断为什么错误的原因：错误地认为国家边界无关紧要，国家在引导经济发展上不起作用；地方层面不再重要，全世界都一样；市场彻底融合，一价定律总是主导市场。全球化可以两种不同的方法来解读：第一种是狭义上的，经济学家和经济史学家提出的定义，他们强调全球化需要可量化，所以他们用市场融合带来的价格趋同来定义。但是，历史学家和政治学家所强调的广义上的全球化，指的是价格趋同没有发生，但国际贸易、资本和劳动力流动程度加强了。

狭义上，我们认为，正如多数经济学家认为的那样，全球化直到 19 世纪初才开始，因为只有那时价格才呈现出一个让人满意的趋同程度。广义上的全球化开始的时间更早，因为地理大发现之后，国际贸易、资本和劳动力流动的强度逐渐增大。

传统地认为全球化的第一阶段与维多利亚时代是同一时代，随着第二次世界大战的爆发而结束，由英国主导，与它的全部殖民地进行自由贸易。国际贸易当时是南北型：北部是制造业和工业产品，南部是农产品和原材料。国际贸易、资本流动和劳动力流动深受影响，这些方面的流动性增强促进了商品价格、利率、工资的趋同。全球化的第二阶段开始于第二次世界大战末，贸易更多表现出北北贸易特征，即同质产品不同种类间的交换（产业内贸易）。资本流动直到这一时期末才得以加速，劳动力只有部分流动。第三阶段开始于 20 世纪 70 年代末，中国成为世界经济主导者之一。这一阶段，许多新兴市场国家在经济增长和减贫方面成绩显著。国际贸易大幅度加强，资本流动、金融衍生品和国外直接投资大幅增加。相反，劳动力流动由于许多限制受到了极大的阻碍，主要是因为发达国家担心劳动力流动会带来经济和社会问题。目前的金融经济危机可能标志着全球化第三阶段的结束和另一个新阶段的开始。

提问一：

感谢 Pompeo Della Posta 教授的精彩演讲。直到今天我才算是对全球化是什么有了比较系统的了解。我们本科阶段学过"世界经济"这样一门课程，当时的老师讲到过全球化对于世界经济的发展来说，是一把双刃剑。您是如何看待这一问题的呢？

Pompeo Della Posta 教授：这个问题一直以来备受学术界争议，可以说是仁者见仁，智者见智。全球化在某些方面的确造成了世界经济发展越来越不均衡并给发展中国家带来了巨大的挑战。2000 年 4 月，联合国秘书长安南在一年一度的联合国经济及社会理事会会议上讲道：在全球化和新技术正给一部分人带来迄今为止无法想象的利益的同时，另一部分人却仍然享受不到这些利益，过着极度贫穷、营养不良和疾病缠身的生活。实际情况确实如此，世界上 20% 最富有的人消费着 86% 的产品，而剩下的 80% 的人却只消费其余的 14%。据联合国资料，有 13 亿生活在世界上最贫穷国家的人每天只有不到 1 美元的生活费，8000 万人完全不能享受医疗服务，8.4 亿人营养不良，超过 2.6 亿的人不能上学。第三世界国家 2.5 万亿美元的外债是一个令人窒息的负担，消耗着 25% 的出口收入。世界上最富有的 3 个人的财富超过 48 个国家国内生产总值之和。可见，全球化富国受益，而南北方却日益悬殊。

现在的国际经济秩序是不合理、不平等、不民主的，它给发展中国家的经济、贸易以及知识和技术发展等方面带来了负面影响，加剧了各国之间的贫富差距。而且，现存的国际经济规则大部分是以发达国家为主制定的。虽然考虑到了发展中国家的利益（如世界贸易组织的某些规则），但比例很小，有些规则还是在发展中国家缺席的情况下制定的。某种产业发展规则（如信息技术产品协议和劳工标准等）甚至在发展中国家还没有充分发展的时候就制定出来了。显然，这都是不公平的。此外，发达国家现正向发展中国家转移污染技术和污染产业，这就导致了发展中国家的环境日益恶化。所以，要根本解决"全球化是谁的全球化"的问题，那就必须改变国际经济旧秩序。

提问二：

Pompeo Della Posta 教授，您好！听了您的讲座之后，我真是受益匪浅，您刚才提到了全球化的定义有狭义与广义之分，那么我想请问一下，这两个定义有什么具体的区别吗？

Pompeo Della Posta 教授：狭义上我们可以这样理解全球化，即全球化代表了各地域劳动力的国际化加强以及由于货物贸易、服务贸易、跨境企业投资、资本流动和人力资本迁移导致的国家经济的整合度提升，产生一种对价格、利率和工资趋同的满意趋势。但它遗漏了不以令人满意的价格趋同程度为特点的情况。广义上的定义，结合经济学家和经济史学家强调的价格趋同，世界历史学家强调的方面和政治科学家的论断所指的全球化可以定义为这样一个过程：国际劳动分工细化，通过货物和服务贸易、跨境投资、资本流动、人力资源自愿或者非自愿（比如在政治和军事压力之下）的移民，国家经济不断融合。

提问三：

Pompeo Della Posta 教授，您好！听了您的讲座之后，我还是有一个问题不是很清楚，就是在全球化的三个阶段中，资本是如何流动的呢？

Pompeo Della Posta 教授：在全球化的第一阶段，受黄金标准所授予稳定性的驱使，以黄金为基准、其主要货币是英镑的国际货币体系出现了相当大的资本流动，尤其是长期资本流动和外商直接投资，主要针对农业、采矿业和基础设施建设项目，如铁路。在全球化第二阶段，资本市场的资本流动相当有限。银团贷款成为布雷顿森林体系崩溃后的主要手段，全球外商直接投资刚刚开始恢复。在全球化的第三阶段，资本流动呈现自由化的特点，外商直接投资和资本组合投资急剧增加，金融衍生工具也呈现爆炸性增长。凭借银行贷款，外商直接投资和投资组合流动增加，资本流动的构成随着时间的推移日益发生改变。

演讲者简介：

Pompeo Della Posta 现为比萨大学经济学副教授。他先后在英国与意大利获得了经济学硕士与博士学位，并曾在美国普林斯顿大学和斯坦福大学进行访学。他曾参与许多全球化、货币金融、国际贸易等方面的国际会议组织工作，如欧洲大学学院举办的"欧洲危机论坛"、"经济全球化论坛"及比萨大学举办的"全球经济危机原因与应对措施研讨会"，等等。Pompeo Della Posta 教授已有多年的经济学教学经验，任教过的课程包括国际经济、国际金融、国际贸易、欧盟经济与货币一体化、欧盟政治经济学、宏观经济学、微观经济学、博弈论及经济学导论。同时，他还担任《牛津经济学期刊》、《亚洲经济期刊》、《开放经济评论》、《欧洲比较经济学期刊》、《经济思想史》（意大利）等学术刊物的审阅人。Pompeo Della Posta 教授的研究兴趣非常广泛，主要包括经济全球化、货币与金融、汇率问题、国际贸易、欧洲演变趋势，等等。

第三讲 从诺奖得主到凡夫俗子的经济学谬误
——澳大利亚蒙纳士大学经济学教授黄有光演讲录

2011年10月31日，著名经济学家黄有光教授应胡必亮教授邀请，到我校京师发展课堂作题为《从诺奖得主到凡夫俗子的经济学谬误》的演讲。以下是演讲实录[①]：

主持人：胡必亮教授

各位老师、各位同学，大家晚上好！今天我们非常荣幸地请到了世界著名的华人经济学家——黄有光教授到我们北京师范大学京师发展课堂来演讲。黄有光教授是澳大利亚悉尼大学经济学博士、澳大利亚社会科学院院士、北大光华管理学院访问教授、澳大利亚Monash大学经济系教授及澳门大学经济系访问教授。在全球著名的华人经济学家中，黄有光教授一定算得上是一位"怪才"，我想用几个特点来概括黄有光教授。

首先，他的研究领域涉猎很广，不仅在经济学方面非常有造诣，在哲学、社会学、宗教学、心理学、脑神经科学、物理学等多方面都有建树。

其次，他在其所从事的经济学领域的各项研究都做得很深入，大家都知道黄有光教授的主要研究领域是福祉经济学，通常也称为福利经济学，而且还从福祉经济学中引申出了快乐经济学。所以在经济学界，好多人都称他为福祉教授、快乐教授。大家听他爽朗的笑声，就会感到他只有四五

---

① 本演讲稿先是由北京师范大学经济与资源管理研究院2011级全体同学根据视频资料进行初步整理，然后由博士研究生袁威进一步整理而成。

十岁的年龄，并且黄教授身体和饮食一直都很好，非常健康。

我认为黄有光教授的学术研究非常深入，主要是因为我和山西经济出版社的赵建廷社长联合主编了《黄有光自选集》一书。这本书收录了他从20世纪六七十年代到现在40年时间所发表在《美国经济评论》等全球顶级杂志中最优秀、最精华、最具代表性的学术论文，并且每篇论文后都有作者的自述，阐述了该文章的写作原因、发表的学术意义等。因此如果在座的老师和同学要进一步了解黄有光教授理论研究的深度，我建议大家读读这本书。

第三个特点，就是黄有光教授本人的性格和自己研究的领域和内容很一致。他研究幸福、快乐，所以他一直从内到外都是幸福、快乐的。我们所见到的黄有光教授从来都是精神矍铄、笑声爽朗。个人生活和家庭生活都非常幸福、非常快乐。此外，黄有光教授还精通长寿之道，深谙生命精义，探索宇宙奥秘。他是一位非常博学、智慧、可爱的教授。

下面就让我们用热烈的掌声，欢迎我们既才华横溢、又和蔼可亲的黄有光教授演讲！

演讲人：黄有光教授

谢谢胡院长的介绍！我演讲过很多次，今天的介绍应该算是最精彩的一次。我来自Monash大学，Monash大学近几年来有了正式的中文名字，叫做蒙纳士大学。承蒙、接纳、贤士，具有很好的意义。不过，也有其他的翻译，例如：莫纳士，不要接纳贤士，这个名字不太好；或者，莫纳什，不要接受任何东西，也不好；再或者，莫那什，莫非是那个"杂种"，就更不好了……连Monash大学的中文名字的翻译都是鱼龙混杂的。因此，今天我讲这个题目，《从诺奖得主到凡夫俗子》中的凡夫俗子没有任何贬义，连"杂种"都没有贬义，何况是"凡夫俗子"。因为你我都是凡夫俗子，所以请大家不要介意。

今天讲座主要是根据我的同名著作来讲，主要分为四个部分：第一部分是关于公众人士对经济学的误解；第二部分是经济学学生的失误；第三部分是经济学学者本身的经济学谬误；第四部分是诺奖得主的经济学谬误。

一、公众人士对经济学的误解

（一）技术进步增加失业

我们首先从技术进步增加失业这个错误讲起。从工业革命开始，由于机器生产的引进使许多原来的手工业生产者不能够继续原有的工作，所以人们认为，技术进步会造成失业。我记得大约二三十年前，当计算机或者电脑开始广泛应用的时候，我们学校另外一个系的一位讲师就跟我们说：再过几年会有大量失业，因为现在开始使用电脑，而一部电脑可以替代很多打字员的工作。我认为这点没有错，就像在工厂生产中机器可以替代很多手工业工人的工作一样，伴随着电脑的使用，很多打字员的工作也会被替代掉。但是，这并不会造成大量失业，英国工业革命的历史可以证明，长期而言，失业率并不会增加。但是他就和我说：这次不同了，计算机能够替代人工的程度远非旧式的机器可以比较。从现在的结果来看，计算机的应用的确非常广，但是并没有增加失业率，反而大量提高了生产力与实质工资，也大量增加了人们的方便程度。

如果生产力只能增加失业，那从几百年前的英国工业革命开始，生产力提高几百倍，那工人失业率应该达到90%多，但是实际上这点并没有发生。例如，尽管经历了2008年的全球金融危机，现在澳大利亚的失业率也仅在5%左右而已。

那我们来看，市场调节是如何使失业率并不会长期增长的呢？

首先，尽管技术的进步使得很多非技术工人失去工作，但是有许多其他地方来接纳这些失业工人，例如工厂的建设、机器的生产等都需要人工投入；其次，手工业者不能够跟机器竞争的原因就是机器生产的成本比较低，因此产品比较便宜，消费者购买机器生产的产品后剩下的钱就能够用在其他方面的支出，因而增加这些方面的就业；最后，企业家赚的钱，或者用来投资，或者用来消费，都能够间接地提高其他方面的就业。

总体而言，技术进步并不会造成大量的失业。即使以金钱来计算的名目工资是下降的，但是实质工资大多还是会提高的。这个地方我有一个说明，我叫的名目工资你们大概叫做名义工资，而我叫的实质工资你们大概叫做实际工资，这是因为我认为实际是和虚假对应的。长期而言，如果各行各业的技术进步都被允许采用，则总体而言，实质工资会全面增加。

（二）移民对本地人不利

接下来我们讲第二个谬误：移民对本地人不利，就是外国移民进入本国，或者市外农民进入本市，会降低本国或本市的人均资源，降低人均产量。实际上，人均资源可能是减少的，但是人均产量未必减少，这是因为：

首先，人口增加，通过分工程度的增加和规模经济，以及知识和技术进步速度的提高，都可能会抵消掉人均资源减少的效应。

其次，人均产量减少也未必对本地人不利。实际上，移民进来应该是对本地人有利的。我们考虑一个例子，假定非技术工人移进本国，造成工资较少，或者至少减少非技术工人的工资，但是可以论证，其他生产要素的报酬会大量增加。图1中的横轴是表示工人的数目N，是在移民人数增加之前的数目，这条线是非技术工人的边际生产力。在市场均衡条件下，工资是工人的边际生产力，所以每个工人得到的报酬是A点(N_0, W_0)，假定移民数目从N_0增加到N_1，则边际生产力从A点下跌到B点，工资水平从W_0下降到W_1。从W_0跌到W_1，原来本国的工人N_0，他的工资损失了ACW_1W_0。但是，如果我们看增加移民后，进来的非技术工人数目从N_0到N_1，他们得到的工资也是这个比较低廉的工资W_1，而这些移民对整个经济的贡献，是这些工人的边际生产力这条线以下的面积AN_0N_1B，因此，他们对经济的贡献，比他们的总工资还要大出面积ABC。所以实际上这个三角形ABC是移民对整个经

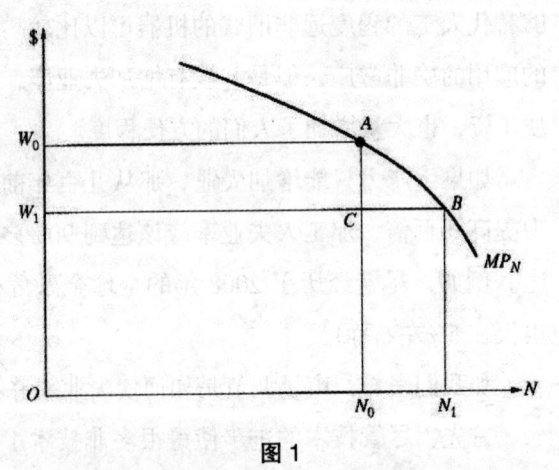

图1

济的净贡献。那净贡献是增加的，为什么工资还会下跌呢？这是由于其他的非技术工人要素，包括技术工人经理、土地拥有者、资本拥有者的报酬增加，也就是面积 ABW_1W_0 超过了这个非技术工人工资下跌的部分。因此，本地人总体而言是得利的，得利的是 ABC。

虽然从经济生产上来看，移民使本地人得利，但是是否会通过例如破坏环境而使本地人不利呢？我们通过论证，只要对污染等外部性征收适当的税赋，移民即使增加对环境的破坏也不会对本地人不利。因为本地人污染增加造成的损失小于政府税赋的增加。我可以用一个例子来解释这个道理，假定我们没有法律禁止杀人放火，人们会认为人口越多，杀人放火的罪犯也就越多，因而可能反对移民。然而，问题并不在于移民与否，而是在于有没有法律去禁止杀人放火。因此，问题的处理应该是对污染征税，而不是说不要移民。

我们讲移民进入对本地人、特别是对有地租、有资产的人是有利的，但又是否会增加失业呢？学者的论证也证明了移民的进入并不会增加失业。很多移民带入的资本和工作赚的钱，都会增加对本地的各种需求。我们举一个例子，一个大学如果聘请的一个老师是外国人，那本国人就会认为，这样好的一个职位，为什么要请外国人，而使本国人没有得到这个工作，因此认为移民抢掉了本地人的工作。但是我们也要看到移民又间接地创造了其他更多的东西，包括资本的带入、因移民的收入而增加的消费等，此外还有一些移民是有企业家精神的，他自己移民进来后会创办企业雇用工人，另外一些移民提供本地人没有的技术或专业，而使得一些企业得以发展，等等。所以，移民并不会增加失业。

那移民进入是否会增加不平等呢？看起来只有土地出租者、资本家、技术经理等因为移民的进入而得利，而非技术工人是损失的。然而，非技术工人的收入比较低，他们的损失的确增加了自然不平等。但是是否说总收入净增加的同时不平等也增加了呢？不见得。第一，虽然可能是增加了不平等，但要考虑效率的作用；第二，地租、利息等增加，不见得是增加不平等，尤其是在西方国家。很多靠地租、利息过活的是退休的老人，他们的收入反而比平均的要低。因此增加利息和地租不见得是增加不平等。另外，根据我 1984 年在《美国经济评论》上发表的一篇题为《一块钱就是一块钱》（A dollar is a dollar）的文章，在具体个别政策上，应该以效率挂帅，不要考虑平等的事情。但是，我们也不能对不平等的事情熟视无睹，帮助穷人是非常重要的。我认为现在中国经济的一个大问题就是贫富不均在快速扩大。但帮助穷人不是在具体政策上，而是应该增加总收入。并不能说我大米吃得少就是穷，我可能喜欢吃鱼虾而不喜欢吃大米，所以不是看吃多少大米而要看总收入和总购买力，这就是"一块钱就是一块钱"的道理。因此要在个别政策上"效率挂帅"，从总收入上帮助穷人。

（三）人口增加对原有人民不利

下面讲第三个谬误：人口增加对原有人民不利。这和刚刚讲的移民问题有一些共同点，但也有所不同。反对人口增加的人认为，人口增加会和移民一样降低人均资源和人均收入水平。但是，人均资源减少，人均收入不一定减少。即使人均收入减少，也不见得是坏事。我们举个例子，假设夫妇两个人，丈夫每月收入 3000 元，妻子每月收入 3000 元，总共 6000 元，人均收入是 3000 元。妻子生了小孩后，不能出去工作了，家庭总收入降为 3000 元，人口由两个人变为三个人，因此人均收入从 3000 元变为 1000 元。在这种情形下，作为亲戚或者朋友，你是对他们说：哎呀！你们的人均收入减低了 66%，我表示非常同情；还是不管出生的是男孩还是女孩，你都会恭贺他们喜得麟儿或者喜得千金呢？因此人均收入减少不见得不好。而且即使人均收入减少，人均效用（即快乐）减少也未必不好。

我们再举一个例子，我们假定人口增加之前一个人口 100 万的社会，人均效用是 100；现在人口增加到 200 万，人均效用会减少到 95。为什么未必不好？由于想要孩子而得到了孩子等原因，原有人口的人均效用增加到 105，使他们的效用增加，新生的 100 万人的人均效用可能是 85，那么这 200 万人平均下来人均效用就从 100 减到了 95，但原来那 100 万人的效用增加到 105。对于新生的那些人来说，85 也是很高的快乐。多数人不会选择自杀，新增加的每个人都庆幸有机会出生，当然出生之后由于不幸而感到人生痛苦，生不如死，他们还有自杀的选择。

我自己的情形是，不要说独生子女政策，即使是六子女政策，我也是没有机会出生的，因为我是家中的老七。我坚决反对任何不能使我出生的政策，我很高兴我有这个生命，而且我相信我的父母和兄弟姐妹也不会因为我的出生而痛苦，他们一定非常欢迎老七！

还有，即使对原有的人们不利也未必不好。当人数变动的时候，我们应该最大化人均效用还是总效用，伦理学家和哲学家都没有给出让大家都能接受的答案，但我有答案。我们先看这样的事实，我们比较世界各大洲的人口密度，先不看人口比较少的大洋洲，而看人口密度最高的欧洲，请大家注意亚洲是总人口最多的洲而不是人口密度最高的洲。欧洲作为人均收入最高的洲，人口密度最高，人均收入也最高；而人均收入最低的非洲其人口密度也是最低的。

我们再来看中国的状况。我经常与中国留学生交谈中国的问题，中国在经济发展上达到了比较高的水平，改革开放以来中国的问题也比较多。经常听到一种说法说，中国这么大、人口这么多，难怪中国政府不能做得很好。我相信包括我在内的几乎每个人听到这个说法都觉得是这样的。假如澳大利亚要我去做总理，可能我会考虑接受，但是中国叫我来做领导人，我肯定不敢！这么大的一个国家，领导人不容易当啊！不过后来我想，如果国家庞大真的会造成过多的问题的话，那为什么秦始皇统一中国是一项大功？分成小国不是更好吗？请注意，我并不是在鼓吹各省独立，我是支持大一统的，坚决反对独立。我认为要大一统，就是因为大一统的好处大于众多小国的好处。所以我们不能用大国人口多来说明我们遇到的问题。大国应该是利益更大的。

（四）人民币升值对中国不利

下面我们讲第四个谬误：关于最近人民币是否应该升值的问题。很多人认为人民币升值对中国不利，就像以前日元升值对日本不利一样。不错，人民币升值会减少出口量，对出口商和出口产品的生产者来说，至少短期是不利的。但是，升值对于消费者和进口商是有利的，所以在人民币被低估的情形下，尤其是其长期的影响对中国是利大于弊的。

我们来看看为什么利大于弊？一个国家的币值就像一个产品的价格，不是越低越好，也不是越高越好。比如一个厂商，如果把产品价格定得太高，产品卖不出去就会亏本。如果价格定得太低，连成本都收不回来，即使可以卖很多，也要亏本。所以价格要定得适中，不可以太高也不可以太低。同样的，一个国家的币值不可以太高也不可以太低。币值太高，出口货卖不出去，赚不到外汇来买进口货，得不到国际分工的好处。如果把币值定得太低，出口货贱价出卖，会浪费资源、资本、劳力，甚至是破坏本国的环境。所以用太低的价格卖出去是得不偿失的，所以是不利的。

那问题是，人民币是定得太高了还是太低了，还是刚好？我认为是定得太低了。

第一，如果根据购买力来算，一美元现在可兑换 6.36 元人民币，一美元在美国能买到的货物平均而言用人民币在中国购买并不需要 6.36 元，只需要 2 到 3 元。因此，以购买力来计算一美元只等于 2 到 3 元人民币。即使考虑了其他因素，一美元也至多等于 4 到 5 元人民币，肯定不是 6.36 元。

第二，中国有超过 3 万亿美元的外汇储备，远超过任何国家，甚至超过全球外汇储备总量的 1/3，现在可能要接近 40% 了。现金的比例太高了！我们持有了太多的低息美元债券，不仅要考虑物价因素而实际存在的负利率，还要蒙受美元币值下跌的损失。

几年前，黄金价格约每盎司 500 美元时，我曾经发电邮给余永定（当时中国央行货币政策委员会委员），建议中国大量的外汇储备不应该持美元资产，而是持有实值资产，包括黄金和白银。当前黄金的价格是 1700 多美元，而且很可能还会波动升值。有人说人民币是内贬外升，对外对美元升值，但在国内由于物价上升而贬值。实际上，人民币对美元升值是因为美元在这段时间是贬值的，但人民币对其他的国家货币以贸易加权平均来算的话，从以前到现在价格波动并没有增加，所以人民币对外并没有升值，尤其对澳大利亚币贬得还很厉害。

第三，中国对外贸易还在大量出超，出口仍然大于进口。如果人民币升值使出口量减少，未必会降低外汇收入。即使外汇收入减少，也未必不好。如果我们把币值提高20%，我们的出口如果减少10%，我们的外汇总量增加；如果减少30%，外汇会减少一点。如果我们减少30%的出口，生产这些出口产品的资源就可以用来生产其他产品，比如广义的基础设施建设，包括教育、科技、文化等，就可以增加人民的福祉。

第四，根据传统经济学的国际贸易理论，一个小国不能够影响国际贸易的条件，贸易条件就是出口货的加权与进口货的加权的比例。那么如果是一个大国，至少对某些产品来说是一个大国，那么大国能有力量影响贸易条件。从国际贸易理论来说，一个大国如果从本国的利益而不是从全世界的利益来看，就有人为提高贸易条件或者提高价格的动机。就像一个有垄断竞争价格的厂商，它要人为地提高价格超过它的边际成本定价。然而，只有当边际收益等于边际成本时，而不是在价格等于边际成本才会实现利润最大化。

第五，中国应该人为地提高它的出口价格，也就是说人为地使人民币升值，才是对本国有利的。从经济学原理来说，没有压低价格的理由，也没有人为压低人民币币值的理由，如果因为没有升值而使别的国家尤其是美国对中国贸易实施制裁的话，那我们的损失是难以估计的。

第六，升值会有利于加强国际合作，还会增强创新力。

第七，由于没有对破坏环境征收足够的赋税，币值太低所鼓励的生产会加大破坏环境的扭曲，得不偿失。就像在家里做糕点出去卖来赚钱，那么如果在算每斤糕点要卖多少钱的时候，除了人为压低人工价钱外，还不会计算把家里厨房、客厅都弄得很脏的成本，因为用很低的价格卖出糕点，即使卖的很多也是不划算的。

我认为中国的情形就是这样，出口品太廉价了，以浪费资源、破坏环境为代价制成商品，以太低的价格卖给外国人去享受，我觉得是很不合算的。人民币升值可能有负面的地方，出口会减少，进口会增加，可能会造成总需求减少，生产减少，失业增加，不过中国并没有出现总需求不足的情形，除了从2008年年底到2009年年初这段全球金融危机爆发期以外，我们用4万亿元投资刺激经济增长，弥补了当时的总需求不足，其他很多时候都是通过多次升息和增加商业银行存款准备金率的办法来使经济增长减速的。

所以我认为中国目前并没有总需求不足的问题，即使以后有这个问题，我想也是可以通过其他方法来解决的。例如，我们需要开发大西北、需要发展广义的基础设施、需要减少贫穷等等，都是需要大量的投资的，只要我们能把储蓄转化为投资，就不需要担心总需求不足的问题。币值如果提高，还可以用少量的出口换取大量的进口，进而控制通货膨胀，使物价下降。

二、经济学学生的误解

（一）金钱成本不是机会成本

经济学学生的第一个误解是对"机会成本"的误解，例如，有10块钱买水果，只可以选择购买一斤苹果或香蕉或梨，如果选择买苹果的话，机会成本就是香蕉与梨中对消费者价值最高的那一种。

但是，机会成本不只限于金钱，也经常涉及时间。例如，花3小时和20块钱去看一场电影，成本不只是20元钱，还有3小时的时间。如果不去看电影，就可以用这3个小时去读书或工作。

而在经济学知识的讲授过程中，由于老师强调成本不只是金钱成本，还有时间的机会成本，就使得很多学生误以为金钱成本不是机会成本。

（二）无差异曲线必须"曲线平行"

经济学学生爱犯的第二个错误是无差异曲线不可以相交。在这个基础上，很多同学认为既然无差异曲线不能相交，那么如果下面的开口比较大，上面的开口比较小，那么中间的那条无差异曲线怎么能从上面通过呢？所以认为无异曲线即

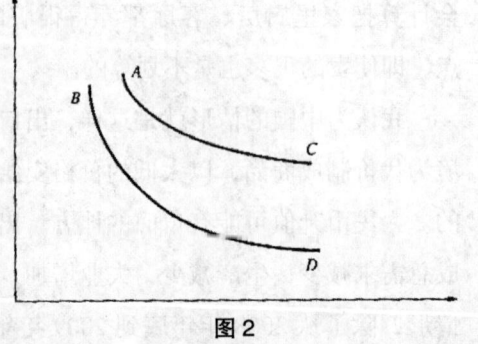

图2

便不是像直线一样相互平行的话，至少也应该是间距相等的。

这个看法是错误的。我们来看图3，CD是一条比AB长一倍的线段。我们现在来证明，在AB线段上，有和CD线段上一样多的点的数目。因此，只要我们能够证明有同样多的点的话，无差异曲线就可以通过而不需要相交。首先我们将证明为什么AB线段上的点的数目和CD线段上的点的数目一样多？我们用数学上的一一对应的概念来证明。比如，可以证明这个教室里的男生数目和女生数目是一样的，因为如果每个女生都有唯一一位男生和她对应，每个男生都有唯一一位女生和他对应的话，那么我们就可以说这个教室里的男生和女生的数目是一样多的，这从常理上来讲也是可以接受的。我们现在连接AD，再连接BC，AD和BC就相交于E点，在CD线段上任取一点P，连接PE，延长交AB线段于P'。对于CD线段上的任何一点，我们都可以依此方法找到在AB线段上与之对应的一点，因此我们就证明了线段AB和CD上的点是一一对应的，从而它们的点的个数是相同的。由此证明，AB线段上的点数与CD线段上的同样多，都是不可数的无穷大。因此，无差异曲线不一定要"曲线平行"。

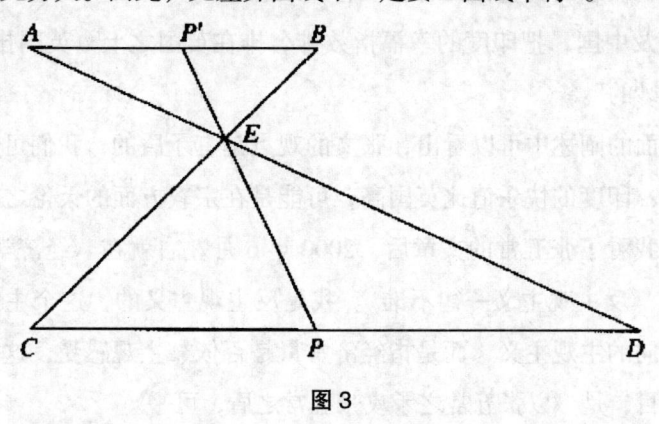

图3

三、经济学者的经济学谬误

我们接下来讲经济学者关于经济学的谬误，经济学者们经常犯错误，并不表示他们更容易犯有关经济学的错误，而是他们花更多时间谈经济问题；同时，失误比较多，不见得失误率就比较高。

(一) 快乐的衡量完全不可靠

经济学者通常不大相信人们口头上所讲的东西，认为不大可靠。人们通常容易忽视快乐问题，认为不属于他们研究的范围，或者认为快乐不能分析、不能衡量，不信任关于快乐研究的结论。

当然，对快乐的衡量也不是完全不可靠。到目前为止，学者们对于快乐的评价通常是采用抽样调查的方式，通过问卷来得到你对快乐的评价。我认为，这种评价是口述的，不是完全可靠，但也不是完全不可靠。

大名鼎鼎的张五常教授1985年2月在香港《信报》上发表过题为《没有兄弟姐妹的社会》的文章，发表的背景是当时中国刚推行计划生育政策不久。我非常欣赏这篇文章，此外我还非常欣赏张五常2000年3月16日在香港《壹周刊》发表的《天伦之乐》一文，这些文章都收在两本书里，其中一本叫做《卖橘者言》，非常值得同学们一读。我认为至少在评论文章上张五常远远超过我的水平。张文的主要观点当然是强调天伦之乐的重要，质疑"独生子女政策"，但是在《壹周刊》这同一篇文章中，作者又认为"快乐的调查很无聊，没有什么意思，从一般生活水平来说，印度肯定不及中国，把印度的幸福指数排名排在英国之上（英国排名第七）是莫名其妙的"。

从上面的阐述中可以看出，张文的观点是有矛盾的，我们可以理解这种矛盾为：印度的快乐值比英国高，可能是在宗教方面的天伦之乐超越英国。所以我看了张五常的文章后，2000年6月左右就在《经济学消息报》上写了篇《反主观主义一律不准》。我是反主观主义的，这个主观并不是指主观偏向的主观主义，而是指经济常量是否依靠主观感受，这篇文章中有个小题目，是《以张五常之矛攻张五常之盾，可乎》。

快乐的问题是非常重要的，因此尽管对快乐进行分析的答案很难做到100%正确，但还是应该要做的。快乐的调查有相当的可靠性，现在需要你对快乐来打分，比如从0分到10分，你对自己快乐打分，可能你给你的快乐打6分，我给我的快乐打9分。由于你的6分增量大，我的9分增量小，那用现有的方法来比较有些困难。我在1996年的《社会指标研究》

(Social Indicators Research）上发表的文章中讲到，即使我们不用人际可比、比较可比、基数可比的方法，在经济学者极度不相信快乐的状况下还有一个"杀手锏"可用，这个"杀手锏"就是经济学中最重要的变量GDP。这个变量用了好多年，而且受到全世界所有国家所有人的重视。而现在呢，国内还有个常用的变量PPP，就是购买力平价。按照20年前的情况，1美元兑换人民币8元，然而1美元在美国能够买到的东西，在中国不需要8元人民币，只需要2元人民币就可以了，所以说根据那个比率来调整的话就使得中国的GDP增加4倍，印度则增加6倍。既然快乐的衡量不是很可靠，那作为整个国家的平均快乐指数，我认为永远不需要做4倍或者6倍的调整，经济学者多年来所用的最重要的变量的衡量比快乐指数的问题还严重，怎么可以不接受快乐指数呢？

（二）效用不能用基数衡量

我大胆猜测一下为什么经济学者会出现上述矛盾呢，很可能是因为人们过于相信效用只能够用序数衡量，而不能作基数比较。序数衡量就是只能够比较高低，但是不能够比较中间相差多少，能够比较相差多少的就是基数衡量。

我举一个例子说明用基数比较的话，经济学家也是有困难的。不管是在中国、澳大利亚或者是美国，大学的水平都在快速下降，其中最主要的一个原因，就是大学生的比例占总人口的比例快速增加，以至于大学水平的快速下降是正常的。那我每次在给学生打分的时候，就在A和B之间比较，有的时候我确实不知道应该打A还是打B，是通过批改严一点来维持大学教育的高水平，还是说仁慈一点而使大家都能拿高分。我总是在做这样的思想斗争。但这个并不是效用能不能用基数比较的问题，而是比较这一本身具有难度。

（三）效用不能作人际比较

现在有个进化生物学的例子。

A：现状；

B：现状加上被普通蚂蚁咬一口；

C：现状加上被抛进沸滚的油锅。

我们每个人都会认为 A 比 B 好，B 比 C 好，可以序数比较。如果只能序数比较，不能基数比较的话，那么你只能讲出 A 比 B 好，B 比 C 好，你并不能说 A 比 B 好的程度小于 B 比 C 好的程度。然而我可以斩钉截铁地说，A 比 B 好的程度不到 B 比 C 好的 1%，同意吗？同意！我也这样认为，A 比 B 好的程度不到 B 比 C 好程度的千分之一，同意吗？同意！如果 A 比 B 好的程度或者快乐的相差程度只有 B 比 C 好的程度的万分之一呢？……这就是快乐的基数人际比较，从生物进化学的观点来说这也是有科学依据的。因此我做的这个人际比较是合理的，所以效用能够作人际比较。

此外，我 1975 年的文章也提出了理论基础。这篇文章是在1881 年发表的一篇论文基础上写的，讨论了最小可以感知的快乐量，比这个更小就感觉不到了。对于这个问题，Morden 在 1781 年做了大量的论述。我在1973 年年底或者是 1974 年年初访问牛津大学时参加了后来拿到诺贝尔奖的James Mirrlees 组织的研讨会，在会上我提出了我的这篇文章，当时就有位研究生举手问"为什么你不等到 1981 年再发表？"因为 1781 年、1881 年，接下来应该是 1981 年了，我就跟他讲，我现在只是在研讨会上提出来而已，等到这篇文章发表的时候，已经是 1981 年了。后来证明这篇文章发表得还是太早，由于当时全世界顶尖的 15 家期刊之一的《科学评论家》（Reviewer in Science）的约稿，并且通过审改和修改，这篇文章还是在 1975 年就发表了，没能等到1981 年。1975 年的文章提出了我的理论基础，从伦理的观点来看，社会应该重视所有人的快乐效用最大化。我在 1996 的文章中提出，用刚好可以感知的快乐量为单位来进行快乐的调查，而得出人际的比较。

（四）通过原点的供给与边际成本线

经济学者通常将供给线或者边际成本线画成通过原点的，这是个错误。错误来源于把边际成本和总成本混淆了，总成本是一定会通过原点的，因为如果不生产任何产量，就不需要花任何成本，因此总成本是 0。但是边际成本不一样，即使你要生产 0.00000001 个单位，也是有一定的成本的，所以边际成本通常是在零点的时候是正的。同样，对于供应线来说，要卖出第一个单位也必须付出正的价格才会供应，零的价格上连0.00001个单位也不会供应。所以这条线应该通过纵轴上方，不应该通过原点。供给线与边际成本线通过原点的这个错误，大约1/5的课本都会犯。

（五）产品集合越大，其需求的价格弹性越小

第五个错误要从我们曾经的一个考题说起，这个考题是蒙纳士大学经济系在20多年前的考题，当时为了统一水平，规定统一考试。题目是："对食品的需求价格弹性比谷类早餐的需求价格弹性比较小；对谷类早餐的需求价格弹性比对'家乐'（一种谷类早餐的名牌）玉米片的需求价格弹性比较小。"请解释这个命题是否正确。

有两位教师在助教第一遍批改试卷以前写出了这个题目的标准答案，系主任认为这个标准答案不是很标准，然后自己写出一个更好的标准答案传给所有教这门课的老师看，我自己看了之后觉得系主任写的比之前那两位老师写的确实要好一些，但是既然系主任要精益求精，我就看是否可以写一个更好的答案。我先用数理来证明这句话是对的，然后再用简单的语言叙述，但是证不出来。我考虑要证明这个命题是错误的，最简单的办法就是找出一个反例，我找到了两个反例：

第一，一个人在他生日那天赢得了"家乐"公司的比赛，从此之后，他为了纪念获奖，在并且只在生日早餐那天买这个公司的玉米片来吃，因此他只在这天吃玉米片。玉米片的价格即使增加一倍，或是10倍，他都会在生日当天去买。

第二，假定"家乐"公司出品的玉米片，定价非常高，只有有钱的人和那些假装非常有钱的人才会买得起。它的价格提高需求也不见得会减少，因为需求可能也是比较小的。

发现这两个反例后，我就把这两个反例发给我们的那几位老师。大家都认为两个反例非常好，也即这个问题的答案在90%的情况下都是对的，但是有少数例外。

三、诺奖得主的经济学谬误

(一) 托宾的本科生一年级经济学谬误

托宾 40 年前在著名期刊 Journal of Law & Economics 中有一篇文章，里面讲过一句话"When the scarce commodity is in fixed supply, then arrangements for disturbing it equally, or on any other non-market criterion, can be made without worrying about efficiency"（Tobin, 1970, p.266），译为："当某个稀缺商品的供应是固定时，就可以用平均分配或任何其他非市场的分配法则，而不必担心效率的问题。"

这句话是错误的，而且是经济学本科生一年级的错误，有谁能指出这句话错在哪里么？

同学回答：我举个例子来回答这个问题吧。如果现在咱们有一桶水，然后 10 个人来分水喝，有一个人事先已经喝过水了，而有的人已经 10 天没喝过水了，这个时候每个人平均量的水就不一定是最优的，因为那个很渴的人喝完了可能还是非常渴，他愿意支付的价格是最能衡量他的需求的。

这个答案是对的！不同的人有不同的需求，即使供应一样。例如，麦当娜要用很多口红，而我却不需要口红，那你分配给我跟她同样多的口红做什么呢？所以，即使供给量固定也需要用市场价格来分配。有同学可能认为根据付款意愿分配，会使富人得利、穷人损失，但这是收入分配的问题。你可以帮助穷人，但依然要用市场的方法来分配。

(二) 德布鲁在其《价值理论》一书中的几十个"错误"

只要你会英语，德布鲁《价值理论》一书连小学生都能读，因为这本书的经济学知识是从最基本讲起的，不假定读者具备经济学的任何知识，而全书使用到的数学知识在第一章就已经全部给出，所以读了第一章就能够读整本书。不过，事实上，多数的经济学老师都读不懂这本书。

澳大利亚一个非常著名的全局均衡教授曾说过：要是想研究总体均衡，一定要读这本书，而且从头到尾读三遍才行。因此，我不敢说我是总体均衡的专家，我从头到尾只读了一遍，所以我只能是三分之一个专家

（笑）。不过，我只读了一遍，就发现在这本书里有几十个错误，我现在要证明这几十个错误。

在很多地方德布鲁都说"你可以证明……"或者是"可以很容易地证明……"。这几十个地方都是错的（笑）。因为"很容易"这几个字应该去掉才对，此外还应该加上"可以证明但是相当困难……"（笑）。当然啦，这个不是真正的错误，这是开玩笑的。

（三）所有税收都造成扭曲

诺贝尔经济学奖得主斯蒂格利茨（Joseph Stiglitz）说过："所有的税负都造成扭曲，但把扭曲的数目极小化，并不能使总的超额（或无谓）损失极小化"。这个观点的错误在哪？

同学回答：这个观点的前半部分是错的。因为面对外部性的情况，如环境污染的时候，税收能减少扭曲。

回答得很好！我们需要知道，并非所有的税收都会造成扭曲。第一，对温室气体排放或其他空气污染征收排放税，不但没有造成扭曲，反而还会有纠正污染的正作用；第二，物品的消费往往带有人际间的相互攀比效应，这种负的外部成本很少会被注意到，但是消费税会对炫耀性消费有纠正性，从这个角度来看，消费税就不是扭曲的；第三，有一种没有负担的税收，就是对纯钻石性物品的税收，所谓纯钻石性物品是总价值影响效用的物品，所以，对这种物品征收百分之百的税，价格加倍，消费者在总支出不变的情况下，消费量减半，而总价值不变，所以效用不变，那么这种税收就是没有负担的。

提问一：

黄教授，您好！您之前提到在《社会指标研究》（Social Indicators Research）发表的您的一篇文章，里面度量了不同的人之间的快乐。请问这是如何实现的？

黄有光：我所提到的不同人之间的快乐是通过"最小可能感知的快乐量"来度量的。举例来说：你喝咖啡时放两勺糖刚好，放一勺半时你感觉不够甜，这时你会不断地往里加糖，1.8、1.99……当增加一个很小单位你觉得相差无几的时候，这个很小的单位就是"最小可能感知的快乐量"。

提问二：

黄教授，您好！我的专业是社会医学，当前关于医疗改革的问题很热，一种观点认为医疗改革应该走市场化道路；另一种观点则认为医疗改革不应走市场化道路。两种观点中有一种必然是谬误的，那么哪个是谬误的呢？谢谢！

黄有光：我是研究经济和公共政策、福祉经济学理论的，对个别国家的个别政策，例如中国医疗政策的情形，并没有充分的了解。大致来说，医疗的问题比较复杂，不见得由市场供给就是十全十美的。所以我对这个问题的观点是：如果由市场提供没有重大问题的，就应该由市场提供；但如果出现重大的问题，也不见得应该由政府来提供，可以探索在市场化的基础上政府有序地参与。

提问三：

黄教授，你好！刚刚您讲的问题中我有一个小小的疑问，您说CD段是AB段长度的两倍，CD段上的点和AB段上的点是一样多。我想请问一下，假设我把CD段任意去掉一小段，用您的方法我可以证明，去掉那一小段之后，两条线段的点还是一样多，那么，这如何解释？

黄有光：这个问题其实很简单，可以这样来理解"线段是由无穷多个点组成的，一个无穷大加一个无穷大还是等于无穷大"。所以，你理解的很不错，我的证明也不错。

提问四：

黄教授，您好！在现有的中国经济形势下，通货膨胀率大于存款利率意味着把现金存入银行是贬值的，那么您对于理财有什么建议？

黄有光：这是一个很实际的问题。中国虽然经过几次加息，但利率仍然低于通货膨胀率，这就说明钱的市值越来越小。那么说到理财，必须要持有一部分现金，来满足日常的生活需求，剩下的钱则要去寻求其他的投资渠道。5年前去上海，我不止一次地听理财专家讲投资理财，说今后10年是中国股市黄金的十年。不过2008年金融危机之后，中国股市大幅下跌近70%。2007年英国媒体曾经称赞中国股市为全球表现最好的股市，而一年之后，中国股市360度反转，成了全球最差的股市之一。我的观点是，中国股市当前仍处于很低的水平，从短期看尽管会有波动，但是从长期看，中国经济将会持续高速发展，今后20年会是中国股市的黄金20年。所以，如果你有很多的钱，可以长期持有中国的股票。另外，持有黄金也是一个不错的选择。

同学：如果投资股票的话，您会如何选择？

黄有光：对持股，我没有专业的知识。对不同国家，例如德国，我一般都买 index。

提问五：

您刚刚提到的最小可感知的幸福感，我觉得是存在个体差异的。就像您说的在咖啡里放糖，有些人在1.51克就觉得甜，但有些味觉不足的人可能在1.58克才会觉得甜。那么在您的研究中怎样来处理这种个体差异呢？此外，我来自您的老家——潮州。这两年潮州的发展特别好，如果您有空，回老家看看。

黄有光：1973年后我回过潮州两次。（学生：您一定要回去看看）。最小可感知幸福感指的是"主观上同样快乐的样子"，这个讲解比较枯燥，并且也不是很重要，不过你要深入了解这个差别，你可以看我1976年的文章。

提问六：

黄教授您好，当前欧元区陷入了一个循环的危机，原因在于欧元区统一了货币但是没有统一财政，国家政府为了拉选票也不断地增加福利和减税，使得债台高筑，产生了内部压力，而欧元区的其他国家则要求他削减开支，减少债务，这是外部压力，很明显地可以看到，内外部压力是不可调和的。如果这种趋势继续发展下去，会不会导致欧元区的解体？

黄有光：当时欧元区建立的目的是为了使整个欧洲的贸易交易成本减少，不需要转换货币，这对欧洲国家取得比较优势和规模效益等起到了很大的作用。但是欧元区的建立也会造成一系列的问题，各国发展体系不一样却没有各自的货币政策，欧元统一货币后，实际上并不能符合欧洲各国对货币政策不同的调节，由于这个冲突使矛盾不可避免，最终欧元区解体是可能的。欧元区解体会造成不利的冲突，包括金融危机、股票下跌等。不过长期来讲，我认为欧元区解体，不见得是一个灾难，因为贸易间交易成本增加，贸易可能会减少，但是他们有了各自政策就可以减轻这个问题，所以欧元区解体有他的益处。那么中长期欧元区会不会解体，我认为不是一个太大的问题。

提问七：

黄教授，您好！我想问一个中国房价的问题。为了抑制房价过快上涨，从国家层面推行了"限购"、"限贷"政策。然而众所周知，这些政策是对市场规律的破坏，压抑了住房需求，较高的房价是由高需求和低供给共同导致的。您如何看待这个问题？另外，前些年房地产行业对我国GDP的增长、对税收的增加意义重大，此次调控如果继续，会不会导致我国经济增长的"硬着陆"，中国的楼市是否已接近拐点？

黄有光：我没有具体地研究过中国的楼市是否存在着泡沫，现在是不是楼市的拐点我也不能确认，但是我可以判断的是：有实质性的经济因素支撑了中国房价的上涨，经济高速发展、人均收入不断增长都是楼市发展的利好消息，而城镇化的持续推进使得需求潜力巨大。综合所有的因素，我认为，从中长期来看，房价还是会涨。

至于当前的"限购"、"限贷"政策,这是违反市场经济法则的,只能起到短期作用,对中长期房价的稳定意义不大。有一个成本比较低的方法就是提供廉价房;另一个成本更低的增加房屋供应而使房价至少不会增长太快的方法就是解除限制尤其是限制在大城市附近农地上建房的政策,靠近大城市的农地用来建房子,其效益会更大,大很多倍,为什么要限制他不可以建房子呢?这是错误的政策;第三个政策是可以大量增加离大城市不太远的地方的房屋建设,这样大家买房子时房价就不会增加得太高。

胡必亮教授点评:

感谢黄有光教授今天非常非常精彩的演讲!下面我来谈谈自己的感受:

经济学被人们称为"经济学帝国",被视为社会科学皇冠上的明珠。借助经济学理论与分析方法,人们能够更好地理解和认识我们现实生活中的一些问题,制定出比较完好的相关政策;而且人们可以从学习和研究经济学的过程中获得极大的享受与快乐。这就是为什么经济学研究做得好的经济学者都比较健康长寿的重要原因之一。我是经济学界的一名学生,通过30年的研究,我真切地感受到经济学的复杂;同时,我也感受到了经济学的美感,它的逻辑和推理非常美,从而经济学研究是一种极大的享受。因此经济学界长寿的人都是研究做得最好的人,长寿也是研究水平好的重要证明。

但是我们也都了解,经济学现在存在着两个很大的问题:

第一,经济学有很多假设的前提条件,如果没有这些假设,经济学的研究就无法进行下去了。假设越多,我们的研究与现实世界就离得越遥远。因此经济学理论研究做得好的人,并不一定是最了解现实的人,比如说,世界上就没有几个经济学家能准确地预测房价和股价走势。

第二,经济学与其他学科、特别是与自然科学相比,很难进行完整的实验。经济学研究的是整个社会,研究的是人的行为,这样的实验很难进行或者实验成本非常高,这就导致很多人觉得经济学不是一门科学,而且在短期内也很难确定经济学研究的对错。所以,得诺贝尔经济学奖的人,有一个前提条件，就是首先要保证自己能活得足够长，因为可能需要用四五十年的时间来证明你的这个理论是否正确。

以上两方面的问题对于经济学研究者来说都是巨大的挑战，同时也为我们提供了很大的机会。只要你能够推翻当前经济学中一个最基本的假设条件，同时保证经济学理论仍然成立或你能因此而创立新的理论，那就很有可能获得诺贝尔经济学奖了。当前经济学界所做的许多工作，就是将假设条件一个个推翻，使经济学离现实生活越来越近。同时，大家也要注意，获得诺贝尔经济学奖还需要保证自己能够长寿，因为诺贝尔奖只颁给在世的人。

今天黄有光教授提出了很多经济学上的谬误，特别是从公众人士、经济学学生、经济学者和诺奖得主等多个视角为我们解读和纠正了这些谬误，这对我们非常有用，黄有光教授今天的演讲给我们的启发是巨大的，尤其值得我们学经济学的研究生做学术论文时参考。让我们再次对黄有光教授的精彩演讲表示最衷心的感谢！

此外，需要说明的是：本次活动是由我们经济与资源管理研究院、经济与工商管理学院、管理学院的研究生会联合组织的，这三个研究生会的主席和委员们都为此做了很多工作，非常感谢他们做出的贡献！在爆满的讲座现场，我看到多位老师也来了，非常感谢你们的到来！我们也对前来参与今晚讲座的各位同学表示感谢！

《从诺奖得主到凡夫俗子的经济学谬误》和《宇宙是怎样来的》这两本书是黄有光教授最新的著作，黄教授自己花钱买了一些书，现场送给大家，但由于数量有限，我们不能发给到场的每位同学。为了感谢并鼓励提问题的同学，我们现在送给他们每人两本书，但是我刚才有些紧张，因为担心我们的书不够。现在，请各位提过问题的同学到前面来领书，再次感谢各位老师和同学们！感谢黄有光教授！祝大家晚安！

演讲者简介：

澳大利亚蒙纳士大学讲席教授，澳大利亚社会科学院院士。1986年被选入 Who's Who in Economics:A Biographical Dictionary of Major Economists 1700~1986 的十名澳大利亚学者和全球十名华裔学者之一。2007 年获得澳大利亚经济学会最高荣誉——杰出学者（Distinguished Fellow）。在经济学、哲学、生物学、心理学、社会学、数学、宇宙学、行为与脑科学等学术期刊发表了两百余篇学术论文。其研究兴趣与主要贡献包括：福祉经济学与公共政策、福祉生物学，以及综合了微观、宏观与总体均衡的综观分析。

第四讲　案例研究与教学
——哈佛大学肯尼迪政府学院公共政策学教授 Arnold M.Howitt 演讲录

2011 年 11 月 2 日，哈佛大学肯尼迪政府学院 Arnold M.Howitt 教授应社会发展与公共政策学院院长张秀兰教授和经济与资源管理研究院院长胡必亮教授邀请，到我校京师发展课堂作题为《案例研究与教学》的演讲。以下是演讲实录[①]：

主持人：张秀兰教授

各位老师、各位同学，大家晚上好！今天我们非常荣幸地请到了哈佛大学肯尼迪政府学院的 Arnold M. Howitt 教授到我们北京师范大学京师发展课堂作演讲。这一讲是由经济与资源管理研究院和社会发展与公共政策学院共同举办的。Arnold M.Howitt 教授现担任哈佛大学肯尼迪政府学院艾什民主治理和创新中心执行主任；同时，他还是该院"危机领导"项目负责人之一。Dr. Howitt 致力于研究美国及国际应急准备的问题。目前，他还担任着中国科学院国家应急管理研究所的顾问和培训师，并参与负责北京市和上海市在哈佛的"发展中的中国领导力"培训项目；他曾主持了哈佛大学肯尼迪政治学院的"中国危机管理"项目以及"中国高级政府官员

---

① 本演讲稿先是由北京师范大学经济与资源管理研究院 2011 级全体同学根据视频资料作初步整理，然后由 2011 级硕士研究生罗飞整理成此稿。

培训项目"等。

Dr. Howitt 专长于案例研究与教学，多年来潜心于此领域，建树颇多。而案例研究教学的根本目的则是帮助学生培养出分析不断变化的新环境的能力，以及以口头和书面方式把分析结果有效传播出去的能力。这种能力是我们学习和做科研所必备的，对日后从事其他工作而言也是一项必需的能力。只有能够清晰地分析清楚问题，并能有说服力地表达自己的观点，才能实现有效的交流。而这正是我们目前的学生中所广泛缺乏或者是需要加强的，因此，今天 Dr. Howitt 能来和大家分享他多年来案例研究、教学的宝贵经验，是个很难得的机会。希望大家把握好这个机会，并能够从中受到启发。

下面就让我们用热烈的掌声，欢迎 Arnold M. Howitt 教授！

演讲人：Arnold M.Howitt 教授

首先谢谢大家！今晚能有机会来到这儿和大家相互交流学习是我莫大的荣幸！在过去的几年里，哈佛肯尼迪政治学院和北京师范大学的合作越来越紧密。这些年来，越来越多的北京师范大学的学者来到哈佛肯尼迪政治学院交流访问，张秀兰教授经常到哈佛交流访问。胡晓江和她的丈夫在哈佛肯尼迪政治学院已经有一段时间了，张欢和最近来的张强目前也正在哈佛大学肯尼迪政治学院访问。胡必亮院长在哈佛和我们共度了几年美好时光。有幸来到北京师范大学是我本人以及我的同事们的荣幸，特别是对我而言，这已是第三次站在北师大的讲台上跟大家分享一些东西了。能和学生近距离接触交流我很开心，来到北师大有着一种"家"的感觉。我今晚演讲的主题希望大家会感兴趣，是关于案例研究方面的内容。

对于专业院校的学生而言，案例研究既是教学手段，也是一种学习方法，同时它还是我们做研究的一种技巧。在今晚将要展示的幻灯片中，我将会谈到案例研究法作为课堂上的教学手段以及作为一种研究技巧的不同前景。因为我认为，虽然从术语的角度而言，"案例研究法"在各处出现时看上去都一样，但是实际上，当我们在谈论"案例研究法"作为课堂上的教学手段和一种做研究的技巧时，却有着不同的内涵和外延。

然后呢，我希望花一些时间来讲一下"案例研究法"的思想是怎样形成的。但是我希望能从讲故事的角度入手来谈论这个问题，而不是从我们平时课堂教学或者做科学研究时所遵循的分析方法的角度来谈，希望这样可以让大家对这个问题更感兴趣。

最后，我会谈一下如何使用"案例研究法"。在你撰写一个案例研究时你如何开展相应的调查研究，如何写出一个既能用于课堂教学又能作为研究项目一部分的案例分析。今晚，我希望能以一种不那么正式的方式来开始我的演讲，并且十分真诚地邀请大家在我的演讲过程中如果有任何问题，请随时提问，因为我也不清楚我的演讲会占用多长时间。而我的经验是，如果你只等到我的演讲完了才开始提问，那么到那个时候一般也就没有足够的时间了。所以，在我演讲的过程中，我非常欢迎各位同学踊跃提问。有些时候，在我的演讲中很晚才会有同学开始提问，但是请大家不要认为中途提问是不礼貌的，我很乐意中途停下，分享并尽量解答同学们的问题。

一、什么是"案例研究"

我首先想跟大家讨论一下"什么是案例研究"这个问题，以及为什么我们要用案例研究的方法作为一种教学方法来研究一些政策领域和管理领域的问题。

长期以来，不同领域的研究者们对"案例研究"各执己见，看法不尽相同。1984年，罗伯特 K.尹（Robert K. Yin）为"案例研究"给出了一个经典定义，即：案例研究是一种经验主义的探究，它研究现实生活背景中的当下现象；在这样一种研究情境中，现象本身与其背景之间的界限不明显，研究者只能大量运用事例证据来展开研究。围绕这一定义及尹、罗伯特·E.斯特克（Robert E. Stake）等学者确立的案例研究的分析框架，人们开始逐步就案例研究的性质、研究对象及其作用这类问题形成了大体一致的判断。这些共识可以概括为四点：

首先，案例研究是一种经验性的研究，而不是一种纯理论性的研究。案例研究的意义在于回答"为什么"和"怎么样"的问题，而不是回答"应该是什么"的问题。

其次，案例研究的研究对象是现实社会经济现象中的事例证据及变量之间的相互关系。案例研究在不脱离现实生活环境的情况下研究当前的现象，待研究的现象与其所处环境之间的界限并不十分明确。案例研究的对象决定了它属于现象学的研究范畴。正是这一点，使案例研究显著区别于经验性研究中的其他属于实证主义范畴的另外两种研究方法。

斯特克将案例研究界定为"理解特定情况或特定条件下（单一事件中的）行为的过程"。在这样一个研究过程中，人们可以将研究重点放在捕捉社会经济现象的片断的真实细节上，而无需预先严格设定或梳理清楚其中蕴藏的为数众多的变量之间的复杂关系。不过，由于案例研究往往只是被用作分析社会经济现象的一个片断，即一个相对狭小的研究领域的某一局部性的问题，为做到这一点，很多情况下，案例本身作为一个现实经济活动中完整的复杂系统的其他方面往往要被概要化、抽象掉。

再次，案例研究对整体性的要求。案例研究的研究对象是社会经济现象中不同变量之间的相互关系，这决定了案例研究应该是一个整体性的体系，也许它的各个部分并不运转得那么良好，也许它的目的是非理性的，但它始终成为一个（整体性的）体系。要通过案例（单一事例或有限事例）来得出归纳性的结论或预测未来时，研究者必须对这一事件所涉及的各部分的互相依赖关系及这些关系发生的方式进行深入的研究。也只有在保证案例研究整体性这一前提下，案例研究的结论——案例本身作为一个完全的、被准确界定的个体样本所揭示出来的规律及相关研究结论，才有可能被推广应用到更广泛的、具有相似性的群体中。

最后，案例研究的作用。在被研究的现象本身难以从其背景中抽象、分离出来的研究情境中，案例研究是一种行之有效的研究方法。它可以获得其他研究手段所不能获得的数据、经验知识，并以此为基础来分析不同变量之间的逻辑关系，进而检验和发展已有的理论体系。案例研究不仅可以用于分析受多种因素影响的复杂现象，它还可以满足那些开创性的研究，尤其是以构建新理论或精炼已有理论中的特定概念为目的的研究的需要。此外，案例研究作为一种教学方法，它有助于提高人们的判断力、沟通能力、独立分析能力和创造性地解决问题的能力。

而今晚我将会主要从将其作为一种课堂上的教学手段的角度来讲案例研究。此处我认为我们可以从很宽泛的定义来理解案例。案例是一组信息的集合，不论是以书本的形式存在，还是以视频的形式存在，都可以作为我们上课的讨论材料。案例可以用来促进课堂上的讨论，使得大家可以对于一些问题畅所欲言，比如，政策和管理的原则、某些机构领导所必须做出的某些特定的决定等。在所有的班级成员中分享关于这些问题的背景、信息，确保大家都掌握了同样的信息，并在课堂上用这些信息来激发大家对于这些问题的探讨。我相信在座的各位中，有一些同学可能已经上过案例研究课了，但是对于没有上过这类课的同学而言，典型的方法就是分配给这些同学关于案例的一些阅读材料。每份材料大概在 10 到 20 页左右。这份材料一般就是作为课程的准备材料。老师们有时还会布置一些理论性更强的教材上的相关章节或者一些期刊文章作为相关的阅读材料。案例研究的出发点就是要通过对人们日常的工作生活中所遇到的事情的剖析来佐证相关的理论。它有可能是关于如何做出抉择的问题，也可能是关于一些政府工作人员成天思考某一特定的政策以及如何可以改变这一政策的问题，也可能是对在将某些政策或法律实施于一些顺利进行的项目中时所引起的种种问题的探讨。总之，供讨论的话题是非常丰富的。但同时也描述了当事人在这整个过程中所遇到的问题以及整个事件对于他们最后所做的决定的影响。因此，当同学们在课堂上开始讨论的时候，他们就会有足够的素材去思考，并且这些问题本身也会在所有学生中间引发争议，由于大家各自的观点不同，自然会催生出不同的见解。

为什么会在课堂教学中使用这样的案例呢？我想原因很多，而且都是些很有说服力的原因。

首先，这些案例使得学生们可以脱离旧式思维的束缚。在很多传统的

第四讲 案例研究与教学

课堂中，学生们一般都是安安静静地坐着听讲，认认真真地做笔记，他们唯一做的就是吸收老师所讲授给他们的观点。他们也许会去思考这些观点，甚至有可能会做一些批判性思考，但更为经常的情况却是，他们仅仅是按部就班地理解和接受这些观点，他们被灌输什么就接受什么。这就是被动学习而非主动思考的标志。案例研究的出发点就是要给学生一些思考的素材，首先就是要呈现给他们真实的世界，而非仅仅是灌输给他们一些教科书式的摘要知识。

第二，有助于他们积极思考，从而锤炼他们的思想，拓宽他们的视野，并且也让他们有机会在课堂上相互间展开对问题的讨论。另一方面，案例研究可以作为一种将课堂上的所有学生的经历联系起来的方式。课堂上的学生一般都在20多岁或者30出头，这些学生们可以各自谈论自己在相关工作上的经历，这些经历就可以作为很好的素材在课堂上分享，从而使得所有的学生相互间都能得到启发。因此，我们可以讨论某项政策是如何实施的；我们可以讨论某些特定的社会保障方面的政策，比如如何进行保障房项目的推进从而确保穷人的住房都能得到保障。班上的有些同学很有可能就有在这方面工作过或者实习过的经历。或者他们有在其他特定政策方面的工作或者实习的经历，比如说为穷人提供食物保障方面。这类政策和提供保障性住房的政策十分相似。因此，如果他们有过这方面的经历，在课堂上他们就会踊跃发言，将他们的经历在课堂上一一道来。

案例研究的第三个好处是它让学生们在课堂上慢慢习惯于清晰而富有说服力地表现自己。由于学生们在课堂上必须要发言表达自己的观点，因此他们就必须要组织自己的观点，且要以一种大家能够理解的方式来表达这些观点。而且如果你提出某个观点大家都不赞成的话（这是很经常的情况），你就必须要考虑如何以一种更有说服力的方式向你的听众表达你的观点。所有的这些过程对学生们都是一种极为有用的锻炼。因为不管你是在学校内，还是已经离校，不论你从事什么工作，参加专业会议或者和你的老板交流等，能够清晰地表述自己都是十分重要的。而且有些时候，这些案例都会作为书面作业的基础，也会是大家思考问题的素材，能够将你的经历以书面的方式写出来，而且要写得有说服力是十分有用的技巧。

第四，你有机会去评估一个别人对于你所正在思考的问题是怎样考虑的。对于同一个问题，你班上的其他同学可能会持有不同的态度。比如说，你们正在谈论减轻贫困的政府政策，其中的一种便是将效益好的企业引入农村地区。在一番讨论之后，对于哪种政策是正确可行的，班上的同学极有可能有许多不同意见。很有可能许多观点之所以相左是来源于大家对于事实认识的偏差。因此，比如说对于乡村地区的穷人所面对的真实情况，大家就会各执己见。另外，对于同一件事情大家有不同的看法并且互不妥协的一个重要原因可能是大家的价值观不同。对于政党或者政府而言，解决贫困人口的最合适的政策是什么？你是应该直接援助这些人，还是说你应该通过向他们提供改善现状的工作机会并且帮助他们能够去胜任那份工作？这对于你而言是个很好的机会，你可以借此去探讨这些不同的观点，以及不同的观点背后所隐含的原因是什么。第一个层次就是试图去理解和领会别人的观点，第二个层次是理解这些人为什么会提出这些观点，深层次的原因是什么。假设我们正在做一个关于省级政策的案例研究：一位省级领导提出了某项政策，但是国家发改委却说我们不希望那么做。做这个案例分析时，你应该很快地阅读一下关于这个案例的相关材料，并试着弄清楚案例中所涉及的各方的立场和出发点是什么。他们对当下的情况怎么看？为什么他们各自对同一种政策有着不同的看法，对于同一政策有着不同的预期？对于年轻的专业学者而言，这个过程对自身思维的锤炼很有助益。通过对他们的想法的揣摩，你能了解他们对于该政策的基本看法时，你才能够有效地说服别人接受你的观点，你才能够了解这种争论背后所隐含的不同的价值观是什么。在了解这些以后，你再去着手拟定这些政策时，你才能够提出双方都可以接受的政策，这样的政策才有可能会被实施。而如果你只是一味地埋首于纸堆，试图从那些充满专业术语的教科书或者期刊文章中寻求答案时，效果肯定不如运用现实生活中这些活生生的例子作分析时好。现实生活中的例子十分丰富，涵盖各种主题，同时也十分形象生动。不论你们今后离校后是去政府工作还是去国际机构工作，以上所讲的这些对于你们今后在工作中开展专业化的案例研究都是十分重要的。你们极有可能会对某一特定地区所发生的特定的问题反反复复做多次的案例分析。因此，你需要首先能明白那些相关的理论，并想想你如何才能将它们运用于特定的情景当中。你一定要去思考如何才能说服别人，既要能说服那些对该政策持有异议的人，还要能说服那些虽然对于该政策本身没有反对意见，但却心存其他方面顾虑的人。后者可能会对于具体情况缺乏了解或者因为其他方面的考虑对该政策的某些细节心存疑虑。

二、案例研究的分类

根据不同的划分标准，案例研究可以分为不同的类型。不同的方法服务于不同案例研究类型，有一些案例研究方法只适用于某些特定的案例研究类型，还有一些案例研究可以同时综合应用多种案例研究方法。

（一）根据研究任务的不同来区分的案例研究类型

根据研究任务的不同，案例研究方法可以被区分为5种类型，即探索型、描述型、例证型、实验型和解释型的案例研究。

探索型案例研究往往会超越已有的理论体系，运用新的视角、假设、观点和方法来解析社会经济现象。这类研究以为新理论的形成作铺垫为目标，其特点是缺乏系统的理论体系的支撑，相关研究成果非常不完善。在已有理论框架下，当研究者希望对企业实践活动做出详尽的描述时，可以采用描述型案例研究方法；当研究者希望阐述企业组织的创造性实践活动或企业实践的新趋势时，可以采用例证型案例研究方法；当研究者希望检验一个企业中新实践、新流程、新技术的执行情况并评价其收益时，可以采用实验型案例研究方法。解释性案例研究则适用于运用已有的理论假设来理解和解释现实中企业实践活动的研究任务。

同样根据研究任务的不同进行分类，也可以将案例研究方法区分为探索型、描述型、解释型和评价型4种类型。其中，探索型案例研究尝试对事物的新洞察，或尝试用新的观点去评价现象，它侧重于提出假设，它们的任务是寻找新理论；描述型案例研究主要是对人、事物或情景的概况作出准确的描述，它侧重于描述事例，它们的任务是讲故事或画图画；解释型案例研究适于对相关性或因果性的问题进行考察，它侧重于理论检验；而评价型案例研究侧重于就特定事例作出判断。还有一些学者将案例研究方法区分为3种类型，即探索型、描述型和解释型。也有学者将解释型称为"分析型"。另有学者将探索型和描述型之外的案例研究统称为方法组合型案例研究。

可以看到，无论是在三类型分类法、还是在四类型分类法或五类型分类法中，人们对探索型和描述型这两种类型的案例研究的内涵基本没有争议，这两种类型分别对应着超出现有理论框架解释范围之外和完全在现有理论框架解释范围之内的案例研究，而分歧主要集中于那些立足于现有理论框架但又尝试有所突破与发展的案例研究活动的分类及其属性上。

(二) 根据实际研究中运用案例数量的不同来区分的案例研究类型

案例研究一般是通过选择一个或几个案例来说明问题。根据实际研究中运用案例数量的不同，案例研究可以分为单一案例研究和多案例研究。

单一案例研究主要用于证实或证伪已有理论假设的某一个方面的问题，它也可以用作分析一个极端的、独特的和罕见的管理情境。通常，单一案例研究不适用于系统构建新的理论框架。偏好单一案例研究方法的学者认为，单一案例研究能够深入、深度地揭示案例所对应的经济现象的背景，以保证案例研究的可信度。

在多案例研究中，研究者首先要将每一个案例及其主题作为独立的整体进行深入的分析，这被称作案例内分析；依托于同一研究主旨，在彼此独立的案例内分析的基础上，研究者将对所有案例进行归纳、总结，并得出抽象的、精辟的研究结论，这一分析被称作跨案例分析。以凯思琳·M.德艾森豪威尔（Kathleen M.Eisenhardt）为代表的学者偏好于多案例研究方法，他们认为，多案例研究能够更好、更全面地反映案例背景的不同方面，尤其是在多个案例同时指向同一结论的时候，案例研究的有效性将显著提高。

(三) 其他案例研究类型及方法

根据案例研究过程中程序、步骤和应用方法的不同，可以区分出多种不同的案例研究类型。以下分别以数据收集中应用的不同方法和案例分析中应用的不同方法为例，进行说明。

1.根据数据收集方法的不同来区分的案例研究类型。常见的数据收集方法有文献法、档案记录法、访谈法、观察法、实物证据法等。这些方法还可以被进一步细分为各种类型的子方法。根据案例研究过程中所采用的数据收集方法的不同，人们可以划分出不同的案例研究类型。

以观察法为例，观察法可以分为直接观察法和间接观察法；也可以根据研究者本身是否参与而分为参与式和非参与式的观察法；或根据观察情境的不同，分为自然情境观察法和人工情境观察法；或者根据观察方法的不同，分为结构式和非结构式的观察法。假定选取观察法中的两类变量作为考察因素，一类变量是观察情境，另一类变量是观察方法。那么，就可以区分出4种类型的案例研究：基于非结构式的参与式自然观察的案例研究；基于结构式的非参与式观察的案例研究；基于人工情境中对单个个体的非参与式观察的案例研究；基于人工情境中对单个个体的参与式观察的案例研究。

2.根据案例分析方法的不同来区分的案例研究类型。案例分析是对与案例相关的有价值的信息进行检验和考证的系统过程。案例分析过程通常涉及三个步骤：首先，将案例中所有的信息聚拢在一起，并将与案例分析相关的信息分离出来，接着，试图描绘一个整体性的情景状态；其次，估计、推测和识别社会经济活动中出现的问题，并且详细地描述这些问题；最后，为解释或解决问题提供一个答案，并提供充足的证据和必要的数据，以证明其合理性、有效性和可行性。

案例分析方法有很多。根据分析对象的不同可以分为两类，其一是数据分析中使用的方法，其二是对证据的一致性进行比较分析时采用的方法。两类方法可以各举一例：比如，数据分析中的类型匹配法，它是指运用案例中所反映出来的经验性数据、知识，与事先设定的对不同变量间关系的特定假设进行对比分析。再如，证据分析中的时间序列法，它是指沿着时间维度，对一段时期内的事态发展进行跟踪性研究，并分析事件变化的原因。

对应于上述各种方法的不同，就形成了多种多样的案例研究类型。一般情况下，研究者可以在同一个案例研究中同时运用两种以上的分析方法。

三、案例研究方法的实施过程

（一）案例研究方案的设计

研究设计是指对研究课题的意义、目的、性质、研究方式、研究设想、研究过程和研究方法的详细说明，或者说研究设计是按照研究课题的目的和任务，预先制订的研究方案和计划。通俗而言，研究设计是从所研究的问题到所得出的结论之间的逻辑步骤。

1.案例研究设计步骤。在设计案例研究方案时，主要有以下5个步骤：

（1）认真分析所要研究的问题；

（2）在认真分析了所要研究的问题之后，提出研究假设。研究假设是以已有事实材料和科学理论为依据而对未知事实或规律所提出的一种推测性说明。研究假设的主要作用是引导你关注你要研究的问题。

（3）注意界定分析单位。分析单位是一项研究中用来观察、描述和解释的单位。在社会研究中，分析单位的具体形式主要有5种：个人、群体、组织、社区、社会产品和社会事件。但同时也要力求避免两个误区，即生态谬误（ecological fallacy）和简化论。

（4）注意连接数据与假设之间的逻辑。其中有效的方法之一是模式匹配。模式匹配是指将建立在实证基础上的模式与建立在预测基础上的模式相匹配。

（5）注意解释研究结果的标准。你所进行的是"分析性归纳"，而非"统计性归纳"。在"分析性归纳"中，先前提出的假设被当作"模板"，实证结果要与这一模板相对照。

2.案例研究设计的重中之重：理论建构。构建理论的目的是为你的研究提供更详细、完整的蓝图。完整、周密的研究设计能够在很大程度上帮助你决定应该收集哪些资料、采用何种方法分析数据。案例研究中所遵循的理论在整个过程中有着以下5个方面的作用：

(1) 选择要研究的案例，无论是单案例还是多案例。

(2) 当进行探索性案例研究时，界定探索的对象。

(3) 当进行描述性案例研究时，定义什么是完整适当的描述。

(4) 当进行解释性案例研究时，提出相关理论。

(5) 将结论推广到其他案例。

3.案例研究类型的选择。在我们实施案例研究的过程中，我们面临着案例研究类型选择的问题，是选择单一案例还是多案例？这取决于二者所具有的不同特点（如表1所示）。

表1 不同案例研究类型的特点

	单一案例	多案例
案例特性	成熟理论的关键性案例；极端或者独特的案例。	多个案例依托同一个研究主题。
研究结果有效性	取决于案例的特性	研究结果的有效性显著提高
研究范围	对一个广为接受的理论进行批驳或检验。 对某一极端案例或独一无二的案例进行分析。 用于研究有代表性、典型性的案例。 研究启示性案例。 研究纵向案例：对于两个或多个不同时间点上的同一案例进行研究。	研究范围较广； 研究者要对所有案例进行归纳、总结，并得出抽象的精辟的研究结论。
优势	能够深入、深度地揭示案例所反映的现象的背景； 适用于个体研究者，无需研究小组。	能更好、更全面地反映案例背景的不同方面； 多案例研究指向同一结论时，案例研究的有效性得到显著提高；研究结论科学性强； 适用于个体研究者，无需研究小组。
不足	不适合系统建构的理论框架； 案例研究的结果不易推广。	所需要时间、精力、素材等资源较多； 多个案例选择的严格性容易受到质疑。

根据实际研究中分析单位数量的不同，单案例研究可以分为整体性单案例研究和嵌入型单案例研究；多案例研究可以分为整体性多案例研究和嵌入性多案例研究。

（二）实施案例研究：收集资料的准备

1.案例研究者必须具备理想的技能技巧。包括以下5点：

（1）优秀的案例研究者能够提出好的问题，并对答案进行解释。该方法要求研究者在整个资料收集过程中善于提出问题，始终保持刨根问底的精神，发现并提出好的问题。

（2）优秀的研究者是一个好的倾听者，不会被自己的思维方式和先入之见所束缚。案例研究者作为一个"倾听者"，不仅仅用耳朵去听，它意味着通过多种方式获得信息，如：仔细观察，一个好的倾听者要能够在不带任何个人好恶的前提下获得大量信息。当受访者叙述时，一个好的倾听者能够从受访者的用语语气中得到重要的信息。

（3）研究者应该具有灵活性、伸缩性，这样他在遇到新问题时，才能化问题为机遇，化挑战为动力。极少有案例研究能够完全按照事先的计划进行，事实上，在收集资料的过程中你总免不了或大或小改变研究计划，有经验的研究者必须时刻提醒自己不要偏离最初的研究目的，当预料不到的情况发生后，研究者要能及时、适当地调整修改研究方案。

（4）无论进行理论研究，还是对策研究，研究者都应能够时刻牢牢抓住研究问题的本质。牢牢抓住研究问题，充分理解研究目的，每个研究者都必须对案例研究中涉及的理论假设和对策问题做到心中有数，如果对所要研究的问题没有足够的了解，那么在证据收集的过程中，当需要对研究计划作出调整的时候你就不知道这一调整是否合适。案例研究资料的收集过程与其他资料的收集过程不一样，它不仅仅是机械地记录所观察到的信息，而且必须在观察的同时对收集的资料进行解释。

（5）研究者对于要研究的问题不应心存偏见，必须排除一切先入之见或既定的看法，即使有一定的理论根据的先入之见，也要完全摒除。因为案例研究者事前对研究的问题进行了深入的了解，所以他们容易形成先入之见,检查是否会出现偏见的方法就是看你对相反研究结果的接受程度有多大。比如说,研究者在研究"非营利"组织的时候,也许会惊奇地发现,这些组织非常注重资本收益,完全是以营利为目的,要测试你自己对于相反结果的容忍与接受程度,需要把你的研究结果向你的研究组成员汇报,这时研究组成员可能会提供一些对于这个结论的解释,如果他的解释引起了你的反驳,那么你可能就持有某种偏见了。

2.为进行某一特定的案例研究而接受训练、进行准备

一是通过专题研讨进行训练。当需要对多个研究者进行案例研究培训时,专题研讨比死记硬背手册更能快速提高研究技能,因为专题研讨不但注重研讨活动本身,而且还要求大量地阅览相关文献,进行充分准备。但是,用专题研讨的方法对案例研究人员的培训与进行其他研究方法的培训如对调查人员的培训又有所不同,后者培训的重点在于讨论调查表所涉及的术语、用语,培训是强化式的,所需时间较短,接受培训的调查人员不关心他们收集到的数据后期怎么被分析处理,也不关心研究问题到底是什么。二是通过培训发现问题。对案例研究人员进行培训的另一个目的是发现案例研究设计存在的问题,如果确实发现研究设计中存在问题,你应该感到欣慰;如果等到收集资料时才发现这些问题,那就难于补救了,及早发现问题有利于采取补救措施。好的研究者应该想方设法在培训活动中,把潜在的所有问题全都暴露出来。

3.案例研究草案。案例研究草案内容包括:

(1) 对案例研究项目进行审查、评估。

(2) 实地调查的程序。

(3) 需要研究的问题。

(4) 指导撰写案例研究报告。

例如,一个有关执法实践改革的研究草案的内容如下所述,可供我们参考。

> A. 介绍所要进行的案例研究及案例研究的草案
> 　　A1. 研究的问题、理论假设及中心论点
> 　　A2. 案例研究的理论架构（逻辑模式）
> 　　A3. 案例研究草案对于研究者的指导作用
> B. 资料收集程序
> 　　B1. 需要访问的地点、相关人员
> 　　B2. 资料收集计划（包括访问的日期安排，每个访问地点所要花费的时间、投入的精力等）
> 　　B3. 访问之前必须进行的准备工作（列举出需要研究的特定文献资料，以及这些资料保存在什么地方）
> C. 起草案例研究报告的大纲
> 　　C1. 目前正在实施的执法措施
> 　　C2 执法措施的革新内容
> 　　C3. 到目前为止执法措施的效果
> 　　C4. 与执法措施有关的执法环境和历史背景
> 　　C5. 附录：访谈的记录表、研究中用到的特定逻辑模式、相关的研究文献、受访人员列表
> D. 案例研究的问题
> 　　D1. 当前执法措施及其创新之处
> 　　　a. 详细描述当前执法措施及其性质、联邦政府的补助
> 　　　b. 为了实施新的执法措施，社区及司法机关采取了哪些措施、共同付出了哪些努力
> 　　　c. 当前执法理念是如何形成的？
> 　　　d. 当前的执法实践是否经过周密的计划？它的进展情况如何？这一执法实践最初是针对哪一个人口群体的？
> 　　　e. 与同一司法行政区的其他执法实践相比，该执法实践有何种不同？
> 　　　f. 在联邦政府的资助结束后，这一执法实践的后续情况怎么样？
> 　　D2. 评估
> 　　　a. 评价执法实践的方案是什么，由谁进行评估？
> 　　　b. 曾经执行过什么样的评估活动？
> 　　　c. 采用了什么样的效果评估方法，到目前为止得出什么结论？
> 　　　d. 在解释执法措施的实施效果与联邦资助之间的关系方面，曾经进行过哪些探索，得出何种结论？

　　4. 筛选案例。一般在筛选案例时存在如下两种情况：①几乎不用筛选。选譬如你研究的是独一无二的案例，它在研究之前就被确定了；②许多可以成为研究对象的案例，必须从中选一个案例作为单案例研究的对象。筛

选案例的作用在于：筛选时确保你在收集资料之前能确定合适的案例，最坏的情况就是在已经收集了大量资料之后却突然发现你选的案例不具备可行性，或者选取的案例并不是你所期望的那一种类型。

5.实验性研究。收集资料准备阶段的最后一步，是选取一个案例进行试验性研究，试验性案例的研究能够在资料收集的程序和内容方面提供宝贵的经验，研究者可以据此修正收集资料的方案。

（三）实施案例研究：收集资料

1.六种资料的来源。

（1）文献。鉴于文献的整体价值，它们在案例研究的资料收集中发挥着重要作用，几乎每个案例研究的课题都会使用到文献信息。但同时也要注意：使用文献时应该明白它们并非事件的真实记录。举例来说，即使是美国国会的官方听证的逐字记录也未免有人为的修改，在最终定稿印刷之前，听证记录需经过参与国会听证的国会工作人员和其他人编辑。但很少有人意识到这一点。在其他研究领域，如历史研究，使用原始文献时必须考察文献的真实性。

（2）档案记录。很多案例研究会使用到档案记录——通常以计算机文档与记录的形式出现，包括如下各种记录：服务记录，如关于某一时间段内客户数目的记录；组织记录，如某段时间内组织的图表与财政预算；地图与图表，关于某地的地理特征与布局；名单、名称与其他相关项目的清单；个人记录，如日记、日程表、电话簿。同时需要注意的是：大多档案记录有一定的目的性，为特定读者群而记（而不是为了案例研究所记录），在分析记录的有效性的同时，必须充分意识到这些情况。

（3）访谈。访谈是案例研究中最重要的信息来源之一。主要分为三类：A.开放性访谈。访谈中你可以向访谈对象提出有关某个事件的观点性问题，在某种情况下你甚至可以请受访者将自己的观点用事件的形式描述出来，受访者的角色更像是信息提供者而不是受访者。B.有重点的访谈。受访者接受采访的时间很短，如一小时访谈，这类访谈中仅仅是证实已确定的一些事实。C.访谈要求所提问题有一定的结构规范，遵循正式调查中的思路，这类调查可以设计成案例研究的一部分。

（4）直接观察。作为资料收集活动的观察可以比较正式也可以比较随意，如果很正式，观察计划可以成为案例研究的一部分；如果非正式，可以在实地访问期间穿插进行。为了提高观察所得资料的可信度，通常的做法是安排一个而不是几个研究者进行观察。

（5）参与性观察。参与性观察是观察的特殊形式，这时不单纯是一个被动的观察者，而是在案例研究的情境中担任不同的角色，是实际参与所研究的事件的观察方法。

（6）实物证据。实物证据来源包括物理性的人工制品——技术装置工具或者仪器，这些实物证据作为实地访问的一部分进行收集。典型的例子是：研究教学中个人电脑的使用问题。

2.资料收集的三大原则。

（1）使用多种证据来源。前述几种证据来源都可以单独地作为某些研究唯一的全部的基础，实际情况也是如此。各种证据来源的作用都是彼此孤立的，但并不意味着要孤立地使用它们。好的案例研究通常都是采用多种方法采集资料。在案例研究中使用多种来源的资料，有利于研究者全方位地考察问题，其最大的优点在于相互印证。

（2）建立案例研究数据库。建立数据库的作用是方便日后查阅资料，有四种建立数据库的方法：案例研究记录；案例研究文献；图表材料；描述。

（3）组成一系列数据链。案例研究报告◆━━◆案例研究数据库◆━━◆案例研究中引用的具体证据来源◆━━◆案例研究草案◆━━◆案例研究问题。

（四）案例研究的证据分析

1.证据分析的三种策略。证据分析的三种策略包括：依据理论观点，考虑与之相反的解释，进行案例描述。

（1）依据理论观点，案例研究的初衷和设计方案都是以理论假设为基础的，而正是这一理论假设可以帮助你提出一系列问题。同样，理论假设也可以帮助研究者把注意力集中到某些资料而忽略其他资料。理论假设帮助你组织整个案例研究进程，帮助你对案例进行检验。

(2) 考虑与之不同的解释，确立并排除不同的解释，你的结论将更有说服力和解释力。如果能排除掉这些不同的解释，那么你的推理就更严密更有说服力。

(3) 进行案例描述。第三个分析策略是为案例研究建立一个描述性的框架，这个描述性的框架有效地组织和衔接案例研究的分析。有些案例研究的最初目的就是描述性的。在另一些情况下，案例研究的最初目的也可能不是描述性的，但描述策略有可能帮助建立起分析资料的因果联系，甚至有助于展开定量分析。

2.具体分析技术

(1) 模式匹配。对案例研究而言，最值得提倡的技术就是遵循模式匹配逻辑。这种逻辑将建立在实证基础上的模式与建立在预测基础上的模式相匹配，如果这些模式相互之间达成一致，案例研究结论的内在效果可能就会更理想。

(2) 解释构建。进行解释构建（explanation building）的目的在于建构一种关于案例的解释来分析案例研究的资料。在很多案例研究中，解释构建都以描述性的形式存在，逐步地建构解释的很重要的一方面是要考虑构建起有说服力的解释。

(3) 时序分析。运用时序分析这一技术的目的是探讨一定时间内各种事件之间的关系，回答"怎么样"与"为什么"的问题，而不是仅仅观察随时间变化的趋势。时间序列的分段为判断潜在的因果关系创造了条件。举例而言，过去10年中你所在大学每年正式注册的学生数量变化以及你如何将这10年的情况与另一段时间相比较？如果这段时间内的入学政策有所改变，你将如何比较这些政策的效果？

(4) 逻辑模型。运用逻辑分析技术，需要将实际观察到的事件与理论预测到的事件相对比，因此从理论上讲，逻辑模型也可以被看作是模式匹配的一种。约瑟夫·沃利（Joseph wholey）是把逻辑模型发展成为一种分析技术的鼻祖，他首次提出了"项目"逻辑模型。他的基本理念就是一项措施的出台首先会引起一些活动，这些活动会产生直接结果，接下来这些直接结果会促成某些最终结果。

(五) 案例研究报告的撰写

案例分析报告的撰写应该包括如下内容：首先是阐明问题的背景和基本事实，包括时间、地点、人物、事件、公司、业务、发展过程等。然后是寻找问题，确定讨论范围，这既要求我们看到显性征兆（浅层问题），也要求我们能够看出隐性问题（深层问题）。然后要对这些问题进行分析。在分析的过程中，需要借助我们掌握的理论知识、实践中的依据以及个人的经验体会。从以上的分析过程中得出我们对于问题的处理意见，提出建议的解决方案，并对每种建议的方案都相应地说明其客观存在的利弊关系，最后得出结论。还有我们可以从中得到什么样的启示以及这些启示对于今后我们分析相似问题的意义。

四、案例研究的局限性

案例研究能够给研究者提供系统的观点。通过对研究对象尽可能完全直接的考察与思考，从而能够建立起比较深入和周全的理解。不过，作为案例研究方法讨论的尾声，有必要澄清案例研究的局限性，以便开辟一条提高案例研究质量的途径。总体来看，案例研究的局限性通常包括以下几点：

(1) 难以对发现进行归纳：因为案例研究的归纳不是统计性的而是分析性的，这使归纳带有一定的随意性和主观性。

(2) 技术上的局限和研究者的偏见：案例研究没有一种标准化的数据分析方法，证据的提出和数据的解释带有可选择性，研究者在意见上的分歧以及研究者的其他偏见都会影响到数据分析的结果。

(3) 大量的时间和人力耗费：密集的劳动力和大量的时间耗费是案例研究中一个非常现实的问题。

五、案例研究方法的应用发展及趋势

从历史上看，早在数百年前，案例研究方法就在法学领域和医学领域得到了广泛的应用。医师们依赖于案例研究方法来诊断病症；律师们将判例法视为法律研究的基本方法——英美法系国家的律师们将判例视为法律的渊源，大陆法系国家的律师们则从大量的判例中找寻有力的支持性论据。20世纪以来，案例研究方法在经济学（主要是新制度经济学）和管理学领域（包括私人企业组织管理领域和公共机构行政管理领域）中的应用得到了快速发展。

作为一门实践导向的学科，管理学、尤其是企业管理学为案例研究这样一种经验性、贴近现实的研究方法提供了发展和繁荣的沃土。1908年，哈佛商学院率先将案例研究方法引入企业管理教学。在随后的50年时间里，哈佛商学院充当了在企业管理领域普及、应用案例教学法的旗手的角色。20世纪六七十年代，美国企业面临的社会经济环境中的不确定性因素不断增加，这为经验主义学派和权变理论学派的兴起创造了有利条件。这两个管理学派都高度重视案例研究方法，虽然二者在研究思路上又各有不同——经验主义学派侧重于研究个体企业管理实践，在服务于个案研究这一目标之下，才考虑作多个企业案例的比较研究与归纳、概括；而权变理论学派侧重于通过多案例研究，归纳、总结出若干基本模型，以指导管理实践。20世纪中后期，案例研究方法在管理学领域中的发展之迅速、涉及面之广泛和研究进展之深度，极为引人注目。今天，无论是在战略管理或组织管理领域，还是在管理会计、市场营销管理、生产作业管理、信息技术管理领域，都可以看到丰硕的案例研究成果。

虽然近年来案例研究的发展势头很好，但也要看到，作为一种社会科学研究方法，案例研究总体上仍然处于发展的初级阶段。从法学和医学领域的经验看，案例研究在特定的科研领域中的发展，是有其必要条件的。首先，该科研领域的专业性、知识权威在很大程度上必须表现为令人信服的经验性判断；其次，正确的经验性判断必须来源于对以往的历史事件的认识的积累；最后，案例研究方法在专业知识、经验的积累和传承的过程中，起着其他研究方法不可替代的作用。这三个前提条件，对于在管理学领域应用案例研究方法而言，同样是不可或缺的。而当前管理学界的状态，离上述条件的成熟还有相当大的差距。

此外，限制案例研究发展的因素也是存在的。事实上，无论是开发出一个基于企业实践活动的好的案例，还是为使一个已有的好案例保持贴近于企业实践活动变化趋势而进行及时、准确的更新，都是费时、费力和代价不菲的系统工程。

我们还要看到，案例研究中应用的各种方法，也在随着案例研究自身的发展及应用案例研究的不同学科及其分支的发展而不断发展。前文提到，在罗伯特·尹确立的案例研究的分析框架中，案例研究是归属于现象学的研究范畴的，它和属于实证主义范畴的实验研究之间的差别是泾渭分明的。对以尹为代表的主流案例研究方法论持不同意见的学者，在案例研究的性质、研究对象、作用及其应用方法等问题上，持截然不同的或带有置疑色彩的观点。从更深层次看，这种分歧的背后其实是两种不同的研究范式的对比，一种是实证主义——定量的研究范式；另一种是解释主义——定性的研究范式。近些年来，情况正在发生变化。比如说，这些年来兴起的案例调查方法作为案例研究方法与调查研究方法的一个嫁接产物，它将调查研究中确定变量间具体关系的定量方法、尤其是统计分析方法大举引入到了案例研究领域。伴随着研究工具、方法的交融，案例研究的应用范围正逐步突破其产生初期研究者们设定的"仅限于对相对单一的社会经济现象或有关事例的深入研究"这一狭窄的研究范围。随着多案例研究的发展，案例研究在其发展早期被打上的小样本的实地研究方法和定性的、概括性的研究方法的烙印正在日益模糊化。

提问一：

Howitt 教授，您好！听了您的演讲，感觉很受启发，所以我首先向您表示感谢！我的问题是：在设计一个教学案例时，在材料收集方面应该注意什么问题？

Howitt 教授：你的问题很好，谢谢！在你设计一个教学案例之前，首先你要去收集足够的材料和数据来支撑你的主题。这个过程很困难，有时很难找到能够直接支撑你的主题的证据，所以你很有可能需要将相关的间接证据、信息等考虑在内。因此，在收集信息时，要从多个角度出发，要和不同领域、不同行业的人交流获取信息，比如新闻界人士、学者、NGO工作人员等。不同的人会从不同的角度看问题，从而会给你更加全面的见解，这样可以避免有失偏颇，从而保证案例的独立性。

提问二：

Howitt 教授，您好！我是来自于经济与资源管理研究院的学生，今年研一，非常感谢您今晚给我们带来了如此精彩的演讲，使我们受益匪浅。我向您请教的问题是：我们在教学案例的写作过程中有些什么需要注意的问题，或者换句话说，如何写出一个好的教学案例？

Howitt 教授：这也是一个非常好的问题，谢谢！在你开始写作你的教学案例之前，最重要的是你的案例的组织和逻辑结构。因为你所收集的信息是支离破碎的、混乱的，此时的你需要有一个清晰的思路和逻辑结构，在此指引之下你才有可能将这些支离破碎的信息串联起来，从而使得你的读者能够清晰地知道你所要表达的意思，以及你的例证所要佐证的观点。一般的方法是开宗明义，在开始的几个段落里就把你的这个案例所要研究的问题向读者们讲清楚。

提问三：

Howitt 教授，您好！非常感谢今晚您带给我们的精彩演讲。我想请问一下，在教学案例的写作中，关于例子的使用有什么要求么？

Howitt 教授：这个问题也很好，谢谢！其实，在教学案例的写作过程中，重要的不是例子本身。而且我们也没有必要将例子讲得面面俱到。例子的作用在于启发读者去发现隐含在例子中的原理，从而有助于他们思考问题。如果仅有抽象的理论而没有生动的例子，一来让案例本身十分枯燥，缺乏吸引力；二来也难于理解，给读者一种拒人于千里之外的感觉。有鉴于此，当我们在举例时，我们只需将与主题相关的信息陈列出来就足够了，并不需要详细解释该例子的一切信息。因此，例子的使用要恰到好处。

演讲者简介：

自 1976 年以来，Arnold M.Howitt 教授一直执教于哈佛大学肯尼迪政府学院。他现担任该学院艾什民主治理和创新中心执行主任；同时，他还是该院"危机领导"项目负责人之一。Dr. Howitt 致力于研究美国及国际应急准备的问题。目前，他兼任中国科学院国家应急管理研究所的顾问和培训师，并参与负责北京市和上海市的"发展中的中国领导力"培训项目；他曾主持哈佛大学肯尼迪政治学院的"中国危机管理"研究项目及"中国高级政府官员的哈佛培训项目"等。

Dr. Howitt 专长于案例研究与教学，著有案例：《卡特里娜飓风——新奥尔良的充分准备》《维持公共开放空间：互动设计和管理过程案例》《案例研究——恐怖主义的威胁：测试西雅图的公共安全》等。另外，Dr. Howitt 还担任着哈佛大学的有关案例教学课程，如《机构文化的功能／案例研究：阿根廷讯科公司》等。

第五讲 社会转型与中国土地制度的变革
——国家土地副总督察甘藏春演讲录

2011年11月12日，时任国土资源部党组成员、国家土地副总督察甘藏春教授应胡必亮教授邀请，到我校京师发展课堂发表了题为《社会转型与中国土地制度的变革》的演讲。以下是演讲实录[①]：

主持人：胡必亮教授

各位老师、各位同学，大家晚上好！众所周知，土地资源之于经济增长和社会稳定的作用无可替代。我国的现实国情是人多地少，土地问题自然更是牵一发而动全身。2004年年初，经济运行中出现了一些新情况和新问题，包括建设用地总量增长过快、低成本工业用地过度扩张、违法违规用地、滥占耕地现象屡禁不止等。针对这些问题，党中央、国务院明确提出，国土资源部门是宏观管理部门，要发挥宏观调控作用，并在严格土地执法、加强规划管理、保障农民权益、促进集约用地、健全责任制度等方面做出了全面系统的规定。

今天，我们非常荣幸地请到了我们国家真正的"土地爷"——甘藏春同志，因为甘藏春同志是我国专司土地监管工作的一位部领导。如果用一个词来概括我所了解的甘部长的话，这个词就是一位典型的"学者型官员"。

首先，他是一位典型的学者：思维敏捷、观点尖锐、知识广博、逻辑

[①] 本演讲稿先是由北京师范大学经济与资源管理研究院2011级全体同学根据视频资料整理成为初步的文字稿，然后由孙祥栋、袁威做进一步整理而成。

严密,喜欢研究问题。70年代末、80年代初,我很荣幸地跟甘部长一样,就读于中南财经政法大学,记得在他那一届毕业生中,他是我们学校唯一一位考入北京大学继续深造的研究生,毕业后在北大法学院教书,接着到了国家体改委工作,现在供职于国土资源部,其工作经历基本上都与研究工作紧密联系。此外,他现在仍兼任北京大学、中国人民大学、武汉大学的兼职教授,中国法学会理事、环境资源法研究会副会长,中国土地学会土地法学分会主任委员,中国国际经济贸易仲裁委员会委员,中国海洋法学会常务理事,等等。所以,总体来讲,他还是一位学者,他的性格也更像一位学者。

但他也是一位官员,有着丰富的从政经历。从1989年1月起,他在国家经济体制改革委员会先后历任综合规划和试点司综合处干部、副处长,办公厅处长,并在其间挂职任湖北省宜昌市市长助理。1995年起在国家土地管理局工作,先后任政策法规与监督检察司副司长、司长,然后到新疆任伊犁哈萨克自治州副州长,现任国家土地副总督察(专职),专职负责国家土地督察工作。

实际上,大学期间我们同住一栋学生宿舍,但当时我们互相不认识。我很荣幸地在哈佛认识了他,所以有大量的机会向他学习、请教。在哈佛大学、麻省理工学院、林肯土地研究所的主题学术研讨会上,我们都是演讲的搭档。每次演讲的时候,都是他先讲、我后讲,红花需要绿叶配嘛,在我的陪衬之下,他就总是很灿烂;回国后,我们也继续配合着做一些学术报告,在上海、清华大学等地也都同台演讲过,效果也不错。今天,我们还是在相互配合,他是当然的主角,我继续配合。下面就让我们以热烈的掌声欢迎甘藏春部长为我们作演讲!

演讲人:甘藏春副部长

非常感谢各位老师、同学牺牲周末的时间,来参加这次研讨活动。很久以前就接到过胡院长的邀请,但我一直在推。因为现在整个社会对土地问题的共识程度很低;此外,土地问题的敏感度很大,前两天我刚在《人民日报》说了几句话,网上就吵爆了;另外土地问题"门槛低",谁都可以说两句，与中国国情相关，外加舆论的炒作，问题很容易就被极端化了。但鉴于我和胡院长的这一段友情，我又不能不来，所以今天我们做一个学术讨论，仅仅只是一家之言，你们做研究、教学或者做实际工作时，做一个参考吧。

我要讲的题目是：《社会转型与中国土地制度的变革》。土地问题是永恒的，但土地问题的时代背景性很强，每个阶段的答案不一定是相同的。现阶段谁都可以批评土地政策：经济学家看资源的优化配置，但中国的土地制度对市场配置有很多限制，所以经济学家不满意；法学家（特别是研究物权法的）说物权是绝对的权利、具有绝对的排他性，但中国的土地制度特别是农村的土地权利是要受到限制的，所以法学家也不满意。说一句极端的话，我认为也许就是这四不像的土地政策，恰恰是最适合中国现阶段的土地政策。假定完全按照经济学家"由市场配置资源"来配置中国目前的土地政策的话，很有可能天下大乱，那社会学家又不高兴了，会说政府不行；倘若完全按照民法学家的观点，公法学家也不赞成，因为土地法律是一个公法和私法的有机结合，不完全是一个私法问题。所以土地问题是一个极其复杂的问题，涉及土地问题的工作也不能仅仅服从一家之言。

一、中国土地问题的复杂性和特殊性

（一）土地问题在中国的特殊性

看待土地问题，首先要了解土地问题在中国的特殊性。土地问题在中国的特殊性有以下几点：

1.土地问题始终是中国新民主主义革命的基本问题。让我们沿着历史的脉络去把握中国的土地问题。从1840年鸦片战争失败之后，中国沦为半封建半殖民地的国家，在这个过程当中，一些救亡人士提出中国要崛起，需发奋图强，学习西方。我们刚刚纪念了辛亥革命100周年，孙中山提出了著名的"三民主义"，即：民族主义、民权主义和民生主义。

民生主义的要义是土地与资本两大问题。"平均地权、土地国有"是孙中山的土地方案。主要内容为"当改良社会经济组织，核定天下地价。

其现有之地价仍归原主所有，其革命后社会改良进步之增价，则归于国家，为国民所共享"。这是孙中山先生的理想。后来国民党统治时期，因为遇到了几次国内革命战争，加上8年抗战的艰苦斗争，用台湾人的话说，就是我们还没来得及进行土改。但实际上是他们的阶级本质决定了不可能进行土改，因为他们维护的是统治阶级的利益。不过需要承认的是，台湾经济起飞的一个重要特点就是土地改革处理得比较好，他们不是采取急风暴雨般的没收，分田到户，而是一种从农业资本家向工业资本家转换的自然过渡。

我们中国共产党在革命过程当中，毛泽东的决定是英明的。他认为中国革命是一个资产阶级的民主革命，但是又是农民革命，所以解决土地问题是革命的一个重要问题。谁解决了土地问题，谁就能掌握农民，谁掌握了农民，谁就会赢得政权。所以大家到江西的革命根据地看看，当时的中华苏维埃政府，就有一个土地部，并且还颁布了《井冈山土地法》，以彻底"废除封建性及半封建性剥削的土地制度，实行耕者有其田的土地制度"为基本原则。抗日战争时期，中央建立联合战线，地主阶级不再是革命的对象，土地制度相应地变为"减租减息"。解放战争时期，中央颁布《中国土地法大纲》，最重要的任务，就是废除半封建半殖民地的土地所有制度，变地主阶级所有的土地为农民私人所有的土地。

所以，为什么共产党能够号令那么多农民都加入部队，还有国民党的起义人员都拥护共产党？因为他们知道跟着共产党走，家里会分得土地。所以谁掌握了土地，谁就赢得了革命成功的主动权。

2.土地问题也是中国社会主义革命的重要问题。中国是一个农业国家，从经济学上讲，土地是重要的生产要素。作为一个重要的生产要素，和产品不一样，它的所有制、它的配置方式，直接关系到这个国家的制度和体制。应该说，新中国成立之后，我们的土地制度经历了几次大的变革。

第一次是土地改革时期。1949年9月29日，中国人民政治协商会议第一届全体会议选举产生了中央人民政府委员会，并且通过了起临时宪法作用的《中国人民政治协商会议共同纲领》。依照这个纲领，新政府成立后的第一件事就是有步骤地将封建半封建的土地所有制变为农民的土地所有制，凡是已经实行土改的地区，必须保护农民的土地所有权。

1951年6月，中央人民政府委员会通过了《中华人民共和国土地改革法》，规定没收地主土地分配给农民，承认农民的土地所有权，土地可以自由买卖、租赁，以前的地契全部作废。可以说这一阶段是暴风骤雨般的革命，废除了几千年来的地主土地所有制。从1953年，提出要用15年时间完成社会主义改造。这就涉及土地问题，用现在的眼光来看，对农村土地的社会主义改造过急过快。然而将土地分给农民以后，土地交易的现象很快就又出现了，土地向少数人集中，出现了两极分化，这是毛主席最不能容忍的，再加上我们的指导思想是左的，就开始走合作化的道路。而后很快出台了《农业合作社示范章程》草案，后来又出台了初级社和高级社合作章程草案，这就奠定了我们现在农村土地集体所有制的基础。

1962年9月27日，中国共产党第八届中央委员会第十次全体会议通过了《农村人民公社工作条例修正草案》（即人民公社六十条）。本草案对处理农村工作有很大帮助，特别是在涉及农村集体土地工作方面，确定了农村土地归集体所有，分为三个级别，一个是生产小队，相当于现在的村民小组；第二是生产大队；再就是人民公社。队为基础是指集体所有的形式是以生产小队为基础的。这个制度至今仍影响着中国。

3.土地问题还是中国建设社会主义市场经济体制的关键问题。中国自1978年十一届三中全会之后，实行改革开放。但是那个时候，我们都还是认为：按照马克思主义政治经济学的观点，生产资料归谁所有是属于生产关系三要素中最重要的部分，是衡量一个制度的关键。因为土地是生产资料，当时的法律、政策、宪法规定土地是公有的，不能买卖、出租。但是很快就出现了一个新问题——就是我们招商引资、特别是外资进来，通过中外合资、中外合作，这些企业到中国来办厂，但对外资企业的用地怎么办？现在看来这似乎不是问题了，但在当时争论比较大。中国经过半封建、半殖民的统治，土地怎么能允许外国人用呢？当年海南洋浦成片开发，一些大学的著名教授，都说是卖国、丧失主权。后来，全国人大常委会订了一个国务院关于中外合营企业建设用地的暂行规定，指出这类企业到中国来办厂要交纳场地使用费，所谓的场地使用费仅仅是体现主权的象征。城市改革之后，我们的经济活跃起来了，活跃起来后面临的一个难题就是征地很困难。1982年国务院出台了《建设征用土地条例》，是建设项目特别是大中型建设项目前期工作的重要指南。当时乡镇企业蓬勃发展，大量地占用农地，土地浪费现象比较严重，所以国务院、农业部进行了全国范围内的非农用地的清理、清查，后来在这个基础上，全国人大常委会通过了1986年的《土地管理法》，这是新中国成立后的第一部土地管理法，我们现在的土地管理机构就是依据这个法成立的。

在这个土地制度形成的过程中，深圳面临着一个大问题。当时深圳是经济特区，然而深圳建设很缺钱，香港给它出的主意就是卖地！那时候土地是不要钱的。但这马上就面临一个大问题：《宪法》规定，城市土地国家所有，农村土地集体所有，土地不得买卖、出租、转让。所以在改革过程当中，中国人创造了一个提法，就是把土地所有权和使用权分离。所有权还是归国家或者归集体，但是使用权是可以买卖的。紧接着开始了土地制度的改革，由过去的无偿、无期限划拨的方式改为有偿、有期限的方式。中国人用自己的智慧成功地解决了土地这个生产要素在公有制条件下与市场经济对接的问题，在深圳实验成功后，90年代在全国蓬勃开展。

所以中国从计划经济体制向市场经济体制的转型，不只是产品的市场化，而且要素配置也市场化了。生产要素土地的使用权进入市场并且市场配置程度很高，这对传统的计划经济体制是一个重大打击，对于社会主义市场经济体制的确立是一项基础性建设。

（二）土地问题在当代中国的复杂性

1.土地不仅要承载生产资料的功能，还要承载社会保障功能。如果单纯强调土地承载生产资料的功能，就要按照经济学的原则，优化配置，譬如农村土地，大量地集中到种田能人手中，然后实现现代化的规模经营，就会提高生产效益，增加产量。但是，如若想到社会保障功能，那么必须考虑依附这块土地上的农民，假定他们失去土地，就失去了保障功能，社会就不稳定，所以就不能让土地大量地集中。这也是个两难选择，因此土地的两种功能也体现出效率和公平的问题，生产资料当然要讲效率，讲社会保障当然是要公平，两者不能兼得的话，究竟选择什么，现在看来作为执政者，当然是把公平、稳定放在第一位。

此外，中国的农业现代化，究竟走什么道路？这是跟土地、人均土地的资源禀赋有关的更深层次的问题，世界各国大体上有两种方式：一是像美国、澳大利亚这些国家，土地资源很多，实现农业现代化基本上是通过大农场的方式，雇佣工人很少，生产效率很高；二是像日本、韩国这样的小农经济模式，他们的农业现代化并不是依靠土地的集中。我去年在日本学习，到农林省专门讨论，日本的土地制度更具特色，是嫡长子继承制，现在的民法虽然规定各子女可平均继承父母遗产，但现在仍有不少人让长子继承父母的全部土地。可是中国究竟应该选择什么样的农业现代化模式，这很关键。如果我们仍然发展小农经济，那么我们现在农村土地的流转就要放慢，要随着农民城市化进程慢慢解决；假定实行大农场制，那就越快越好。这就是我们面临的一个难题。

2.既是生产要素又是政策工具。土地是生产要素毋庸置疑，所以我们从过去一分钱不收到可以卖，土地使用权的转让由协商价格变为通过市场竞争形成价格，再到后来的"招拍挂"，已经形成了一个比较完善的、统一的信息系统，这就把寻租机会很大程度上消灭了。

但是另一方面，土地政策在中国又是一项政策工具，比如说维护粮食安全是中国首要的一个政策。维护粮食安全意味着土地供应要限制，要保护耕地，可能世界其他地方也是一样，地上种庄稼和"种房子"永远不可能利益均衡。一块地种房子肯定是高价，种庄稼不仅农民得不到多少利益，地方政府还要贴钱。沿海地区已经具备了快速领跑的地位和作用，那么沿海地区就要在地上"种房子"，中西部地区就要在地上种庄稼，这就是中国现在的现实。经济地理学上有一条著名的"胡焕庸线"，地理学家胡焕庸提出的划分我国人口密度的对比线，即从瑷珲到腾冲的一条线或从黑河到腾冲的一条线"。线东南方36%的国土面积居住着全国96%的人口，以平原、水网、丘陵、喀斯特和丹霞地貌为主要地理结构，自古以农耕为经济基础；线西北方人口密度极低，是草原、沙漠和雪域高原的世界，自古就是游牧民族的天下。因此，开发空间不足是中国最大的一个难题，所以土地政策要完全放开，实行市场配置，那中国粮食安全就会没有保障，所以要适当限制土地要素的市场配置。

3.既涉及生产关系，又涉及多种社会关系。土地问题是当今中国社会矛盾的集中点、爆发点，诸多的社会矛盾可能本质起因不是土地问题，最后都可能通过土地问题来爆发。现在又涉及干群关系以及很多腐败问题，所以在转型时期土地问题跟社会稳定关系很大（如图1所示）。据估算，失地农民约4000万左右，因征地引起的农村群体性事件占全部农村群体性事件的65%以上。

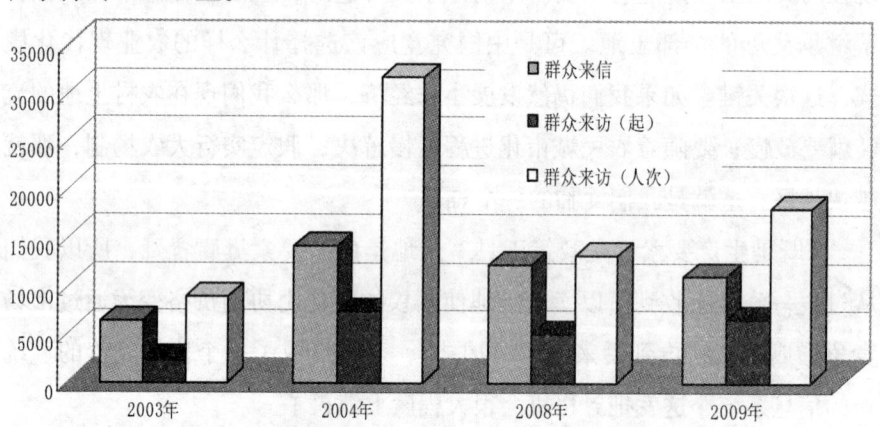

图1 近年国土资源部受理群众来访来信情况

众所周知，改革开放后我们实现了经济增长的"中国奇迹"，人口红利的作用自然极为重要，此外还有一点原因就在于社会主义制度"集中精力办大事"的能力，政府能够在极短时间里为经济发展提供建设用地。当然这也带来了一系列的弊端，引发很多社会矛盾。此外土地问题与金融安全问题也息息相关，其中一个很简单的逻辑就是建设需要用钱，银行给你钱但是需要土地抵押，那万一发生风险怎么办？这就是很大的问题。所以看待当今的土地问题，其复杂程度远远不是一个学科所能评判的，需要有综合视野的研究。

二、当代中国土地制度的基本框架

（一）土地的基本概念

我们天天说土地，但是什么是土地恐怕答案是不一样的，也还形成不了一个共识。传统的土地概念主要是来自地理学的概念，土地是由地球陆地部分一定高度的地貌、岩石、水文、气候、植被等要素组成的自然综合体。1972年，联合国粮农组织认为，土地包含地球特定地域表面以及以上和以下的大气、土壤以及基础地质水文和植被，还包含这一地域范围内过去和目前人类活动的种种结果，以及动物对人类过去和未来利用土地所施加的影响。所以这是一个广义的概念，内涵较深，土地是自然属性、经济属性、法律属性和社会属性四位一体的综合体，从自然属性看，土地是自然的产物，面积是有限的，位置是固定的，质量是有差异的，但是功能是永续性的。从经济学的概念来讲，土地是重要的资产，其供给是稀缺的，报酬是递减的，对于农业土地来说尤其如此。从法学、政治学上讲，土地的概念和领土、国土的概念是一样的，包括海洋，包括地上地下。从社会属性来看，土地利用是相对分散的。所以从土地管理来看，土地是由地表上下所组成的立体空间，以及附着于土地的一切物质和权益所组成的综合体。

另外，土地概念的外延较广，其具有资源属性、资产属性和资本属性，并与社会经济发展阶段相适应，伴随着传统农业社会、工业社会、知识经济时代的转变而转变。需要注意的是，土地关系反映了经济生活的方方面面，并且与社会生活中的其他商品不同，土地具有不可替代性。

（二）中国土地管理的基本目标

处理中国的土地问题，需要正确处理好市场与政府的关系：既要充分发挥市场的配置作用，又要政府调控。土地的管理要分为最优目标和次优目标。在不同的历史发展阶段，土地政策的最优先目标是不相同的。

1.西方国家土地管理最优先目标的演进。研究西方的土地管理制度可以发现，西方国家土地管理最优先目标由农地管理转变为生态保护，是伴随着工业化发展而发展的。从发展的进程来看，人类社会由农业社会转变到工业社会，再由工业社会转变到后工业社会，在工业化、城市化阶段，需保证农用地、耕地优先，严格控制农地转为建设用地。而在工业化、城市化完成后，则注重生态保护。例如，荷兰过去是围海造田；20世纪70年代之后是退田还海，因为它的农业问题解决了，城市化完成了，所以生态保护成为他们最优先的目标。在德国，如果要修一条路经过一个自然保护区，都会留一个给野生动物的通道，经过那个通道，所有车辆到那个地方都要踩一下刹车，以防万一有动物要通过，他们的设计非常仔细，甚至细致到考虑一只怀孕的野兔子通过这条路时会不会流产。1996年我到瑞士考察的时候，经过一大片小麦地，发现这片地并没有收割，后来当地人解释说这是留给山上的鸟儿过冬吃的。

2.耕地保护——中国现阶段土地管理的最优先目标。考虑到中国的发展阶段和现实情况，在我们现阶段，粮食安全、耕地保护是我国土地管理最优先的目标。如图2所示，1998年以来，我国耕地面积持续减少，已从1998年的19.45亿亩降低到了2008年的18.26亿亩。为了把这个最优先的目标强化下来，中央确定了18亿亩红线的政策，规定全国耕地总数要至少保持在18亿亩以上，决不能因为城市化及工业化过程而使耕地大量减少。

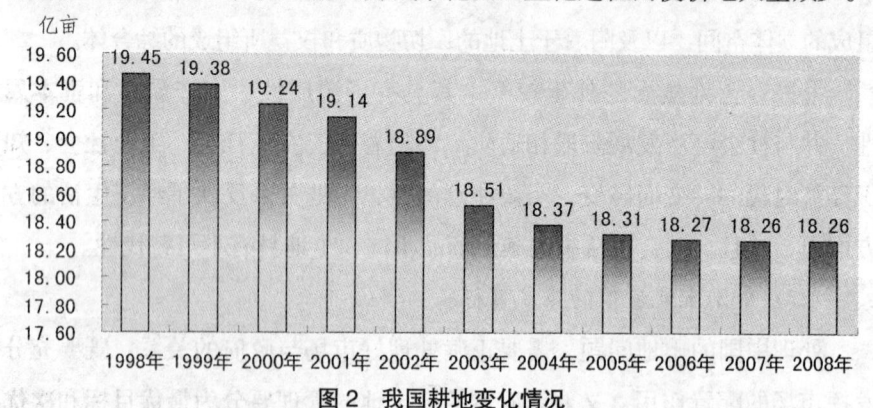

图2 我国耕地变化情况

有的学生对18亿亩红线又提出了质疑，他们认为市场信号可以很好地匹配粮食供需而不用限制耕地的数量。其实，18亿亩红线是在综合考虑了人口增长和土地禀赋这两个条件基础上计算出来的。

（1）人口增长因素。有研究表明，我国人口的顶峰数量是15亿（人口增长趋势见图 3）。要养活这 15 亿人口，中央提出了粮食要基本上实现自给自足，这是一个基本战略。如若我国粮食大量地依靠进口，就很容易导致世界粮食市场的波动。所以，坚守 18 亿亩耕地红线，是一个对中华民族负责、对全世界负责的态度。在可以预见的时间内，技术的突破和变革很难在保证安全的前提下大幅度地提高粮食产量，因此，解决粮食安全的办法只能强调有效的耕地面积保障。

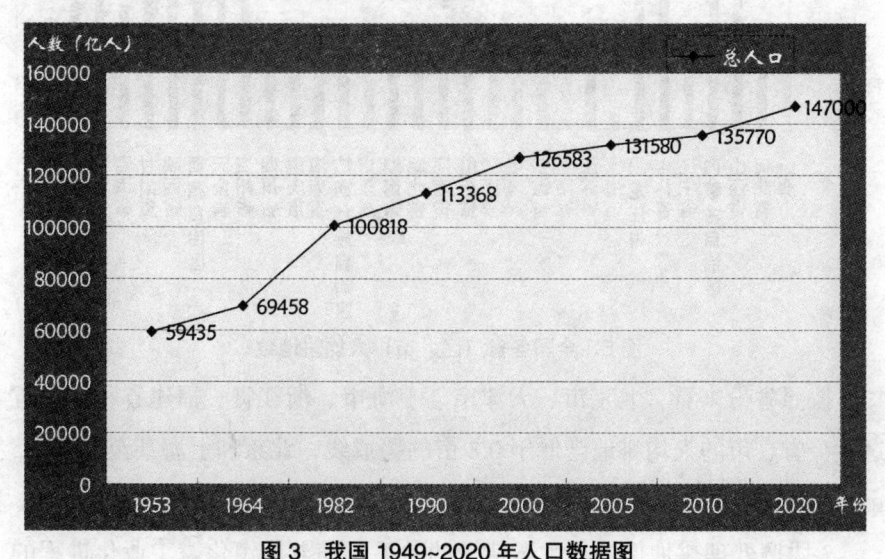

图 3　我国 1949~2020 年人口数据图

(2) 土地禀赋因素。与其他国家相比，人均耕地少（见图 4）、优质耕地少、后备耕地资源少，是我国土地情况的基本特征。

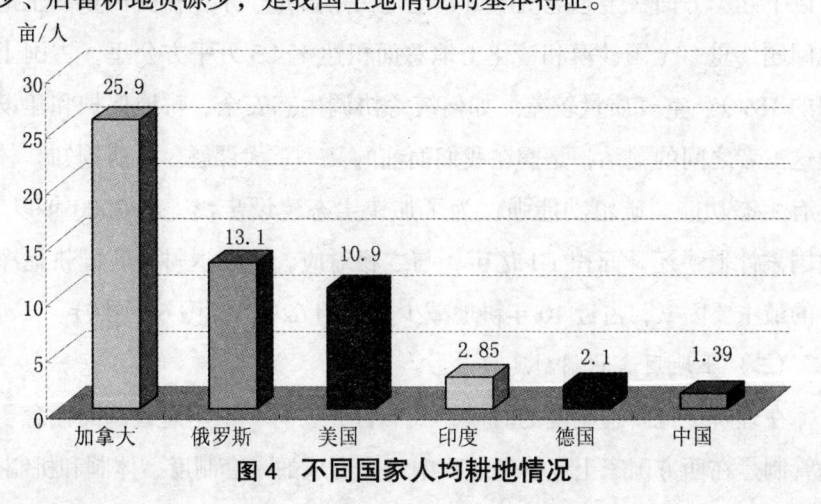

图 4　不同国家人均耕地情况

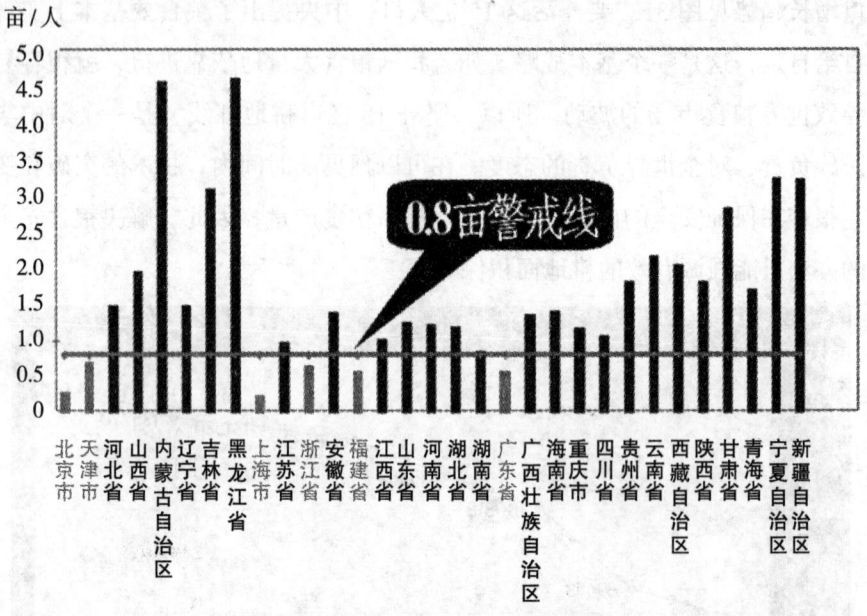

图5 全国各省（区、市）人均耕地数

按照省份来看，北京市、天津市、上海市、浙江省、福建省和广东省这6个省、市的人均耕地已低于0.8亩的警戒线，北京和上海甚至低于0.5亩/人（见图5）。

3.协调处理耕地保护与生态建设的关系。随着城镇化、工业化进程的不断加快，我国生态问题凸显，在经济发展的过程中，生态问题主要体现在以下几个方面：生态危机严重、土地污染严重、水土流失严重、土地沙化问题严重（全国沙漠和沙化土地总面积达174.3万平方公里，占国土面积的18%）、空气质量较差。如何统筹协调生态安全、耕地保护和建设用地这三者之间的关系，是摆在我们面前的又一重大课题。众所周知，林地具有生态功能，碳汇功能强，为了加快生态建设步伐，自2000年以来，我国累计退耕还林面积1.1亿亩，与之相对应，生态退耕是我国耕地净减少的最主要因素，占近10年耕地减少数量的62%（见图6、图7）。

（三）土地用途管制制度

在理解土地管理制度的时候，我们首先要有一个用途管制的概念。用途管制是在西方国家土地管理过程中逐步形成的一套制度、体制和机制。

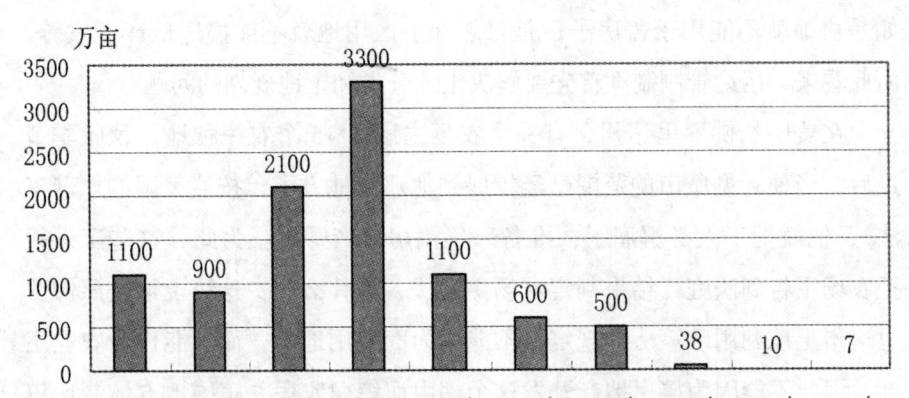

图6 2000~2009年中国退耕还林数量变化情况

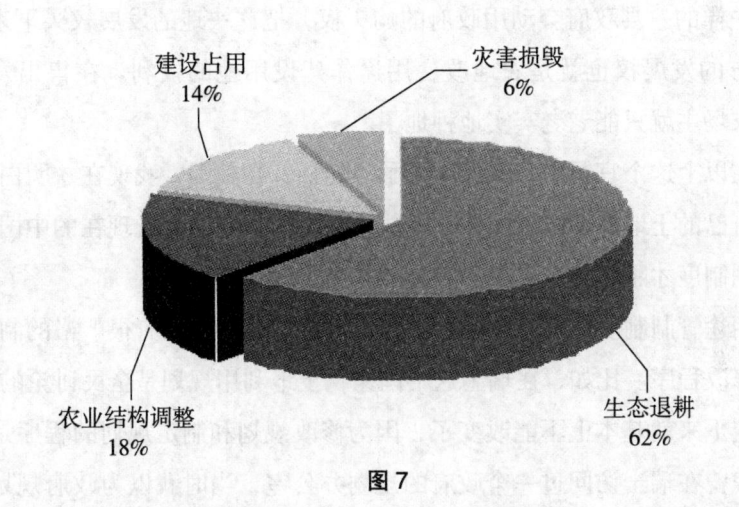

(万亩)
- 2000年: 1100
- 2001年: 900
- 2002年: 2100
- 2003年: 3300
- 2004年: 1100
- 2005年: 600
- 2006年: 500
- 2007年: 38
- 2008年: 10
- 2009年: 7

图7

- 建设占用 14%
- 灾害损毁 6%
- 农业结构调整 18%
- 生态退耕 62%

在相当长的时间里，中国人不太接受"用途管制"这个概念，认为土地管理始终应该注重所有权的管理，比如我们是一直认为公有制最利于土地的优化配置等。到了1996年，为了修改《土地管理法》，我带队到欧洲考察时发现了一个特点，那就是尽管欧洲实行的是土地私有制，但政府的用途管制依然是整个土地管理的核心。

在1998年颁布新的《土地管理法》时，我们就把用途管制制度引入到了中国。那什么叫用途管制呢？是指土地的所有者和使用者必须严格按照国家制定的规划、确定的用途来使用土地的制度。也就是说土地是你的，但并不是你想怎么用就怎么用，而必须符合这块土地的法定用途，比如是耕地就不能用于盖房子；是自然保护区用地就不能搞房地产开发等。由此看来，用途管制制度首先要解决土地分类和土地规划的问题。

在美国的佛罗里达州，有一个农场主雇了15个农民种地，秋收季节过后，当他看见城市的范围已经扩展到他那个地方了，按照美国的《劳工法》，他就把工人都解雇了，准备来年搞房地产开发。为此，这些工人就把农场主告到法庭，结果判定农场主违法，为什么呢？这块土地按照佛罗里达州土地利用政策法的规定是不能作为商业用地的，而只能作为农业用地，因此不能因为搞房地产开发这个理由而解雇农民。美国地方体制比较复杂，州下面是市镇，但是中间还有县这个层级。在不同的州，县的地位是不一样的。县政府会动用政府的购买权，把这块地的发展权买下来，这个地方的发展权也就是农地改变用途作建设用地的权利。在售出发展权后，农场主就只能老老实实地种地了。

在以上这个官司中，农场主说了一句话，在美国，我现在才明白，地主对自己的土地并不是想干什么就能干什么的。我们再看现在的中国，用途管制制度才刚刚起步，很不完善。

用途管制制度的核心是规划，西方国家的这种规划有很严格的制定程序、修改程序。比如，在瑞士这个国家，土地利用规划是全民讨论的，一旦制定下来就基本上不能改变了，因为修改规划和制定规划的程序是一样的。我曾在瑞士访问过一个政府的规划办公室，当时我以为政府规划办公室的工作人员应该全是学城市规划专业的，结果全是学法律的。他们解释说："我们不制订规划，我们只是把规划当做法律来执行。"他们还给我举了一个例子，由于瑞士是一个山很多的国家，在一个输变电站的建设选址时，被选的地方被核查出来都是农用地保护区。这种情况下，只能通过法定程序来调整农用地规划，可是这也基本没有可能。从历史经验来看，从70年代到90年代，由于在规划制定过程中，每一阶段都存在利益矛盾，因此在不断的讨价还价过程中很难修改规划。

所以我认为，在中国不能因为是重点基础工程，就可以通过修改土地用途规划而妥协。用途管制制度刚引入中国，现在确实还需要有一个不断完善的过程。

（四）土地权利

在相当长的时间里，我国的土地管理不太重视权利。在计划经济时代，我们只有生活资料的所有权，而没有拥有生产资料的权利。那时候不管是分配房子、还是置办家具，都需要依靠单位，因此有人戏称当时的中国只有单位，没有权利。

在社会主义市场经济条件下，现在人们逐渐地开始重视权利了。从西方国家来看，土地权利基本上都是在土地利用过程中不断完善的，并已经形成了一个比较完整的体系。比如说土地权之外还有地上权，地上权之外还有地域权，还有担保物权等，这是传统的物权；后来第二代物权也开始形成，比如说这座山是我的，你需要付钱来攀登，这是攀登权；如果草场是我的，你就需要付钱才能放牧，这是放牧权。

从权利的形态来看，西方国家走过的是一个私法公法化的过程。就是说，权利是私人的，但是慢慢要受公法管制，私权不能想干什么就干什么；而中国采取的是一个相反的公法私法化的方式，我们原来强调政府化管理，只强调管制，而不太承认公民的私权。当然，现在《物权法》颁布后，这种私权越来越受到重视。比如尽管这块土地归我所有，但是你的房子在上面，而我要路过你的房子就需要得到你的同意，这就叫地域权。

在香港，一本地契里各种情况都列举得很详细，地契非常厚；而在大陆，我们就仅仅只有一本《土地证》。我们现在面临的很多问题都还没有解决，只能在以后不断地摸索和完善。

三、关于当前土地管理政策的几个问题

（一）关于土地政策参与宏观调控的问题

运用土地政策参与宏观调控是 2004 年党中央、国务院提出的，当时提出"银根地根，管住两个闸门"。中央委派给我们的任务就是管住地根这个闸门，守住这个闸门不能动摇。当时经济学界的很多同志，特别是像李晓西老师这样的宏观经济学家也提出过质疑，认为没有哪本教科书、哪

个国家将土地政策作为宏观调控的工具。

我为此也进行过反思和总结,后来得出结论:运用土地政策参与宏观调控,是中国特殊历史阶段、特殊国情下的特殊选择。从传统的凯恩斯主义起,宏观调控就只有四大目标:经济增长、充分就业、物价稳定、国际收支平衡。

为什么在中国建立市场经济的过程中需要土地政策参与宏观调控呢?我认为这与中国经济体制改革不完善有关。随着市场经济的建立,现在的金融体系、企业体系等都还在不断完善过程中,的确需要一段时间。中国经济主要是由政府来主导的,政府管理着重要的生产要素,比如土地、劳动力、资本等,就使得市场经济的信号扭曲,而地方政府成为一个相对独立的主体进入市场当中,因此中央的调控政策一旦与地方政府的利益发生冲突时就很难得到较好的执行。在西方国家,通过央行加息或者减息的货币政策能取得较好的效果,因为其政策影响比较敏感;而在中国好像反应就不太大。而从财政政策来说,我们调控的余地很少。无论经济形势如何,财政收入每年都以两位数增长,只增加不减,具有很强的刚性。特别是地方政府的财政收入不敢减少也不能减少,因此即使是现在发达地方的财政也只是吃饭的财政,建设的财政还是靠土地收益。

在这样的情况下,我们的宏观经济调控就很难。为了防止经济出现大起大落的情况,土地就成为一个重要的影响因素了。此外,我们有一个优势,那就是宪法规定了"城市的土地归国家所有",由国务院代表国家行使这个所有权。因此,每年我们都有一个用地的控制计划。因为任何生产建设活动都不能离开土地而进行,所以土地是一个比较有效的措施。现在看来,地根比银根更有效、也更直接。

但我还是要强调一句,这只是特殊历史时期的特殊政策,并不意味着今后永远是这样。伴随着社会主义市场经济体制改革的推进,现在的经济体制、政治制度都会逐渐改革完成,我认为土地参与宏观经济调控的政策会逐渐地退出调控的领域,但从当前的情况来看,我们土地政策的负担的确很重。

(二) 关于土地所有制问题

第二个问题是关于土地所有制问题。现在的土地所有制是1982年《宪法》确定的。在1982年《宪法》修订过程中曾经有一种建议，主张宪法写上："中华人民共和国土地全部属于国家。"后来将土地分为两部分，即城市土地归国家所有，农村土地归集体所有。

新中国成立之后，城市土地分为几种：第一种是没收官僚资本、官僚资产阶级所获得的一些土地；第二种是从蒋介石政府继承下来的土地；第三种是国家建设征用的土地。但当时还是有相当多的资本家、小业主的私人土地的，所以在那个时期，城市土地的所有权在法律上是空白的，直到1982年《宪法》修订后，才明确城市土地归国家所有。

现在似乎形成了一种看法，即中国要解决土地问题，只有依靠私有制。我们先姑且不谈"姓社姓资"这一意识形态的问题，单从国际上来看，英国在第二次世界大战之后也想实行土地私有制，但也做不到，因为要抛弃掉已经形成的所有制是非常困难的。在农村来看，农民之所以保护耕地的积极性不高，主要不是因为土地没有实行私有制。中国与欧洲相比，封建社会的历史更长，这时期的土地都是农民私人所有，很显然并没能解决农业和农村发展问题。此外，土地所有权确定之后肯定会有流转的过程，流转之后必定会有集中，那么政府应该怎么处理这个问题呢？

我们看1917年十月革命时的苏联，当时有一套完整的土地登记资料，而在中国这就很难实现，所以我认为下一步最重要的工作是完善集体所有制的财产组织形式。现在的集体所有制有两个问题：

第一，我们完全忽视了"以队为基础"的原则。实际上，农村的组织基础是村民小组，但是我们这么多年来只重视村这一级，而没有重视村民小组这一级，这是一个大问题，需要引起高度的关注。否则平时没有问题，一到承包经营权或者是征地的时候，补偿是给村还是村民小组，问题就都来了。

第二，我们的集体所有制形式必定要有个财产依据方式。以入股证为例，由于没有合理的组织形式，就只能是村长说了算，形成不了一个制约机制。因此下一步应该研究一个股份合作制的方式，或者构建一个土地集体所有的财产组织形式。

（三）关于征地制度改革问题

征地制度是最近的热点话题。我觉得要做到正本清源，必须首先明确什么叫土地征收这样一个基本概念。土地征收有几个特点：

第一个特点，土地征收是宪法赋予政府的特殊权利。从世界各国来看，土地征收都是《宪法》赋予各国政府的一个特殊权利，因为西方国家《宪法》规定"私有财产神圣不可侵犯"，也即通常所说的说"穷人的房子风能进、雨能进，国王不能进"，这就是强调了私有财产的权利。

第二个特点是强制性，《宪法》又规定，为了公共利益和公共目的，可以对私有财产进行征收，但要给予公平补偿，并且要按照正当程序进行。因为土地征收是对农民土地财产权的一个剥夺，具有强制性，所以必须要有《宪法》授权，这与土地交易不同，后者是一个买卖关系，双方在市场中的地位是平等的。

第三个特点是公平性。在征地过程中要公平补偿，尽管征地具有强制性，但这并不意味着可以低价剥夺，而是必须按照市场价格公平交易。征地也不是没收，没收是不给钱的。

第四个特点是程序性。因为征地是对财产权通过一个比较强制的方式取得的，所以世界各国都规定了严格的程序。

了解了这个基本概念后，我们再来看征地问题。我们需要弄清楚什么是公共利益、公共目的，这是当前立法很难解决的问题。2007年，《物权法》制定的时候，一直试图在立法上确定哪些是公共利益、哪些不是，但在中国当前国情下却很难写准，譬如高铁、高速公路究竟是公共问题还是私人问题？我认为都有，因为不仅有国家投资的，也有私人投资的，特别是现在投资高速公路还是投资的热点问题。

在征地过程中遇到私人问题，只能一户一户地谈判。台湾一条高速公路，修路时间花了2年，谈判时间花了18年，最后还是没能完整地接上这条路，因为有半公里始终谈不下来。由此看来，中国现阶段完善征地制度，重点应放在对农民的补偿安排上。现在工业化、城市化进程推进很快，我们不可能像欧美国家那样，十年都不搞一项建设。

日本、韩国加上我们的台湾地区，在立法上都列举了哪些是公共利益，也在不断地调整；欧洲规定议会通过的规划，都算做公共利益；美国没有法律规定哪些是公共利益，因为美国的个案是由法官来裁定。比如，美国有一个镇开了个俱乐部，第一期结束后发现这个镇不论就业还是税收都增加了，于是老板就申请搞第二期项目，准备扩大规模。刚开始二期买地时，有几户就不同意了，将老板告上了法院，理由是这块地不是公共利益，俱乐部老板是投资赚钱，因此是商业利益，所以不能征用。而镇政府的代表说，尽管修建俱乐部是商业利益，但总体看通过这项投资解决了很多就业，提供了很多税收，也完善了很多基础设施。最后法官裁定这个案子的公共利益大于商业利益，同意征地。

从上面这个案例可以看出，是公共利益还是私人利益，一定要根据实际情况详细分析。在我国现阶段我主张把征地改革的重点放在对征地农民的补偿安置上。总体上看，1998年《土地管理法》对农民被征地的补偿标准提高了一倍，但实际上2004年又提高了一倍。是按原用途补偿呢还是按新用途补偿？这也是个争论比较大的问题。因为如果依据规划，征用耕地作为房地产用地，两者的地价差距是很大的。

实际上，这个问题在传统土地经济学中已经解决了，世界各国都是按原用途补偿的，理由是这个用途改变了，比如耕地质量很高是土地所有者不断改良土壤的结果，这个收益是应该给土地所有者的。而改变用途的收益是全社会的进步，是因为有了新的城市规划，某些地域的房地产才能升值。

这里边也有个社会公平问题，我们现在应该采取什么样的赔偿方式呢？我认为就是既要遵照原用途补偿，也让农民分享城市化所带来的增值收益。我认为今后最重要的不在补偿问题上，而应该在安置制度的完善上。计划经济时期征地是一件很快乐的事，地一旦征完，依附这块土地的农民就转户口进城安排工作了。那个时候征地范围小，社会也基本能容纳。到了90年代征地规模扩大，征地基本上依靠货币来安置，这就出现问题了，因为即使出天价也不一定能解决社会稳定问题。对少数精明的农民来说，可能会依靠征地的补偿金修建新的住房，而不少农民则在失去土地后坐吃山空，造成他们无地无业的问题。因此，下一步的改革重点不应该是补偿标准的高低，而是把被征地农民按照城市标准包起来，包括住房、养老、就业、医疗，这个才是大问题。

我们当前都在争论补偿的标准到底应该多高，感觉中国的城市化是不可持续的，因为我们30年的城市化超过了西方国家几百年的发展。但是，我们不能将城市变得像欧洲，农村却像非洲。城市化速度之所以这么快，有一个最大的问题就是城市低成本扩张，农地城市化了，但农民没有城市化。他们只要在城市常住半年就是被作为城市人口来对待的，但实际上很多城市人的基本权利保障，这些农民都没有享受到。特别是"农二代"不太可能再回去种田，这样一旦经济萧条了，这一批人没有安顿下来的话就会影响中国的长治久安。

我认为研究中国的征地制度改革问题，就必须研究相应的社会稳定。只有这个问题解决了，我们的城市才能健康、稳定发展，尽管城市化速度可能变得慢一些。比如，北京要把进城农民都背起来不只是钱的问题，还包括住房、就业、教育、医疗、养老等问题，这些都是城市政府应该背负的成本。政府背负一定的成本也有好处，可以健康发展，我们现在像在摊大饼，全世界都没有我们这种模式。因此我们还是应该走可持续发展道路。

主持人：胡必亮教授

开始我就说过，我们今天很荣幸能听到甘部长的演讲，他的思路很开阔，报告涉及社会、法律、经济等各个方面，我深受启发，学到很多知识。今天，我国著名经济学家李晓西教授也来到了讲座现场，下面有请李晓西教授先为甘部长的演讲进行评论，然后同学们可以提问。

李晓西教授点评：

听了甘部长的报告，我也深受启发。当然，我们只是老朋友之间聊聊天，不算评论。我的体会很多，主要有三个方面：

第一点，我认为今天讲座的内容非常周全。甘部长讲座中提到的经济属性、自然属性、社会属性，让我很受启发。土地问题是一个非常复杂的问题。比如说，城乡统筹时，我们搞土地确权，那农民的房子宅基地究竟有多大，农民就想了一个办法——滴水画线，屋檐的水滴到什么地方，土地范围就有多大。有的人就想赶快把屋檐延伸一下，这样范围就变大了，但是这肯定是不行的，村民委员会会根据盖房年份确定范围，这是很具体的问题。另一个例子是农民的"鱼鳞图"，就是农民在村民委员会土地确认时所有人都按上手印，最后看起来就像鱼鳞一样。这两个例子都说明土地问题确实非常复杂。

今天甘部长从法律、社会、经济各个方面考虑问题，从宏观把握得非常好。我收获很大，因为这是个方法论的问题，我们平时应该从更加周全的角度来考虑问题、写东西。尽管我们都会受到专业的限制，但是多学科的知识很重要，多学科的合作也很重要。

第二点是深刻。甘部长从中外比较，从历史发展的演变等角度看土地问题，确实很让人受启发。我们现在都在谈辛亥革命，"驱除鞑虏，恢复中华，创立民国，平均地权"十六字方针中的"平均地权"被提到很高的地位，因此刚才甘部长讲的时候我就联想到了很多土地方面的例子，感到土地这个问题确实太重要了。甘部长讲到了很多国外的做法，尤其是近几年出去考察的案例，我认为对我们就很有启发。

第三点呢，我感到很亲切，所谓亲切是因为土地问题与经济学密不可分。甘部长在讲座的时候我在下边列了一下，大概有八个土地问题和经济学是相关的。

我在读研究生的时候，当时学马克思主义，其中有一个叫按劣等地定价，我就马上想到了1984年农产品价格改革，因为当时农产品价格是偏低还是偏高，争论得非常厉害。为了验证马克思主义按劣等地定价这个理论，我就跑到好几个省去调查什么叫劣等地。等调查完以后，我就发现结论太相对了，对土地分等太复杂了，它涉及对土壤分等，而土壤分等涉及好多要素，另外分等以后还涉及反过来用产量高低来评价土壤的问题，做到最后我就发现按劣等地定价实际上是个理论的想法，真正把它作为定价的技术方法可能是很难做到的。

反过来我也觉得甘部长肯定认为我们经济学家对土地也很重视。我们把土地当做母亲，老说"财富之父是劳动，财富之母是土地"，可见经济学是高度评价了土地的。甘部长也提到了宏观调控的事，我把它也列为"亲切的"范围，亲切是有分歧的亲切了。今天甘部长将土地政策作为宏观调控手段临时的必要的补充，这个我觉得还是很有意思的。2004年在人大开会提出了"土根"和"银根"的问题，我自己是不太同意提"土根"的，原因是有点贬低了我们的土地管理。我们土地管理是国家要素管理中最重要的组成部分，它应该属于供给管理，不是需求管理。我们现在讲宏观调控，重点是需求管理，不是供给管理。刚才甘部长也介绍了国外土地的用途管制问题，我国也有土地用途管制，你要是建了这个楼房，我们批的时候要保证30年或者20年土地用途不变，那这就不是短期调控的问题了。

国家该不该管土地？我觉得特别该管，但宏观调控实际上是短期的临时的调控，而土地的用途管理如果是短期的话就难管了。此外，从全世界来看，大的财政政策、货币政策都是公认的，特殊的比如以色列加了收入政策，但是对土地这块的管理确实是没有的。如果将土地管理作为一个特殊的阶段，特别是在城镇化和工业化阶段，由于土地引起大量资本的积聚，我们想管钱的时候，就应该控制了。我自己曾经有个建议，即使房地产积聚了大量的资金，我们控制的口子也应该从资金的来源上控制。

在全国土地开发的浪潮中，国家将土地分为"四位区"，即"优先开发，重点开发，限制开发，禁止开发"。政府如果做好"限制开发"功劳就很大了；做"重点开发"或者"优先开发"的话可能会比较被动，因为对于"重点"或"优先"的界定比较困难。我建议在东西南北派驻工作队，专门调查各种补偿，如果这项做好的话就很了不起，是世界首创。

最后我还是想强调，土地和经济实在是分不开的，土地是经济学的母亲！再次感谢甘部长今天精彩的演讲。

第五讲 社会转型与中国土地制度的变革

> 提问一：

甘部长，您好！非常感谢您精彩的演讲，我有很多启示和收获。我的问题是：当前工业用地审批比较严格，一方面，高新区为了提高规模经营水平，进一步向政府要地，这种现象在东部沿海地区比较明显；另一方面，在产业向内地转移的过程中，内地工业用地也在增加。请问这种矛盾如何解决？

甘藏春：这确实是一个两难的问题。首先，沿海发达地区开始产业转移，同时也在招商引资，而中西部地区在承接转移的产业后需要征用工业用地。东中西部都有发展权，但是就像李老师刚才讲的，这就要求国家发展的区域政策一定要明确，特别是明晰哪些地区的开发应该是限制甚至是禁止的。

其次，优化结构应该在不继续扩大用地的前提下进行。在当前，有些发达省份的建设用地面积已经超过环境允许的上限，再继续征用建设用地的话，环境的破坏将会达到不可挽回的地步，因此这个矛盾一定要通过土地利用的区域政策协调解决，同时理清造成矛盾的更深层次的原因，比如财税政策、政绩考核机制等，再像现在一样以 GDP 论英雄的方式是不可持续的。

> 提问二：

地方政府将土地廉价转让给企业开发，一个收益是土地收益，另一个收益是税收。在经济增长过程中土地是增值的，利税收益可以维持。但是当经济周期处于衰退时，利税收益会下降，而财政支出又是刚性的，请问这时怎么办？

甘藏春：我认为这也是中国贯彻落实科学发展观遇到的一个难题。实际上，经济发展是应该有周期、有波动的，不可能只是一个劲的向上，也会有波动，而这时恰恰是我们土地管理最困难的时候，就需要刺激内需，拉动消费，于是政府开始放地，而衰退周期一结束后就出现了大量的闲置土地。如果说考虑改变当前的经济发展方式，就业等问题就会出现，因此我认为一个理想的管理方式应该是允许经济在一个区间内波动，不能要求经济只能升不能降。

提问三：

甘部长，您好！我有个问题是关于18亿亩耕地红线的，请问我们为了保证粮食安全制定出18亿亩红线这个数值，是科学计算出来的，还是说是出于保护耕地而划定的一个概念性数值？

甘藏春：我的回答应该是两者都有，也就是说既有科学依据，也有政策显示。第二次全国土地调查结果需要经过法定程序才能公布，但是无论怎样，为了保证粮食安全，我认为需要坚守18亿亩耕地这条红线。

李晓西：现在通常说的我国耕地面积是一个航拍数值。因为我也下过乡，知道农民报的土地是比实际少一点点的，因此我认为当前的耕地面积肯定还是超过18亿亩。尽管如此，18亿亩仍然是一条红线，轻易不能乱动。

主持人：胡必亮教授

由于时间的关系，今天甘部长的学术报告会到这里就结束了。我想同学们肯定还有很多问题，希望在以后甘部长方便时再为我们解答。

我想简单谈谈我听讲座后的感受：第一，甘部长是从政治、经济、环境等多视角来看待土地这个问题的，很周全；第二，他从基本的定义到各个层次都讲得非常系统；第三，他的演讲有很好的国际性、政策性和可操作性，理论性也很强。值得各位同学关注的是，今天甘部长提出的很多问题都可以作为我们硕士生和博士生的研究题目，比如这个18亿亩耕地红线问题，征地制度的公益性及其补偿问题等都可以作为我们的论文选题来写。

我认为今天甘部长的演讲非常重要，对我们非常有用。再次感谢甘部长的精彩报告，同时也感谢李晓西老师非常精彩的评论，谢谢同学们的积极参与！

甘藏春简介：

甘藏春，现任国务院法制办副主任，时任国土资源部党组成员、国家土地副总督察（专职）。北京大学法律系宪法专业研究生毕业，法学硕士学位。曾任北京大学法律系讲师，国家经济体制改革委员会综合规划和试点司综合处处长，湖北省宜昌市市长助理，国家土地管理局政策法规与监督检察司副司长、司长，新疆伊犁哈萨克自治州州委常委、政府党组副书记、副州长，国土资源部政策法规司司长。

第六讲 货币重商主义与东亚经济增长

——意大利圣安娜高等研究院政治经济学
教授 Stefan Collignon 演讲录

11月13日至19日，应胡必亮教授的邀请，著名经济学家 Stefan Collignon 教授为我院师生作了题为《德国社会市场经济（German Social Market Economy）》的系列讲座。11月15日，Stefan Collignon 教授做客京师发展课堂发表了题为《货币重商主义与东亚经济增长》的演讲。以下为演讲实录[①]：

主持人：胡必亮教授

各位老师、同学，大家下午好。首先非常感谢各位来参加我们今天的讲座活动。今天我们有幸请到了 Stefan Collignon 教授来给我们作主题为"货币重商主义与东亚经济增长"的讲演。Stefan 教授学识渊博、幽默风趣，相信他给我们带来的一定是一场非常丰富、精彩、营养的学术盛宴。大家欢迎！

演讲人：Stefen Collignon 教授

汇率政策是如何支持经济增长的？新古典增长理论否认货币因素起到的积极作用，因为经济增长是由实际因素决定的，例如技术进步，生产率

---

① 本演讲实录内容由北京师范大学经济与资源管理研究院 2011 级硕士研究生常冬整理。

提高和资本积累。仅在某种程度上，名义汇率通过影响实际因素而对经济增长产生影响。但如果市场发生作用的效果好，这仅是暂时影响。当价格刚性和不一致的宏观经济政策导致估价过高时，扭曲的实际汇率就会产生阻碍增长的影响。然而，Rodrik认为不均衡的汇率有时也会对工业化产生积极的影响。在最近的一篇文章中，他提供了货币低估会刺激经济增长的证据。这可以用在贸易商品上低估的不成比例效应来解释，因此政府可以用实际汇率作为政策性变量。用来影响实际汇率的工具之一是货币政策之间的相互作用、货币干预和资本账户管理。从这一观点看来，名义汇率政策对于经济增长有至关重要的影响。然而，实际汇率可以解释为商品的相对价格，那名义汇率就是一种资产价格。这种价格是由市场预期形成的，并且受市场波动的影响。过大的波动会造成增长的不确定。因此，利于增长的汇率政策必须在关注名义汇率水平的同时，也要关注它的变动情况。

根据正统观点，浮动汇率可以帮助市场快速调节至均衡水平。固定汇率有不可持续的风险，甚至会加剧经济危机。1997/8年的亚洲金融危机被认为是误导性汇率政策的例子。因此，危机以后，国际货币基金组织要求亚洲新兴市场经济体实行允许一定程度可浮动的汇率管理制度。然而，随着危机的解除，大多东亚国家已经回到盯住美元的固定汇率制度（见图3）。

这一事实引出了两个问题：第一，为什么这么多的国家选择违背新古典经济理论的政策？第二，固定汇率的结果是什么？在这次讨论中，我将把重点放在固定汇率制度的政策含义上。我将首先论述一个稳定、具有竞争性的汇率制度——我定义为货币重商主义——将会给实体经济带来快速的增长，但是它也会阻碍好的银行系统的建立。我接下来会分析东亚追求的制度，我关注东亚是因为它作为世界新的增长点已经出现了。

一、盯住汇率制度的经济合理性

无论从规模还是从经济增长角度来看，亚洲都是世界经济的主要集团。日本、中国、东盟和印度超过了世界经济总量的1/3，亚洲、美国、欧盟占了世界GDP的3/4。伴着5.08%的平均增长率，亚洲在2006年世界经济增量的一半以上，美国只贡献了17%，欧洲仅仅贡献了8.1%。

图1 主要国家和地区占世界GDP的比重（2005）

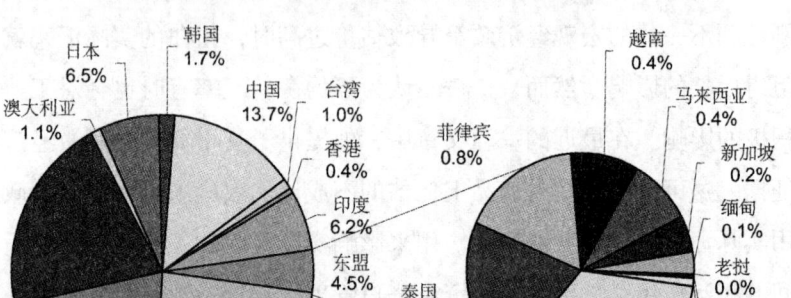

国家/地区	比重
日本	6.5%
韩国	1.7%
澳大利亚	1.1%
中国	13.7%
台湾	1.0%
欧盟	20.5%
香港	0.4%
印度	6.2%
东盟	4.5%
泰国	0.9%
菲律宾	0.8%
越南	0.4%
马来西亚	0.4%
新加坡	0.2%
缅甸	0.1%
老挝	0.0%
文莱	0.0%
柬埔寨	0.0%
印度尼西亚	1.5%
美国	20.8%
世界其它地区	23.6%

亚洲不仅仅是一个巨大且增长迅速的经济区，它也是世界上具有许多政策协调机制的集成度最高的地区之一。东亚一体化过程中主要有三个区域框架：东盟、东盟10+3（即东盟加上日本、中国和韩国）和东亚峰会（EAS）。印度优先考虑南亚一体化，主要是通过南亚区域合作联盟（SAARC）。由于印度经济增长对世界经济的重要性，在此研究中我将印度加到了东盟（ASEAN+4）。亚洲经济一体化数十年间将重点放在通过自由贸易协定和去除障碍来引导对外直接投资跨境流动上。自从1997/8金融危机以后，货币一体化的新形式已经出现。清迈倡议（CMI）于2000年发起，由交易协定组成。这些协定旨在提供短期流动支持来帮助东盟10+3（ASEAN+3）国家应对国际收支问题。2001年，东盟10+3财长同意通过双边交换信息的跨境流动监测机制来监测短期资本流动。东盟10+3经济评估和政策对话（ERPD）创建于2002年，以对该地区的经济形势和政策问题交换信息。2002年亚洲债券市场倡议（ABMI）旨在发展东亚地区的债券市场。作为这种持续的一体化进程的结果，现在亚洲间贸易流量超过了美国和欧洲等传统市场的重要性。东盟出口一半以上在东盟+4国家，近70%的进口来自于东盟+4国家（见表1）。亚洲对于美国也是主要的出口市场，出口量达20.7%。欧洲在亚洲的出口量达15%。作为供应商，亚洲比欧洲

对美国市场重要近3倍，同时对欧洲的重要性相当于美国的两倍。

表1 亚洲国家进口和出口份额（2006）

出口国	出口目标 中国	日本	韩国	印度	东盟	东盟+4	美国	欧盟12国	其他	世界
中国		9.5	4.6	1.5	7.4	22.9	21.0	14.2	41.8	100.0
日本	14.3		7.8	0.7	11.8	34.6	22.8	10.8	31.9	100.0
韩国	21.3	8.2		1.7	9.9	41.0	13.2	10.3	35.3	100.0
印度	6.6	2.3	2.0		10.0	20.8	15.0	15.3	48.9	100.0
东盟	8.7	10.9	3.7	2.5	24.8	50.6	13.9	12.1	23.3	100.0
美国	5.3	5.8	3.1	1.0	5.5	20.7		15.0	64.2	100.0
欧盟12国	1.9	1.3	0.7	0.7	1.5	6.1	8.1	59.1	26.7	100.0
欧盟12国以外	4.7	3.3	1.7	1.8	3.6	15.0	19.8		65.2	100.0

进口资源	进口国 中国	日本	韩国	印度	东盟	东盟+4	美国	欧盟12国
中国		20.5	15.7	9.4	11.3	56.9	15.9	5.7
日本	14.6		16.8	2.5	12.3	46.2	7.9	2.4
韩国	11.3	4.7		2.6	5.0	23.6	2.5	12.4
印度	1.3	0.7	1.2		1.6	4.8	1.2	0.7
东盟	11.3	13.8	9.6	9.7	24.9	69.4	6.0	2.4
东盟+4	38.6	39.7	43.3	24.2	55.1		33.6	12.4
美国	7.5	12.0	10.9	6.3	10.5	47.2		5.8
欧盟12国	9.6	7.8	8.0	11.8	9.8	47.1	13.2	53.9
其他	44.3	40.5	37.8	57.6	24.6		53.2	27.9
世界	100.0	100.0	100.0	100.0	100.0		100.0	100.0

一体化贸易区域的出现需要某种稳定的汇率形式。假设至少在短中期价格是粘性的，名义汇率的变化会导致在不同国家的贸易商品之间和在给定的某个国家内，贸易商品和非贸易商品之间的相对价格产生扭曲。这些扭曲会影响资源配置。因此，随着渐增的商品市场一体化，货币一体化变得越来越重要。

稳定的汇率制度安排是1944年布雷顿森林体系的核心。政策制定者试图避免不良的汇率波动和防止竞争性贬值，这是跨战争时期的特点。当布雷顿森林体系在1971年解体后，它没有被纯市场引导波动的方式所替代，而是被可以形容为集团波动（Bloc-floating）的新系统所取代。Bloc-floating意味着该地域的货币盯住世界主要锚货币，具有互相自由浮动的特点。

1999年欧元出现以前，德国马克是美元主要的替代储备货币，并且是欧洲货币系统中货币政策的锚点。拉丁美洲国家和亚洲保持相对固定的单方面盯住美元的制度。现在，美元是世界上最重要的货币，而许多欧洲和地中海国家的货物都流向欧盟，并将他们的货币与欧元联系起来。还有些地区的货币选择盯住一篮子货币，包括美元和欧元。虽然日元可能也包含在其中，但是它从没成为其他亚洲国家的锚，虽然事实上日本经济曾经和德国经济并驾齐驱。欧洲和亚洲之间主要的区别在于亚洲缺少政策一体化的意愿，而这正是欧洲统一联合的驱动力。

因此，虽然经济学家们的流行观点是浮动汇率制要优于固定汇率制，但还是很少有国家喜欢货币自由浮动。1992年，欧洲货币系统发生危机后，许多经济学家认为，可持续的汇率制度安排应该是一种介于固定汇率制度和自由浮动汇率制度之间的解决方案。此后，现实没有与理论相匹配。Calvo和Reinhart表明，大多数欠发达国家由于多种原因害怕并抵制自由浮动，而将本国货币盯住某种国际主要货币。Bénassy-Quéré，Coeuré和Mignon观察了225个国家，只有9个国家没有货币锚，8个国家将本国货币与欧元挂钩，22个国家和地区（包括新加坡和台湾）盯住一篮子货币，剩下的86个国家将本国货币与美元挂钩，没有国家将货币与日元联系起来。Fratzscher提出一种测量货币的新方式，他发现香港、印尼、马来西亚和泰国主要与美元挂钩，只有新加坡对日元有很大的依赖性。在所选样本的时间区域内（1992~2001），欧元对于亚洲货币没有很大影响。他同时发现，如果国家政策缺乏可信性或者过度嵌入世界经济中，浮动汇率不能加大货币主动权。

为什么有些国家选择货币盯住？在20世纪90年代的汇率理论往往建议与一个低通胀货币挂钩，这是为了使货币政策更可靠，使进口价格更稳定。这就解释了为什么在 80、90 年代欧洲国家将本国货币与德国马克相联系,但这却不能解释为什么选择美元作为盯住货币,日本和欧元大陆的通胀率要低于美国,一些盯住美元的国家,像中国和新加坡,却比美国具有更低的通胀率。参考表 2,如果物价稳定是选择挂钩货币的目标,那么亚洲应该盯住日元或欧元。这就引出了其他两个对汇率显示性偏好的解释,一个是关于贸易的,另一个是欠发达国家的银行系统发展不够成熟。

表2 与美元通胀率差值

	1990~1997	1998~2007
日本	−1.98	−2.82
新加坡	−0.91	−1.85
中国	13.74	−1.47
欧洲	−0.05	−0.63
泰国	1.88	0.23
印度	6.63	2.86
菲律宾	6.81	2.92
韩国	21.37	5.52
印度尼西亚	5.20	12.62

二、货币盯住的贸易争论

关于货币盯住贸易上的原因对于小型开放经济是有很强的解释力的。Rose 发现货币联盟的稳定性对增加贸易量有重大影响,而汇率的波动性却会产生消极影响,因为贸易扩张需要投资生产并向国内外市场出售产品。因此,稳定汇率有利于经济增长。Collignon 已经对该理论设定了模型并进行了分析,风险承担者对于投资项目要求更高的资产回报,然而这些项目都受到汇率波动的影响,由波动引起的不确定性越高,需要的投资回报越高,因此投资量越小,汇率波动的影响相当于对外国贸易和投资的税收。这一论据也可以扩展到国内投资,有研究表明,浮动汇率国家的利率比固定汇率国家更不稳定,这将使证券市场的长期发展复杂化,因为金融资产将具有不稳定的价格,并且未来回报将具有很高的不确定性。汇率和利率的不稳定性将使投资者对国内货币资产要求更高的回报,哄抬利率水平、降低增长潜力。因此,如果政府希望提高增长能力,他们需要降低汇率波动性。

然而,波动性仅仅是影响跨国交易投资的一方面原因,汇率水平决定了相对价格,并且决定了资产的相对报酬。竞争性的汇率需保持相对于外国价格来说较低的国内成本,提高资本的回报,那么促进增长的汇率策略必须旨在让本国货币盯住主要贸易伙伴国的货币,其汇率必须给本国带来竞争优势。Rodrik 认为货币低估可能会支持增长,因为其具有较高回报,这些报酬可以补偿机构缺陷或市场失灵,这是可能的。但是,就像新贸易理论假定那样,暂时的实际汇率失真将会为新的生产带来成本优势,当实际汇率恢复到更加平衡的水平,产量将无法转换回去,临时的汇率低估将对高水平生产能力产生永久性影响。持续加速的经济增长需要这种激励结构持续相当一段时间,灵活性将更快地消除增长而加强失真性。此外,汇率波动造成的不确定性,将抑制实际投资所带来的增长效应。例如,在1997/8 金融危机期间,尽管受灾经济体大规模贬值,但很多东亚国家的出口收入没有增长。因此,一个成功的长期增长策略需要一个相对于大型潜在市场具有较小波动的、具有竞争性的汇率水平,我称这一策略为货币重商主义。

货币重商主义战略的成功取决于该国相对于贸易伙伴保持国内价格相对稳定,高弹性的劳工供应将有助于控制工资增长压力,此外还需要一系列的宏观经济政策作为补充。如果这些政策能保持低通胀率,固定汇率可以支持经济快速增长,因为它稳定了国内同行业的竞争力并减少了"波动税"。货币重商主义策略在其他很多国家取得了成功,第二次世界大战后的西欧和日本就采取了这样的发展策略,近期东亚出现的新兴经济体中也能找到典型的案例,图 2 就说明了这 论点。这同时也表明在布雷顿森林体系下,大多数欧洲和日本货币与美元相比被低估了,这给它们带来了比较优势,使它们快速融入世界经济。一旦布雷顿森林体系的固定汇率系统

图2 相对单位劳动成本

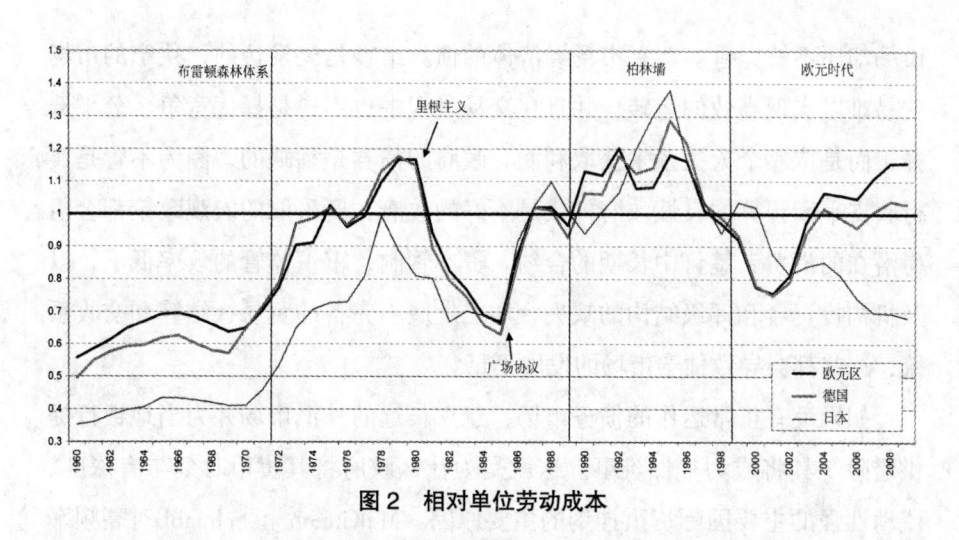

崩溃，欧洲和日本的高增长率也将瓦解。

有学者建议，希望以稳定汇率为贸易目的的国家应该盯住一篮子主要商业合作伙伴的货币。当主要的货币波动产生影响时，最优的汇率制度被定义为可以最大限度地减少贸易差额的波动。但是，如果我们考虑贸易投资所作出的决策，那么也有另一种说法，如果国际主要货币波动，盯住货币篮子里的各主要货币之间就会变得不稳定，这种不确定性将变成投资和贸易的障碍。但如果一篮子货币盯住一种主要货币，有效汇率将变得更加稳定，倘若实际汇率是低估的，这将有利于经济增长。这表明为了降低"波动税"，单独盯住某种货币比与一篮子挂钩要好。

重商主义策略的优势对发展新兴经济体至关重要。新兴经济体通过整合成一个大的全球市场，并通过边干边学的方式培养技能并拓展生产力，这样国家的财富增长迅速，但是，这种财富增长背后的隐忧是它的一大部分所持财富是以外币计价的。因此，货币重商主义阻碍深层次国内金融市场的发展，这一事实可以成为金融不稳定的根源。

三、与汇率挂钩的金融市场论

发达国家和新兴市场经济体之间的主要区别之一就是金融市场的深度。发达经济体的市场已具备一定的深度和流动性，而新兴经济体的金融市场却还不够完善。新兴市场经济体的债券市场是欠发达的，狭窄的市场交易难以实现高效的运转，并且在交易过程中也不再是择优竞争、公平选择，而是依靠个人关系来获取利润。政府的债券是稀缺的，因为不管是实行收支平衡预算的良性政府抑或是不好的政府，所采取的宏观政策都会阻碍潜在的消费者签订中长期的合约。资本管制、审慎监管的效率低下，以及机构投资者和评级结构的缺失，加之发展不完备的贸易、结算和交收系统，这些都会导致债券市场的发展不足。

如果没有正常运作的债务市场，建立长远的外汇市场并为当地银行提供避险工具将成为一件难事。这就是为什么政府将其货币时刻与有深度、流动性强的主要国际货币挂钩的主要原因。McKinnon 和 Schnabl 对高频率（以天或以周为单位）与低频率（以月或季度为单位）的美元盯紧政策进行了区分。低频的盯紧因素关乎交易和投资的抉择，但是在金融市场中这一抉择与高频波动联系得更加紧密。在亚洲危机之后，很多国家从与美元的软挂钩中获得的回报在高频观测中最为明显。高频的（按天算）与美元挂钩的政府需要在远期的外汇交易中保持汇率的稳定。由于在新兴市场国家，资本市场并不够发达，这使得政府在进行决策的时候需要作出很理性的决断。这就可以解释为什么亚洲的货币在亚洲金融危机之后又重新与外汇挂钩的原因。

但是为什么亚洲国家要与美元挂钩呢？美国在东亚的历史性角色，包括世界贸易中的美元区的规模问题，无疑成为回答这个问题的主要论点。此外，选择美元作为名义锚的优势在于，与其他规模大而且波动性强的货币进行交易时，比如与欧元还有日元的交易，就可以通过将美元作为周转货币与其进行对冲。MacKinnon、Schnabl 和 Shioji 认为，之所以选择美元作为亚洲区域的货币名义锚是源于在亚洲货物计价中美元面值所占的巨大比例。这个论点还是有道理的，虽然有人还是会认为选择美元的货物计价是由于所实行的紧盯政策，而非其他原因。事实上，美元一直是在最深而且流动性最强的市场中进行交易，这使得美元作为金融周转货币所起到的主导性的作用开始显现出来。尽管美元仍主导着外汇市场，但是不得不承认，美国已经不再是当今世界上最大的金融市场。如今欧债市场就已经对美国市场造成了强大的压力，（参见表3的分析性框架）。我们大体可以看出来，欧元完全可以取代美元来实现这些功能。

表3 金融市场规模

	美元	欧元	日元
跨境银行 至2004年3月	6881.7	6333.8	785.2
债券与票据 至2004年3月	3200.3	5306	283.1
股票市值 2003 占GDP百分比	11052.4 106.4	3485.1 52.4	2126.1 53.2
外汇市场 –daily turn over 2001（bn USD） –in percent	美元/欧元 354 33%	美元/其他货币 706 67%	

四、亚洲货币一体化策略

现在我们将着重分析一下亚洲新兴经济体的政府部门所追捧的汇率政策。首先看一下贸易方面的重商主义货币政策的实例，然后再了解一下银行方面的现状，最后总结一下政策的结论。

东亚地区的国家推行美元本位的制度已经有很多年了。因为这样的制度可以保证它们在融入世界经济发展潮流的同时，还能通过实行重商主义的货币政策保持区域一体化的稳定。这种情况早在1997~1998年的亚洲金融危机时就有所体现，之后在21世纪的初期再次得到了印证。资本账户的过早放开以及随后在1997~1998年时突然扭转激增的国际资本的流入，都与亚洲危机的结构特点有必然的联系。早年日元相对于美元的强烈贬值也被认为是造成以上问题的部分原因，这表明两个不稳定的主要货币的共存，会对第三方造成严重的影响。国际货币基金组织认为，紧盯美元的政策是造成亚洲金融危机的主要原因，同时建议应该提高汇率的灵活性。在严重的经济危机期间，除了中国内地和香港，大多数的国家都遵从了这样的建议。此后，亚洲当局又重新将他们的货币政策盯住了美元，有时候这种政策会非常严格，有时则允许一定的波动。有趣的是，日本政府也将日元向美元做了跟进的调整。但始料不及的是，这一举措加剧了日元和欧元之间的波动。

图3显示出美元、欧元和日元这三种货币的双边名义汇率以及包括亚洲区域货币与以上三种货币的双边名义汇率。第一条垂直线表示1997年7月泰铢贬值和亚洲金融危机的爆发，第二条线标志着2005年中国汇改。1999年后的灰色阴影区代表欧元的存在。总体来说，美元、欧元和日元之间的双边汇率变化要更为灵活。在1999年引入欧元之前，日元保持在欧元和美元之间的中间位置，此后，其与美元一起对欧元升值，2000后，随美元一起疲软。2001年年底，Dot-com危机后欧元对美元升值，这降低了向

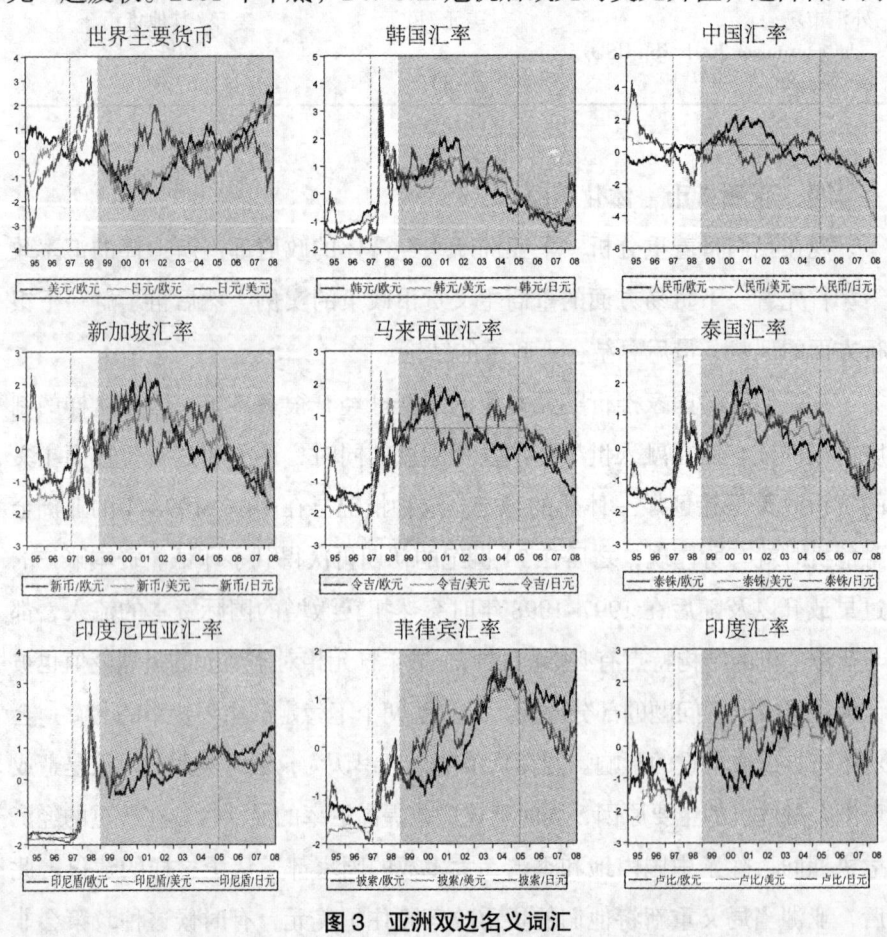

图3 亚洲双边名义词汇

美国证券投资的吸引力，美元对欧元和日元对欧元汇率之间的高度相关性，表明了日本选择将日元与美元对齐而不是欧元。事实上，图3显示，亚洲大部分货币，除了新加坡元和韩元以外，都有与美元保持稳定汇率的趋势。仅在2005年后，它们才表现出对美元的升值，中国的汇率政策特别的有意思，从20世纪90年代中期到2005年7月，人民币对美元汇率固定在8.27。随着国际压力越来越大，中国在2005年改变了其汇率制度，允许汇率在有限的区间里浮动。中国汇率管理的变化也影响了亚洲地区的其他货币，马来西亚同样放弃了对美元的严格固定汇率制度，其他国家则允许本国货币按照中国的升贬而波动。表4显示为本国货币对几种主要货币的回归系数，其中也包括2005年后的人民币。结果表明了自从2005年中国将汇率制度从严格固定调整到可浮动汇率制度，允许人民币对美元升值以来，印度、新加坡、菲律宾和马来西亚已经将人民币纳入盯住的货币篮子中。

表4

对亚洲货币篮子挂钩系数
实施的条件系数等于或大于零

	中国	印度	韩国	泰国	新加坡	菲律宾	马来西亚
1999.1.4–2008.7.22							
美元/瑞士法郎	0.8	0.9	0.6	0.7	0.7	1.4	0.8
欧元/瑞士法郎	0.4	1.2	1.3	2.0	0.9	2.7	0.5
日元/瑞士法郎	0.0	0.0	0.0	0.0	0.0	0.0	0.0
1999.1.4–2005.7.20							
美元/瑞士法郎	1.8	0.9	0.7	0.9	0.9	1.6	1.0
欧元/瑞士法郎	0.0	1.2	0.7	1.4	0.6	2.7	0.0
日元/瑞士法郎	0.0	0.0	0.0	0.0	0.0	0.0	0.0
2005.7.21–2008.7.22							
美元/瑞士法郎	0.4	0.7	1.2	0.5	0.2	0.0	0.3
欧元/瑞士法郎	0.5	1.8	1.3	3.5	0.6	1.6	0.7
日元/瑞士法郎	0.0	0.2	0.0	0.0	0.0	0.0	0.0
人民币/瑞士法郎	0.1	0.0	0.0	0.2	0.6	0.3	

资料来源：彭博资讯和自行计算

图4显示了大部分亚洲重要货币汇率的波动性。大多数研究使用固定区间或变动区间汇率增长率的标准差来衡量波动性，我更喜欢用GARCH

(1.，1)模型来计算。通过计算，我们发现日元对欧元的波动性要远高于日元对美元和美元对欧元的波动性。对于大多数亚洲货币，危机期间相对于美元的波动性是骤变的，然后在21世纪初随着亚洲危机和欧元引入的结束，这种波动性逐渐消退。同样值得注意的是，在美国次贷危机后，汇率波动已全线上升。

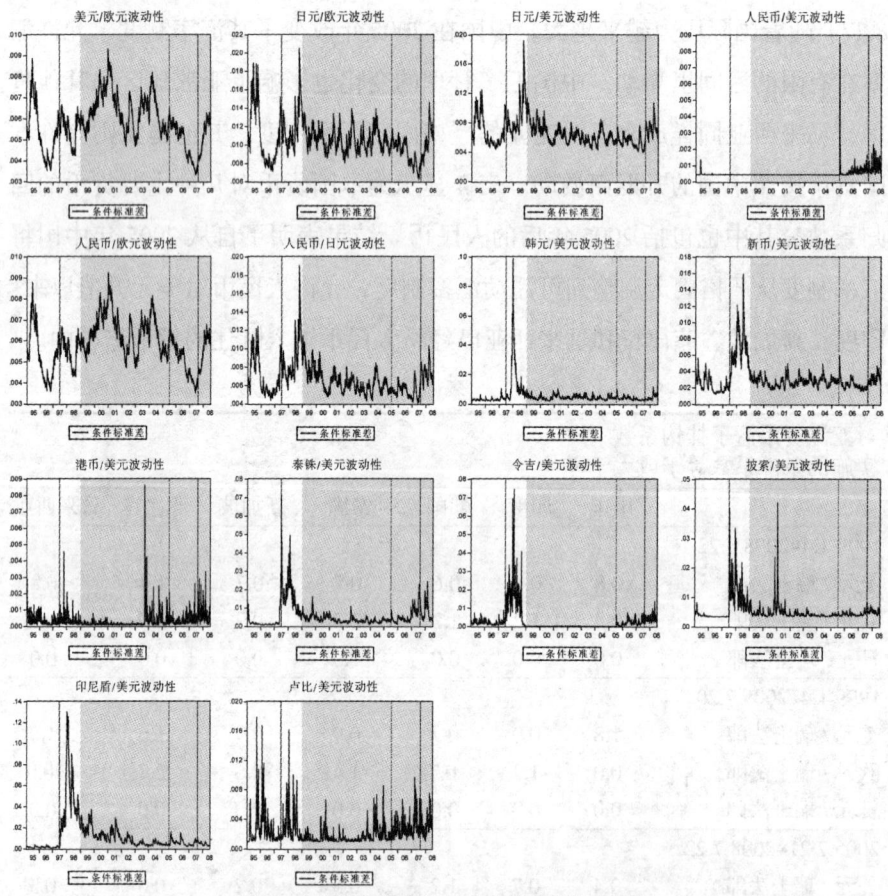

图4 汇率波动的广义自回归条件异方差

根据上述的讨论我们知道，波动性造成了不确定性，这会要求更高回报，并可能减少投资。本国货币盯住某一锚货币带来的相对稳定性会减少不确定性。因此，它支持区域内经济体系的一体化，对于亚洲来说，美元在很大程度上满足了区域锚货币的功能，而欧元地区仍陷于绝境，日本则通过将本国汇率与美元相对齐。然而，美元集团内的高度稳定，不仅使美元对欧元的汇率波动比较大，而且使所有亚洲货币和欧元之间同样如此。涉及欧元的汇率不确定性将在亚欧的经济关系上要求更高的资本回报。正如我上面所讲到的，亚洲货币必须对于欧元相较于美元变得更加低估，以此来弥补较高的汇率波动。这样，亚洲出口商和欧洲进口商将会获得所需的回报率，表1支持这一表述，显示出亚洲对于欧盟来说，是极其重要的进口供应商。本次讲座时间有限，不能全面理清亚洲新兴经济体的全面投资情况，然而，鉴于中国对国际资本流动的重要性，我重新计算了每月人民币的 GARCH 波动，并借助 VAR 模型，估测它给对外直接投资所带来的影响，目的是为了找到与汇率波动负相关关系的证据，图5显示了货币贬值和相对于日元及美元不可预见冲击的累计响应。

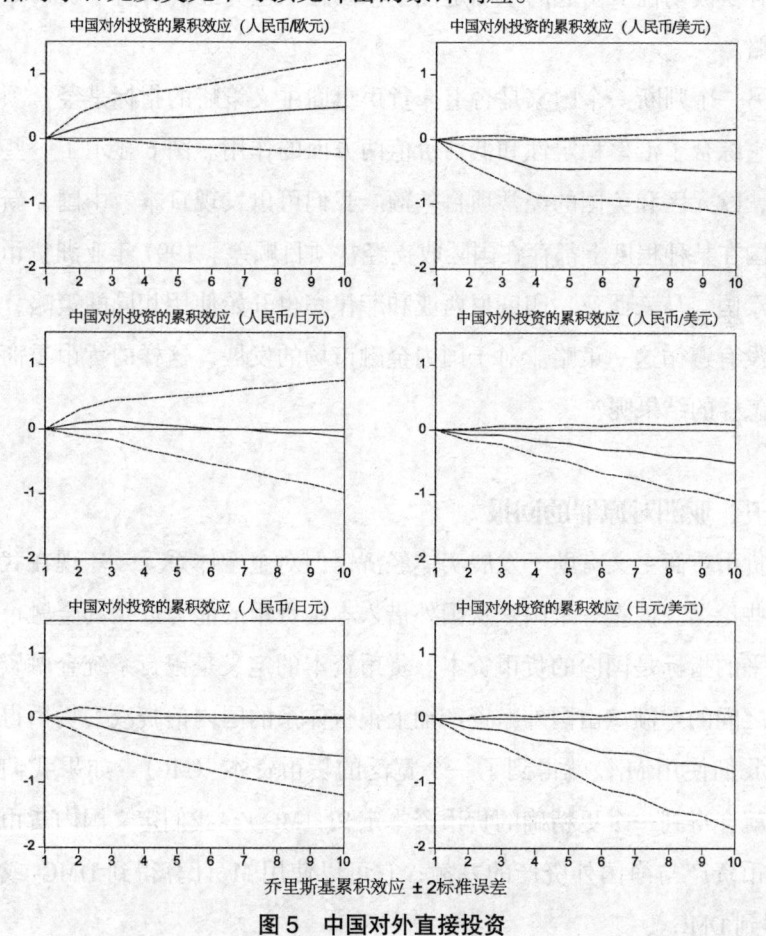

图5 中国对外直接投资

我们发现人民币对欧元的贬值会增加中国的外商直接投资，但是对美元的贬值会降低外商直接投资。这一相反的结果可以从不同的方面来解释：当美国向中国出口失去竞争力时，美国公司可能会为了占领大片国内市场而投资中国，而欧洲是作为一个较大的亚洲供应链的最终出口目的地。这样的解释可以有助于理解香港、台湾、新加坡和日本成为中国外商直接投资的主要来源，尽管这一假设需要更进一步的研究。中国外商直接投资和日元的关系，是统计学不确定的。人民币与美元、人民币与日元、日元与美元汇率的波动将降低国外投资。因此，我们可以得出结论，中国外商直接投资得益于对美国和日本汇率的稳定，但是对于欧洲，汇率贬值可以补偿波动性所引起的不确定性。中国融入世界经济得益于货币重商主义策略。

另一个判断一个国家是否追捧货币重商主义策略的指标是经常项目差额。它综合了汇率稳定性和低估价值两方面的作用。图6显示了一些亚洲国家，欧元区和美国的经常项目差额。我们可以发现日本、中国、新加坡和韩国在某种程度上都存在国际收支经常项目顺差。1997年亚洲货币危机后，泰国、马来西亚、印度尼西亚和菲律宾也开始使用相同的策略，但是印度没有遵循这一策略。对于国内金融市场的发展，这样的货币重商主义会有怎样的结果呢？

五、亚洲对原罪的回报

货币重商主义有助于发展实体经济，但对金融体系无效。现在我们来看一些论据。衡量一个国家从国外借入本国货币的能力以及其金融市场发展水平的指标是国内的货币资本。货币资本的定义是银行系统金融资产和货币之间的差额（由国外净资产加上银行体系的国内信贷减去货币得到）。如果我们使用 M_1，就得到了一个宽泛的货币资本（MC）。如果我们使用 M_2，就会得到一个更精确的货币资本定义（MC_2）。我们定义国内货币资产是货币资产与净国外资产的差额；它可以使用 M_2 计算得到 DMC_2 或使用 M_1 得到 DMC。

图 6 资产负债表

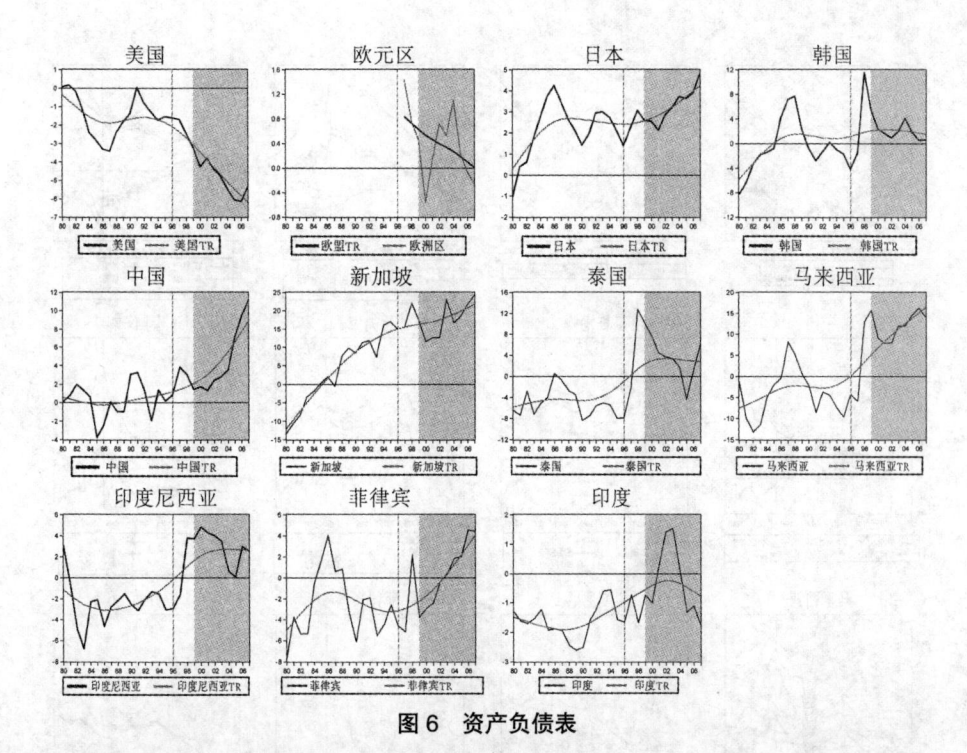

图 7 显示一些亚洲经济体货币资本的演变。第一个图表是描述美国的情况，以美国作为基准。大多数货币资本是以美元表示的，这是一个深层次且运作良好的金融市场的标志，过去十年间，狭义的货币资本（M_2）已经增长了一倍，由原来 GDP 的 20% 增长到超过 40%。在欧元地区，MC_2/GDP 的比率是美国的两倍。在 1996 年金融危机以前，日本经历了一场严重的金融泡沫，在这些年间，货币资本膨胀到欧元区的两倍。从那时起，它们已回落到与美国经济相媲美的水平。在东亚新兴市场经济体，像韩国、中国、香港和新加坡，遵循激进的货币重商主义策略，其货币资本（包括国外净资产）是显著上升的。在东盟国家，其在危机前保持经常账户赤字，因此受到了 1997 年危机的极大影响，其货币资本/GDP 的比率在 1998 年后出现回落趋势，尽管事实上它们的经常账户余额有相当的改善。因此，随着国内货币的信用被破坏，危机后国内信贷下降。适当的政策反应应切换回盯住美元。

狭义的国内货币资本（DMC_2）在所有国家总是负值或者接近于零，除

图7 货币资产

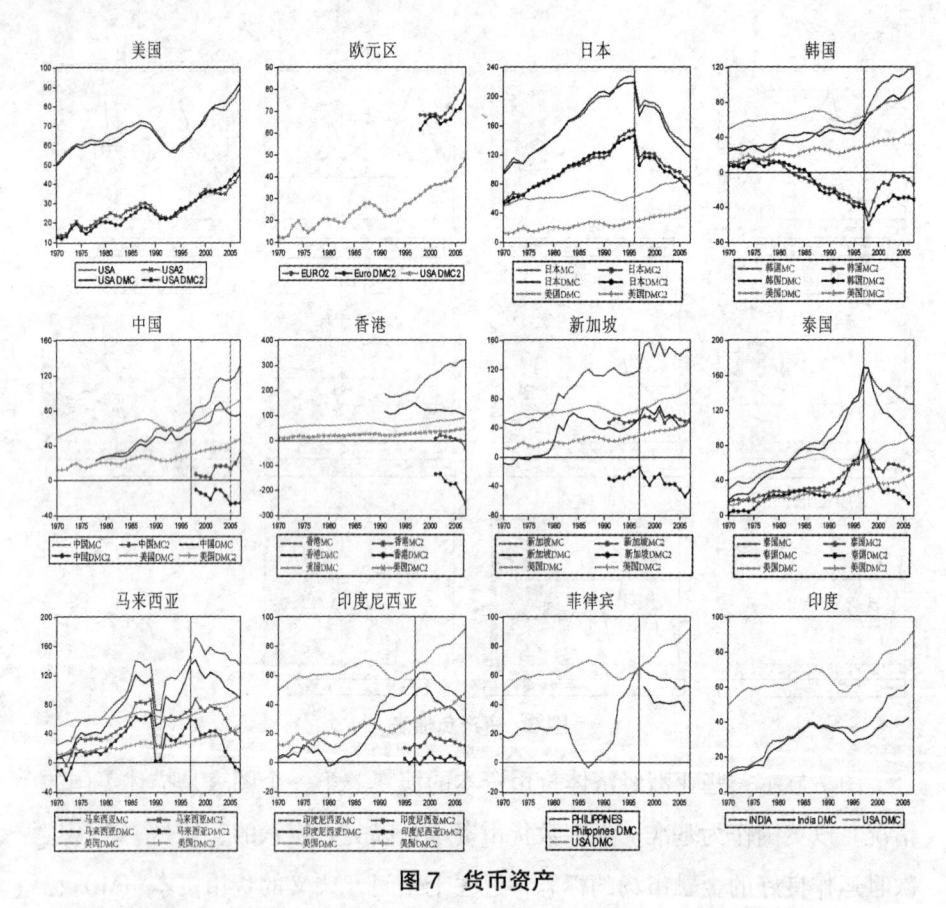

了泰国，虽然它的国内货币资产也在下降。在韩国，在危机后，其DMC_2已经提高了，但是仍然是负值。可以想象到，中国、香港和新加坡的狭义国内资产也是负值，其受到1997~1998年危机影响较小，但在探寻更加激进的重商主义策略。虽然这些国家通过融入世界经济来累积财富，但它们没有以本国金融资产形式持有这些财富；取而代之，它们以外币（美元）形式持有或将国内金融资产套现。在菲律宾和印度，我们没有M_2的数据，但是宽泛的MC的时间序列显著低于同等的美国标准，并且有可能表现为与其他国家类似的DMC模式。因此，这一证据证实货币重商主义没有建立很强的国内金融市场。我们的数据表明所有的东亚国家，除了日本，为了维持经济增长，盯住某种关键货币是必要的。

在亚洲新兴市场国家，如果货币重商主义有助其发展实体经济，那么

第六讲 货币重商主义与东亚经济增长

这对于发达工业国家也同样是有效果的。货币重商主义策略的镜像是美国经常项目差额的快速恶化，在欧元区同样如此（参考图6）。美国经常项目赤字已经超过GDP的6%，鉴于美国的经济规模，其在绝对数上是巨大的，并威胁着国际金融和商品市场的稳定性。货币重商主义造成全球的不平衡，这是需要调节的。

调节世界经济需要通过降低需求或低估美元来减小美国赤字。如果这一调整机制主要是通过减少在美国的消费和投资，这将损害世界经济增长，特别是在东亚。欧洲的经济增长需要约束，欧元地区事实上已经接近平衡：通货膨胀率不高，财政赤字、失业率已经下降，并且经常项目已接近平衡。需求的温和上涨可以加速欧洲增长，但是这一积极效应不足以弥补减少的美国消费，与美国经常项目赤字相反的是日本和中国。这两个经济体可以从增加的国内消费中获益。

然而，汇率政策问题是以增长为导向的调整政策。美元贬值对于刺激美国出口是必要的，但是鉴于很大部分货币是盯住美元的，美元实际汇率的贬值则意味着欧元的升值（图8）。

但一半以上的美国经常账户赤字源于与美国挂钩国的贸易。为了重建平衡，如果美元对其他所有货币都贬值，那么所有其他货币，特别是欧元，将要升值超过两倍还多。对欧洲来说，合理的汇率政策可能更难做到。世界经济进行必要调整的代价本质上是由欧洲国家承担的，结果就是欧洲失去竞争力，减少投资和增长，故违背了世界经济所需要达到的效果。当然，这个问题是世界经济结构中固有的，与欧洲央行（ECB）所追求的货币政

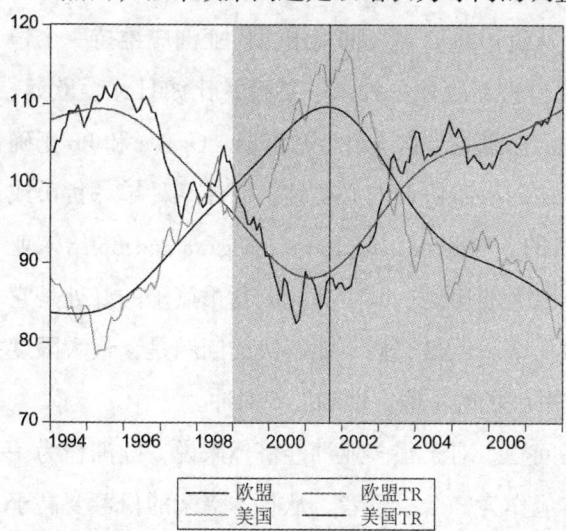

图8 实际有效汇率

策几乎没有关系。

有什么可以做的呢？毫无疑问，美国经常项目赤字的修正需要相对于美元的汇率具有更大的灵活性，特别是对于东亚国家。然而，正如上文指出的，更加灵活的双边汇率和高波动性对国际商业和金融交易税有影响。如果亚洲国家自由浮动，这种税不仅适用于与美国交易，它会破坏整个美元区，特别是东亚地区日益增长的贸易和金融一体化。

美国需要更大的汇率灵活性去调整进程，但是亚洲本土货币需要持续的稳定性来助长发展，因此亚洲需要找到一个不同的货币标准。鉴于当地金融市场的缺陷，除了日元，其他货币都不能充当这一角色。但突然终止货币重商主义策略，将使亚洲陷入混乱。经济增长将大幅下降，就像在1971年美国总统尼克松决定让美元浮动后欧洲和日本出现的情况，生产率会降低，失业率将上升。鉴于中国银行资产负债表中有较高的不良贷款数额，一场严重的金融危机将随之而来。因此，这不是合适亚洲的选择。

另一可选择策略是渐渐从货币重商主义抽离出来。亚洲应维持一个稳定且具有竞争性的汇率，通过重新盯住一种单一货币，比如日元、欧元，或者盯住一篮子货币。同时，它需要建立国内金融市场。Ogawa和Ito正确地分析了亚洲经济合作伙伴之间政策协调的必要性。盯住某种单一货币或一篮子货币的选择是有争议的。Williamson, Kawai, Ogawa and Ito 给东亚的建议是增加篮子中日元、欧元的比例，减少美元。货币篮子的好处是它们可以稳定贸易加权的有效汇率。但是它们不能解决的问题是，最大限度地减少投资在经济不发达金融市场的不确定性和汇率对冲。

选择欧元或日元也存在问题。对于很多亚洲经济体来说，欧洲作为一个贸易伙伴很重要，而日本应作为一个投资者。从日本借来的份额要高于欧洲债务。盯住日元可以降低贷款利息，但会阻碍与欧洲的贸易和投资。仅盯住欧元会加大借入日本资产的成本，但对进入欧洲市场有好处。

如果选择盯住一篮子货币，这些问题是会被解决的，篮子中货币之间需具有相对稳定的汇率。从金融稳定角度看，其应包含大部分的欧元和日元。为了支持美国经济调整，应在相当大程度上降低美元比重。盯住一篮子货币需要满足两个条件：

为了维持亚洲集团内部稳定，亚洲各国篮子权重应基本相等。

篮子货币间的汇率应该比对美元的汇率更稳定。这意味着，日本和欧洲开始协调其汇率政策，以获得日元和欧元间的稳定，并让美元灵活变动以完成必要的调整。

第二个条件意味着日本主要的政策转变，亚洲危机后，起降汇率政策与美元相对齐。只要其他亚洲国家以美元为基准运作，那么这个政策是有意义的。然而，如果需要更高的灵活性来调整美国经济，那么日本和其他亚洲国家将遭受痛苦。

对欧元重新调整政策，并与欧元区协调改善广泛的宏观经济政策将使亚洲其他地区通过持续的货币重商主义继续其迅速的经济增长，但现在是与欧元集团相关，而不是美元。日元对欧元的稳定性允许他们使用任何一种货币作为有效的投机工具。欧亚货币篮子解决方案对美国经济也很清楚：这将有助于减少经常项目赤字，而不一定导致国内需求严重减少。

表3显示出人民币对于东盟国家汇率政策越来越重要，但是只要中国缺少充分发达的且流动性强的金融市场，那么它仍然无法提供对冲锚货币的必要素质。因此，我不建议在此阶段将其他亚洲货币，包括人民币，放入篮子中。然而，如果中国也盯住最小波动的日元欧元篮子，区域汇率将会稳定，同时，随着中国国内金融市场的建立，人民币会被慢慢地包含到欧亚篮子。

这样的政策如何切实可行呢？制度上，没有任何障碍：欧盟条约规定汇率政策是经济而非货币政策问题，使欧盟财长和欧元集团就政策问题达成一致。如果愿意的话，亚洲国家可以单方面盯住欧元或者一篮子货币。然而，在实践中，这样的政策转变将需要由亚欧会议（由27个成员国和13个亚洲国家组成的亚欧非正式会议，提供了高级别政策对话的论坛）准备。然而，最重要的因素是政治意愿，并且这是一个在今天的欧洲越来越难得的行为。

但是可以在追求亚洲货币重商主义的同时，不以损害欧洲和日本的经济增长为代价吗？对日本来说，与欧元区稳定的关系意味着对欧元的竞争性贬值的损失，这将是在调整过程中美元疲软的结果。但它不会影响与其他亚洲国家更重要的贸易和投资关系。欧洲得益于没有承担美国汇率调整的全部负担，因为这种转变的负担将与亚洲分担。

然而，这些动机不足以使新政策可行。特别地，在欧洲，政策制定者害怕全球化和来自于亚洲的竞争。他们指责亚洲货币重商主义导致的世界市场份额损失，欧洲失业率和福利系统的压力。然而，这些恐慌并没有理由。虽然大多数工业化国家在世界市场的出口份额受到冲击是事实（见图9）。

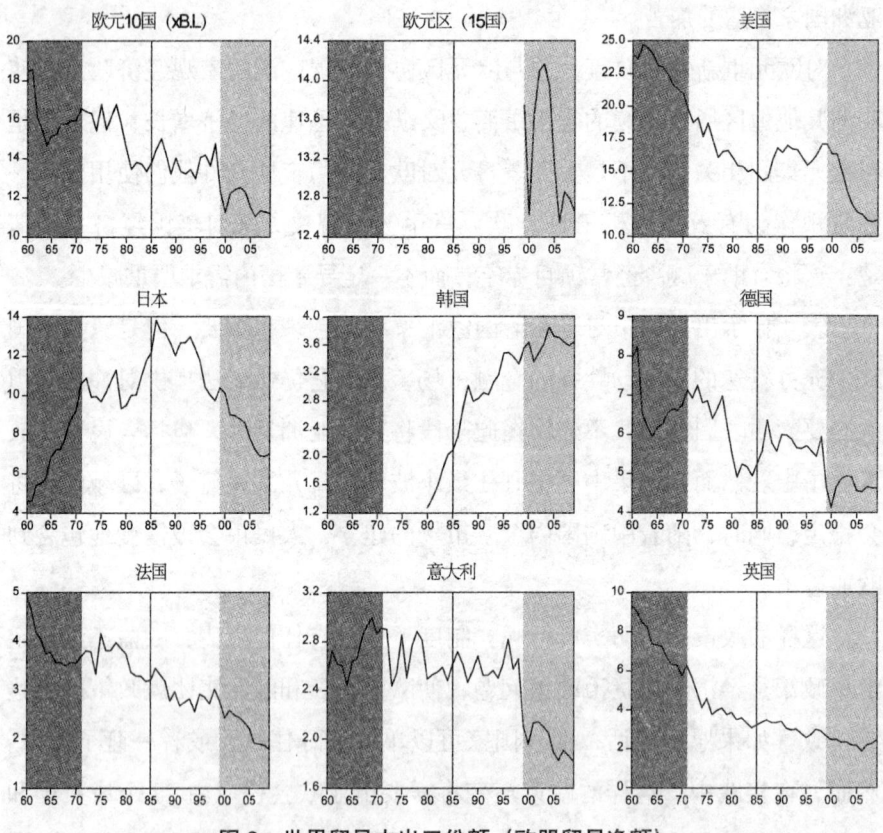

图9 世界贸易中出口份额（欧盟贸易净额）

世界市场份额的损失不是由于工业化国家的不好表现，这可以从图10看出，这表明出口占国内生产总值的比例已上升，尽管市场份额下降。对外贸易促进更高的生产率和经济增长，成为亚洲货币重商主义的锚，欧洲

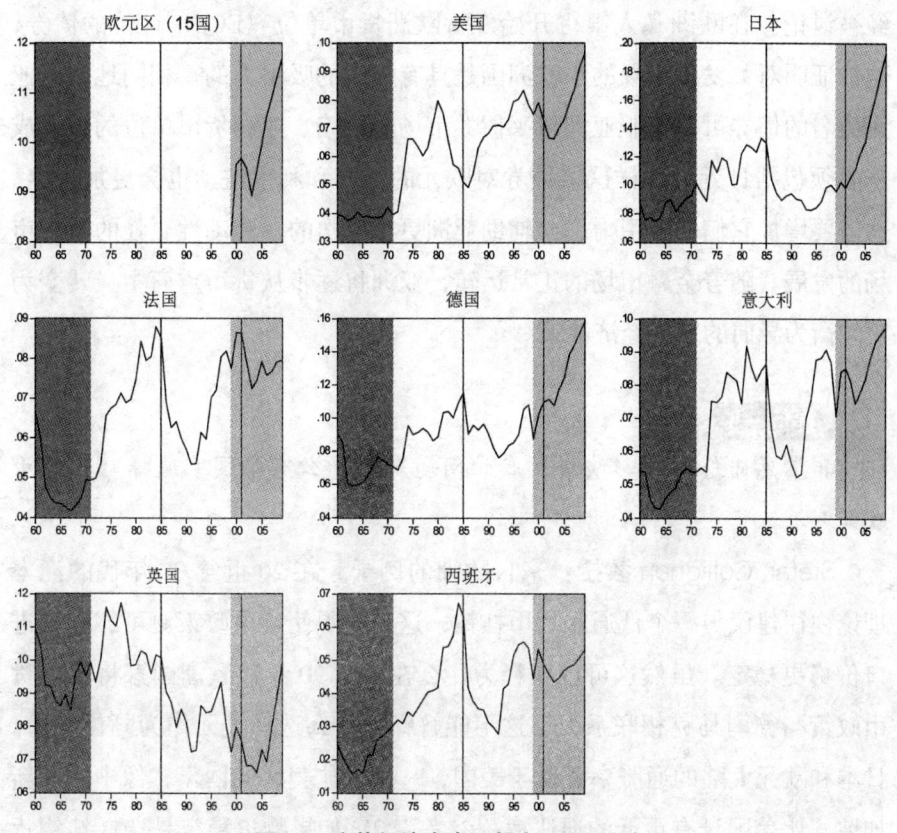

图10 实体经济中出口额占GDP比率

将发生结构性变化。因此，充足的宏观和微观经济政策促进这种转变是重要的，以使福利成本最小化。

在这个方面，日元欧元挂钩对于金融市场是至关重要的。亚洲盯住欧元国家可以积累外汇储备，特别是欧洲的。出于谨慎，它们必须以欧元或日元形式持有。这会刺激金融市场并降低长期资本市场利率。这将增加欧洲全球化带来的机遇，而同时，促进增长，以满足降低失业率的需要。为了防止资本市场利率过低带来的资产价格泡沫，货币政策必须保持谨慎和保守。

盯住欧元和日元间具有稳定汇率的欧亚篮子，可以在亚洲建立更加强大的金融市场。清迈倡议和亚洲债券市场倡议是成功区域货币合作的例子。在此背景下，受欧元启发，创造一种亚洲货币单位（ACU）的想法已经被讨论。在欧洲私人银行开始发行欧洲货币单位（ECU）计价的债券，这被证明对欠发达市场的小欧洲国是具有很大的吸引力的。相同地，以亚元命名的债券可以克服亚洲新兴债券市场的缺陷。亚洲货币单位的组成成分必须包括日元，这样这些债券对欧元的汇率和利率波动也会更加稳定。这需要增加它们的吸引力，并辅助亚洲更深层次的、流动性更强的金融市场的发展。随着金融市场的正常运转，亚洲将逐步从货币重商主义转变为更均衡为导向的宏观经济政策。

提问一：

非常感谢您的精彩演讲，我的问题是为什么有些国家选择盯住货币政策？

Stefan Collignon 教授：来自欧洲的例子，在 20 世纪 90 年代的汇率理论往往建议与一个低通胀货币挂钩，这是为了使货币政策更可靠和使进口价格更稳定。虽然这可以解释为什么在 80、90 年代欧洲国家将本国货币政策与德国马克相联系，但这不能解释为什么选择美元作为盯住货币。日本和欧元大陆的通胀率要低于美国，一些盯住美元的国家，像中国和新加坡，比美国具有更低的通胀率。参考表 2，如果物价稳定是选择挂钩货币的目标，那么亚洲应该盯住日元或欧元。然而，有其他两个关于对汇率显示性偏爱的解释，一个是关于贸易的，另一个是欠发达国家的银行系统发展不够。

提问二：

教授，我想请问你的问题是，亚洲应如何找到一个不同的货币标准？

Stefan Collignon 教授：可选择策略是渐渐从货币重商主义抽离出来。亚洲应维持一个稳定且具有竞争性的汇率，通过重新盯住一种单一货币，比如日元、欧元，或者盯住一篮子货币。同时，它需要建立国内金融市场。Ogawa 和 Ito 正确地分析了亚洲经济合作伙伴之间政策协调的必要性。盯住某种单一货币或一篮子货币的选择是有争议的。Williamson（2000），

Kawai（2002），Ogawa and Ito（2002）给东亚的建议是增加篮子中日元、欧元的比例，减少美元。货币篮子的好处是它们可以稳定贸易加权的有效汇率。但是它们不能解决的问题是，最大限度地减少投资在经济不发达金融市场的不确定性和汇率对冲。

演讲者简介：

Stefan Collignon 教授目前是意大利比萨圣安娜高等研究学院经济学教授、汉堡大学客座教授、欧洲中央银行货币政策专家组成员、欧洲研究中心科学委员会主席、欧盟委员会区域政策特别顾问，且是圣安娜高等研究学院欧亚论坛的创办者。他同时还是德国公司 Glunz AG 的董事。

Collignon 教授曾在包括政府部门、企业、高校等的多个领域担任重要职位，主要包括：

1981 年至 1988 年，任英国 Docars 有限公司总经理；

1989 年至 1998 年，任欧洲货币同盟协会研究与沟通主管；

1999 年至 2000 年，任德国财政部高级官员；

2001 年至 2005 年，任伦敦政治经济学院百年纪念教授；

2005 年至 2007 年，任哈佛大学政府与欧洲研究中心访问教授。

此外，他还曾在法国 Dalla 第一国家银行任金融分析师，在柏林自由大学、布鲁日欧洲大学、法国里尔政治学院任教授或访问教授。

Collignon 教授已发表大量重要的学术专著与论文。Collignon 教授的著作在学术界具有很高的地位。2004 年，他的著作《欧洲共和国万岁！》获得了法国颁布的最佳政治图书奖。Collignon 教授为欧洲国会、欧洲中央银行等欧盟核心机构撰写经济报告，并曾在《金融时报》等重要报刊发表专栏文章。

Collignon 教授目前的研究兴趣主要集中在货币经济学、区域一体化的政治经济学等方面。他多年从事欧洲经济与政治一体化、欧盟货币政策研究，积极参与了欧洲货币一体化进程，于其中起到了巨大的推动作用。

第七讲　全球医疗卫生发展趋势

——哈佛大学公共卫生学院中国项目主任刘远立演讲录

2011年11月22日晚8点,哈佛大学公共卫生学院"中国项目"主任刘远立博士应胡必亮教授邀请,到我校京师发展课堂发表题为《全球医疗卫生发展趋势》的演讲。以下是演讲实录①:

主持人:胡必亮教授

各位老师、各位同学,大家晚上好!今天我们非常荣幸,请到了刘远立教授来给我们作一个关于全球医疗卫生发展趋势的报告。刘远立教授是哈佛大学公共卫生学院"中国项目"主任,同时也是清华大学卫生与发展研究中心的主任。从1994年开始,刘远立教授就在哈佛大学任教。他在卫生体系方面研究成果丰硕,可以说是医疗体系学科的创始人之一。他主要研究国际卫生政策,以及国际卫生政策的比较。由于他学术成就卓越、影响力极大,他还是联合国许多单位,比如世界银行、世界卫生组织、联合国开发计划署、亚洲开发银行的专家和顾问。同时他也是许多中国政府机构,比如卫生部的卫生政策专家顾问。

今天前来参加报告会的还有一些非常重要的嘉宾,包括光明日报方正辉副总编、德福资本合伙人胡长涛先生、国资委研究中心宏观经济研究部程伟部长、中国疾控中心慢性病专家李志新老师等。所以我们今天的阵容

---

① 本演讲稿先是由北京师范大学经济与资源管理研究院2011级全体同学根据视频资料进行初步整理,然后由硕士研究生李英子进一步整理而成。

非常强大。真的非常荣幸今天能够请到了这么多贵宾同大家一起分享刘教授的报告。

下面我们以热烈的掌声欢迎哈佛大学公共卫生学院刘远立教授给我们作报告。

演讲人：刘远立教授

非常感谢胡院长的邀请，能让我有机会给大家作有关医疗卫生发展全球大趋势的讲座。我很羡慕各位，可以做胡教授的同事、学生。我的这位老朋友有一个很大的特点：跟他在一起，不仅能够学到很多的知识，更重要的是，幸福指数呈直线式上升。所以我真的羡慕大家。

大家应该都知道，在公共政策方面，中国正在进行深化医药卫生体制的改革，而今年是新医改方案实施的第三年，也被称做"攻坚之年"。医药卫生体制改革涉及千万人的健康，而我们今天要谈的"健康"的概念可能不仅仅是身体的，也包括心理的。众所周知，北师大在心理学研究方面，是领军学校之一。我带的博士生徐烨，本科也是北师大毕业的。今天算是回家看看。中国的医改，从全球视角说，是全球医疗卫生改革发展的一部分。所以中国的实践、创新、探索，都受到世界各个国家的关注。就像我们的经济发展、成就和途径，都受到全世界的关注一样。同时，中国在推进医改的过程当中，也需要借鉴国际上的经验和教训。所以本着这一基本的想法，这两年我比较关注的一个学术研究领域，就是梳理中国在医疗卫生方面的发展和改革，并从全球的角度来分析将会有哪些大的发展趋势。

"趋势"这个词，英文是 trend，中文是趋向、势头。有关趋势的研究，现在甚至已经出现了一门学科，叫未来学，已经有很多著名的学者在研究宏观的趋势方面做出了许多成果，带给我们很多启迪。而我只是一位在卫生系统领域探索比较深入的学者，更确切地说还只是一名学生。我们研究事物发展的趋势，主要有三个方面的功能：第一，所谓趋势，实际是带有共性的规律，研究趋势有助于我们对客观规律的把握。第二，现在我们所面临很多道德上的挑战，可能在许多其他的国家，已经遇到并已有成熟的应对措施。学习他们的经验应该会给我们带来一些启迪。有助于帮助我们作出解决现实问题的科学决策。此外我们研究大趋势，不仅是回顾过去，更重要的是展望未来。我们通过对大趋势的总结研究，可以帮助提高我们对未来的掌控能力。我把在该领域的研究总结为三类，第一，是对过去的总结；第二，对未来的预测，这是重点；第三，将前面二者结合起来。今天我主要同大家分享我的一些阶段性的研究成果。概括起来，全球医疗卫生发展主要体现为五个趋势，可以用"五化"予以概括：

第一个趋势是在整个宏观经济的发展当中，健康经济所占比重的变化情况。我得出的一个基本结论是：全世界经济结构转型的过程可以概括为"经济结构的健康化"。我指的不仅是可持续发展。宏观经济健康性，更大程度上是指健康经济在其中所起的作用。如今，健康经济在国民经济的比重有持续上升的趋势。

第二个趋势是医疗卫生费用分摊的社会化。从支出的角度来看，健康经济发展的背后意味着我们需要在这个领域支出更多的钱。健康领域的发展和其他领域不同，例如房地产领域费用的分担主要是个人。但是在特殊的医疗卫生领域，全世界范围内发展的基本趋势是费用分摊的社会化。

第三个趋势，费用分摊所支持的医疗卫生体系呈现多维化发展趋势。现在的医院和医疗服务机构已不是单纯地进行治病了，而是在更大程度上关心病人的社会心理，从多维的角度来推动这一事业，给人民更多福利。

第四个趋势，在这一领域开始出现新的交叉学科，叫卫生体系学。这个学科更多关注全世界医疗卫生体系演变发展的规律。全世界医疗卫生体系经历了分化和整合，现在趋同化、协同化趋势比较明显，包括功能和组织的整合。

最后我要谈到的发展趋势，是关于医疗卫生体系的改革，我们听到很多学派的争论，有的倡导政府主导，有的注重市场主导。我的观点二者应该是合作化的发展趋势。

今天的报告主要围绕这五个话题来与大家一起讨论。

一、经济结构的健康化

首先我对"经济结构健康化"作一个定义。所谓"健康经济"是指医疗卫生在整个国民经济地位日益提高的经济发展。在座的很多老师和同学从事经济发展研究，尤其是胡老师的学生，可是我们是否思考过，经济发展到底是手段还是目的？稍微想一想，我们就能得出经济发展绝对不是目的，而是一种手段的结论。我们的目的是要提高人类的福祉，最终的目的是创造全人类的幸福，让幸福指数不断增加。当我们把经济发展本身作为目的时，我们就容易忽略发展的模式及其结构，为此我们也曾付出很多代价。但最终发现，当我们有了钱但健康却没了的时候，经济发展的意义就需要重新思考，所以经济发展是把双刃剑。我们也终于意识到，健康经济在整个人类发展中是非常重要的。"经济结构健康化"之所以成为一个大的发展趋势，是因为我们过去在经济发展过程中付出的巨大的环境代价，现在我们要为健康的风险买单。支持我所说的"健康经济"成为趋势一个最常用的证据是，一个国家的经济发展水平越高，它在医疗卫生方面的花费总数、人均支出就会越多，两者几乎呈线性关系；并且医疗花费占 GDP 的比重也会有所提升，我们从 OECD 国家的统计图表中可以得出类似的结论。当前我国部分学者和决策者把中国医疗费用增长较快、甚至超过经济增长速度这一现象看成是一个问题，需要对其加以控制，甚至有人认为医改的主要目的是控制医疗费用上涨，并认为医疗费用的上涨应该等同于甚至低于经济增长速度才是需要努力的方向。实际上，健康经济的发展增速在经济发展速度的平均数之上，这是全世界的普遍规律。而中国的情况是，尽管近年来卫生总费用以几乎每年 13% 的速度增加，略高于经济增长的速度，但卫生总费用占 GDP 的比重是时高时低的。相对来讲，中国在医疗卫生方面的费用是比较稳定的。这是对中国健康经济在国民经济中所占比重的基本形势分析。

为什么从全世界来看健康经济是一个朝阳经济？它增长的速度超过了经济的增长速度，其中有需求的拉动也有供给的推动。人口老龄化，就自然需要我们在医疗卫生方面的投入增加。同时，整个社会支付能力提高了，健康和生命就变得更加值钱了。市场经济是以消费者为主导的经济，消费者用他的偏好，或用他的脚，或用他的支付意愿来进行投票，消费者选择哪个产业，哪个产业就会兴旺。反之亦然。同时，也不排除投资需求的增加引起健康经济的快速发展。整个社会积累一定的财富之后，总是需要找到新的投资的渠道，因此很多热钱就流入了健康产业，使健康经济的发展有了很强大的资本推动力。

从供给角度说，近年来我们看到许多这个领域新的科技成果，我们正在进入到一个生物学、生命科学出现加速度发展的时代。所以有些人甚至预言21世纪是一个生命科学和生物学主宰的时代，成果的转换再加上需求的变化使这一市场的潜力变得非常之大。但是医疗系统和其他领域不一样，一个新技术的发明，涉及的是治病救人，它不同于新的iPhone，而是同我们的生命、生活质量有直接关系的产品。在医疗卫生领域里的高新技术实际上可以给很多人带来新的希望，且现在这些技术的转换速度极快，最终竞争的结果是经济门槛越来越低、普及程度也越来越高。但在供应方面，我们也不排除医疗卫生领域存在很多的信息不对称，因此供方诱导需求这个因素也不能排除。在总体健康经济上升势头里，既有我们觉得确实是价值增长的部分，也有低效甚至是资源浪费的成分，过度医疗消费不仅仅是单纯的资源浪费，它可能对我们的身体健康产生一些副作用甚至是有害人体健康。我们最近刚刚完成了给北京市政府作的关于"健康北京2020"的课题研究，这是中国第一次在城市这一层面上所作的对未来10年的战略规划。

在这个研究报告中，我给北京市政府提出了28条政策建议，其中第一条就是给未来严峻的公共卫生敲一个警钟。我们未来的形势不容乐观，报告判断未来10年将是北京市公共卫生各种问题凸显的时期，这是过去几十年一些健康风险积累所造成的结果。用例子来说明，在整个经济社会中，公共决策的作用将会越来越强。当谈到健康经济，我们不得不谈到健康与经济的关系，学术界对这个关系的认识，传统上认为健康是经济发展的副产品。近年来，有一批发展经济学家揭示了两者的关系实际上是双向的，健康是经济发展的一个很重要的投资渠道。主要通过三种路径来实现：一是人力资本，我们知道所谓的"人口红利"，健康素质将影响到人们的知识和技能。在座的很多人今后会成为人民教师，学生的学习效率与他的营养状况和健康状况是密不可分的。第二，健康经济的发展是一个国家吸引外资，改善投资环境的重要软实力。此外，我们也要认识到如果我们把医疗卫生中一些带有产业活动性质的部分列出来的话，它本身就是一个很重要的产业。因此"健康经济"这一概念应该包括三块：①传统的医药产业，即人生了病后怎么办，涉及吃药、医疗器械、医疗服务等等。②新型的保健产业，就是如何维持和促进健康而不是修复健康，比如保健品等。③健康的附加值。这是我们最近在研究这个健康经济中所关注的一部分。它本身是并不可消费的物品，可能是一些基础设施的建设。实际上如果不注重健康附加值的生产，一国在国内和国际市场上的竞争力就会大打折扣。

举个例子来说，食品不仅仅给我们提供了营养素，它还具有提供娱乐、快乐的功能。此外，大家都知道病从口入，许多病都是吃出来的，如果不注意食品的健康附加值，从正面来讲，一些人从中看到了商机，从而出售绿色健康的食品。从负面来讲，食品不安全已经构成了我们国家一个较大的隐患，这也是为什么国务院最近成立了食品安全中心。我们知道最近一些食品安全事件，就影响到了我国的进出口，进而影响到了经济的发展。因此健康经济不仅仅是说我们发展与健康相关的产业，还包括在生产、销售各个领域都要注意健康的保护，注重提高健康附加值，这也是经济可持续发展中一个重要的，不可忽视的战略。

总结一下，我们的启示是当出现医疗费用的提高时，国家的决策者不必太惊慌。医疗费用随经济的增长而增加，甚至在一定的阶段医疗费用的增长速度超过了经济的增长速度，这是一个正常的现象，而并不是一个严重的问题。控制医疗费用固然重要，但不是首要问题。首要问题是控制浪费和低效，而不是一刀切。这是对中国医改一个很重要的启示。

二、费用分摊的社会化

现在，我们面临的一个无法回避的问题是随着经济的增长，所进行销售的医疗产品越来越多，那是不是其中的所有费用都由消费者买单？答案是否定的。医疗费用应该采取社会分担的方式来进行。随着一个国家国民收入的增加，公共医疗支出呈现近乎直线式的上升趋势。一个国家越富裕，就越愿意在公共医疗方面支出更多的费用，而不是完全由个人来进行支付。

2005年，世界卫生大会通过了一个决议，决议指出要在全世界范围内推动健康医疗保险。这是具有划时代意义的，它表明全世界人民都希望在医疗卫生方面的筹资是以社会筹资为主。在全民健康保健的过程中，传统的理论有经济发展决定论，即经济发展到一定程度后，才实行全民健康保健。其实，从古巴、哥斯达黎加、斯里兰卡和泰国等国家的经验来看，这其实是一种政治意愿，是社会主流价值观在制度安排上的反映，而不是完全取决于经济的发展水平。

为什么各国都采取社会分担而不是完全由个人支付的筹资方式？这可以从公平和效率两个方面来进行解释。从公平角度来讲，医疗卫生保健是一个特殊商品，和人的生命、生存有直接的关系。从公平、公正的角度进行讨论出现了不同的侧重点，有的是注重过程的公平，有的是注重机会的均等。我相信很多人会比较赞同我们应该注重保护每个人发展机会的均等。就人的发展机会均等而言，如果没有基本的教育和基本的医疗保健，则根本谈不上发展机会的均等。我们知道公平社会的一个基本标志是以健康机会均等为基础的社会均等。同时，以人为本的社会要考虑对全体居民，尤其是对弱势群体提供基本医疗卫生安全网的保护。随着医疗技术的发展，医疗费用也在不断增加，但个人对医疗费用的支付能力是非常有限的。我国在过去20年的发展过程中忽视了医疗卫生保障，医疗卫生费用基本由个人负担。它所带来的惨痛的教训告诉我们，因病致贫也是造成贫困的主要原因。所以从反贫困的角度，我们也应该建立起医疗保障制度。

更何况，医疗卫生带有普世的救死扶伤的精神。

即便从经济学家所注重的效率来看，社会分担的筹资方式也有其必要性。著名的诺贝尔经济学奖获得者肯尼斯·阿罗，在1978年写过一篇著名的关于卫生经济学的文章，主要论述了医疗卫生的特殊性，其中最主要的特殊性表现在这种特殊产品何时使用、用多少、使用什么类型等，都存在着很大的不确定性。到目前为止，还没有一个有效的模型预测人类的发病，这还是一个随机事件。因此，个人、家庭的保障能力是非常有限的。需要按照大数法则，通过一个风险分担的池子，来帮助我们抵御风险。把不确定性变为有保障的确定性。另外，众所周知，部分医药产品，特别是针对传染病的疫苗产品有很大的外部性，而具有外部性的产品不能完全依靠市场这一"无形的手"来提供，否则是低效、不充分的。在医疗融资市场上，如果完全依靠市场来解决，也会失效。因为个人缺乏谈判的能力，缺乏购买产品的鉴别能力和议价能力，是弱势群体。而商业医疗保险主要以赚钱为主，这个行业一个重要的行为趋势是风险选择——愿意选择年轻力壮、健康的人，因为他们消耗资源比较少，容易赚钱。当人们有了较充裕的保险之后，也可能会出现道德风险，出现过度的医疗消耗，这些是比较典型的健康融资市场上的失灵，使我们在健康领域的筹资必须有一定的社会化，有一定的社会分摊。同时，卫生筹资能力的相对集中，有利于我们建立一个集体谈判议价机制，使我们对供方的行为有所控制，从而提高技术效率，提高资源配置效率。

然而，社会筹资是一个非常抽象的概念。传统的社会筹资方式有社会保险、专项税等，是由雇主、雇员共同分担。近年来，除了这些比较传统的形式之外，出现了为社会筹资提供大量资金的新渠道，包括福利彩票、香烟饮酒税、赎罪税、奢侈品税、换汇税等。在这个领域，我希望在场的年轻人能充分发挥你们的聪明才智来帮助我们这个国家，帮助这个世界寻找到新的筹资方式。我虽然不在北师大当老师，但很自豪地说，我给大家做了一个榜样。医疗信用保障制度的建立是我2008年发表在《比较》杂志的文章中为我国决策层提出的一个政策建议。这个建议是建立在金融技术充分发展，信用卡大量普及的基础上的。在座的许多同学都持有信用卡，以此，我们可以建立一个医疗信用保障制度，只要是中国公民，每个人都能够自动地享受国家提供担保的医疗信用保障。信用卡内有一定额度，但这个额度不是人们想用的时候就能用，只有遇到紧急需要急救的状况，才能自动使用。现在的社会，路人甚至医院存在着见死不救的情况，这不仅仅是社会道德问题，也是在个人支付能力有限背后的制度问题。人们都不愿意承担呆账的风险，社会道德水平又不够高，所以会出现媒体报道的某个街头有人需要救助，路人却视而不见，救护车来了又走这样的状况，这种状况是不应该出现的。我们的建议是应该采取"先救命，后算账"的方式，患者能支付就分期付款，不能支付就国家买单。我提出了这样的建议，但目前为止，没有被采用。主要是目前我们还面临着社会分摊的各种挑战。近年来，我国名义社会保障率大大增加了，背后的原因是政府对社会保障的投入大大增加了，比如说新农合。各种保费的补贴也增加很快。可以说，中国基本保障制度大体实现了全民的覆盖，特别是中国已经实现了制度的全覆盖是毫无疑问的。

但是接下来我们需要思考的是，这是否解决了它应该解决的问题？世界卫生组织建议中国设立一个名为"灾难性医疗支出标准"：当民众收入的40%用来为医疗费用买单时，就被认为到达了灾难性医疗支出界限。我们用这一标准对2003年和2008年两次全国卫生服务调查的数据作了一个分析，发现尽管这5年期间我们人群基本保障的名义覆盖率大大增加。2003年的时候，中国的覆盖率只有30%，到2008年的时候，已经达到80%多，现在是90%以上。但是，农村的灾难性医疗支出下降得还不十分明显，而城市的灾难性医疗支出甚至还有所增加，所以我国的医疗保障，社会分摊起步还很不错，但仍有一段很长的路要走。此外，由于各种经济方面的原因，拒绝住院发生率甚至还有所增加，在农村和城市都是如此。这个趋势给决策者带来的启示是：解决看病贵问题，首先要从加强保障制度入手，节流和开源一起抓，筹资方式要创新，从平衡公平与效率的角度来收，强调个人和社会责任的分摊。

三、卫生体系发展的多维化

接下来一个趋势，我们来谈谈中国医学模式的转变。传统的生物医学，把人看成一个机械的生物体。而现在，越来越多的人认识到"健康"是一个宽定义，而不仅是不生病。世界卫生组织给健康下的定义是不仅仅指没有疾病或病痛，而且是一种躯体上、精神上和社会上的完全良好状态。也就是说健康的人要有强壮的体魄和乐观向上的精神状态，并能与其所处的社会及自然环境保持协调的关系。其中，卫生服务固然重要，但是还包括比卫生服务更重要的其他因素，比如在座的各位所从事的教育事业，人类灵魂的健康，恐怕比身体的健康更为重要。我给大家举一个例子，哈佛大学的医学院全世界著名，麻省总医院就是哈佛大学的一个教学医院，那么在这样一个世界顶尖的医院，是如何主动适应市场的变化来为社会提供多维的医疗服务？在过去的6年中，我每年要举办一到两期中国卫生发展改革的高级研修班，每届同学都是中国厅、局级的干部，每次我还非常有幸能请胡教授来为学员作研究报告。每一次的"胡说"都引起较大的反响，"胡说"已经成为一个品牌。在办班期间，我都要带领学员参观麻省总医院。我发现，令中国的官员非常吃惊的是，在一个医院里面，还有一个装修得特别好的祈祷室供医院的员工、病人和家人进行祈祷。不仅如此，麻省总医院还有一个宗教服务团队，他们属于医院职工。由此可以看到，在麻省总医院这一案例中，心理、精神层面的服务与临床的生物学服务同时进行。为适应这一医学模式的转变，服务变得多样化了，参与者也多元化了。"健康"这一产品的生产，很重要的一个特点是需要消费者与生产者联合起来。如果消费者不主动发挥积极参与配合的作用，健康的产生是会受到极大限制的。因此我接下来要介绍的在国际上较为流行的"病友会"——这一互助机制，越来越成为在医疗卫生这个领域中非常重要的同盟军。美国的肿瘤协会（American cancer society），是由患肿瘤的幸存者们自动发起的一个组织，现在已经有几十万的会员。他们组织起来，筹善款，办善事，不仅支持癌症的防、诊、治、康复这几方面的工作，同时也为肿瘤学研究提供一个非常重要的渠道，它是美国第二大支持肿瘤研究筹资的来源。而中国"病友会"的建设应该说才刚刚开始，今天我非常高兴见到了中国疾病控制中心的李志新，他现在是慢性病控制中心的领导。他在担任四川汶川县副县长期间，我和我的合作伙伴在中国创办了一个NGO，口号是"health for all, by all"。当时我们的想法是实现全民健康制的理念。我非常高兴能够向大家介绍我们在汶川县获得的经验，在李县长积极的促动之下，汶川不仅成为中国第一个移动诊疗中心的试验地，同时也成为中国第一个全民健康示范县。全民健康示范县很重要的一项任务就是考虑如何把老百姓的积极性给发动起来，这是我们积极适应这一医学模式转变的重要举措和实践。虽然前方的路还很长，挑战还很巨大。昨天我在中央电视台录制一个由张悦主持的直播节目，话题就是医患关系。这是一个大家非常关注的问题，背后的原因非常复杂，我把它概括为，既有需方的原因，也有供方的原因，更有制度性的原因。不容否定的是，在医疗卫生领域，由于我们没有主动积极地实现医学模式的转变，造成了一些本来不应该发生的问题。现在出现的医患信任危机，对于供需双方实际上都是极大的悲剧，未来我们必然面临构建新和谐医患关系这一个重要的课题。

刚才我同大家分享了有关医学模式的转变。要实现这一转变，需把心理、社会方面的工作贯彻到医患关系中，首先需要提高的就是医疗服务的质量和安全性；其次还要注意医患关系的沟通；第三要建立一个公平、有效的冲突解决机制。应该说，中国的老百姓对中国的医疗有一个不现实的期待——认为医生是包治百病的上帝。其实医生也是普通人。医疗科技发展到今天甚至一百年、两百年以后，再回过头来看今天的医疗科技知识，我们会感到汗颜——因为我们知道的还很少，很多问题还没办法解决。这造成一个什么问题呢？在美国这个世界上医疗最发达的国家，每年因为医疗差错导致将近10万人死亡。所以医疗安全问题不仅仅出现在中国，全世界都面临这样普遍的问题。如果老百姓认为，活人进去绝对不能死着出来，这的确很难做到。造成这些不必要的医疗差错的原因主要在于没有遵循医疗过程的程序性和系统性。所谓遵循医疗过程的程序性和系统性，其实很简单，就是把一些容易出现问题的程序列出来。比如说，做手术的时候是否把手术的准确部位标注出来，我们知道有时候会出现本来应该拿左肾结果却把右肾给取出来了，这种情况在国外也会出现。还有医生在手术之前，是否检查各仪器重新调试，是否洗手了，做了的话就在 checklist 的表格上画勾。遵循这样一个简单的程序步骤就能降低死亡率。其实在加强医疗安全性和提高医疗质量方面，我们还是有很多可做的。

接下来，我想谈的问题是医患关系中医患的沟通问题。众所周知，中国老百姓看病对医生的主要抱怨是：脸难看、口难开，几分钟就把患者给打发了，有时候干脆一句话不说，随便看一看就开处方。实际上，中国的医生也有自己的无奈：医生一天要看那么多病人，中国的大医院可以说是一个"超级大卖场"，医院内拥挤不堪的情况令人瞠目。但如果医生和患者没有进行有效沟通，医生方面就很难做出正确的诊断，也很难提高患者对我们的满意度，所以双方的有效沟通实际上非常重要，很多没必要的医患矛盾就是因为缺乏有效的沟通。患者一大早排队看病，终于见到了期盼已久的医生，但是这医生没给我好脸色看，也不听我说明症状，也不显示出任何热情和关怀，患者心里当然就会憋气。有效的沟通是服务态度中很重要的一点，为了加强医疗服务质量，作为医生，应该更多地去倾听和理解，同时要让病人主动地跟医生进行合作，把病人看作合作伙伴，而不是任意听从医生调遣的"有病的动物"。为了实现这一目标，中国还要加强培训，建立以绩效为基础的补偿机制等。在这里，我还想简单谈一下医闹问题。医闹问题在国外也会出现，并且有不同的表现形式，比如在律师的勾结和引诱下利用法律的漏洞，来骗取高额赔付的现象是很多的。Obama 总统倡导的医疗制度改革其中很重要的一项就是改革医疗诉讼机制，限制最高的赔付额，限制从事医疗诉讼方向的专业律师的诉讼费，从源头上提高医疗诉讼的成本。但是需要注意的是，即使提高了质量，加强了有效的沟通，医疗差错和医疗矛盾还是在所难免，出现了冲突还是需要处理的，这个行业本来就是高风险、高成本、高情绪。病人来看病时，他属于弱势群体，所以我们需要建立公平的冲突解决机制。解决问题的办法不是鼓励医闹而是要限制医闹。

现在，我要对医疗模式的多维化作一个总结。首先我们要认识到人性化、个性化和精细化的管理对提升医疗行业水平，满足老百姓多方面需求非常重要，因此要大大加强管理水平。同时，传统医疗行业的概念需要大大的扩展。不仅说有了好的临床医生，会治病、会开药、会使用医疗机器进行检查等技术性的活就足够了，医疗也是一门艺术，如北师大就培养出了许多从事心理学、哲学和社会学方面的工作者，在美国大概有50多万社会工作者从业人员，其中一半以上属于医疗行业。

四、医疗体系的协同化

现在来谈谈医疗的第四大趋势——医疗体系的协同化。各服务孤岛之间的有机联系正在被建立起来，中国人的智慧是合久必分、分久必合。前一阶段医疗科技发展的趋势是专业化和个性化，市场经济强调个人和集体的竞争。这是提高社会效率的一个很重要的举措和模式。同时这也带来了一些问题：中国医疗服务体系的碎片化，进而形成一系列的信息误导、医疗误导，甚至是一些医疗差错。信息不连接、不协同，从而产生更多的医疗纠纷，并进入新一轮的恶性循环。要打破这个循环，全世界出现了两个整合趋势：一个是医疗卫生领域中功能的整合。如果把医疗卫生工作看成是一条河流，它有上游工作，也有下游工作。上游工作是预防、保健，以降低预防疾病发生的风险；下游工作是在疾病出现后的治疗和康复。这是一个连续性工作。对于整个医疗体系，我提出了一个类似人体的解剖图，把整个医疗卫生体系看成由几个分系统组成，两条腿相当于整个支撑体系：第一个是资源供应体系，包括物质和人力资源的供应体系，第二个是财务保障体系；两个手则用以提供服务，进行预防和医疗；然后依靠大脑进行监管。从功能的整合来看主要有两个方向：第一个方向是，筹资和服务功能的逐步整合。传统上的医疗服务是把两者区分开的，即由一个独立的第三方来采购医疗服务。但是这里我要提醒在座的各位，国外出现过把两者进行整合得非常成功的案例。比如说美国的 HMO，英文是 Health maintenance organization，健康维持组织。它是将筹资和服务整合为一体的一种组织形式。换句话来说，它相当于保险公司开办医院，或是医院开办保险公司。在这样一种组织形式下，我既是医疗服务的提供者，也是保险公司的管理者，这样我就有这个动力在提供必需服务的同时控制成本。另外，作为保险公司管理者，最好的办法就是让我的服务对象不要生病，这样包干费用就全部都归保险公司。这种形式的组织占美国医疗服务市场份额的 1/3，美国近期还出现了医疗之家，也遵循提供一站式的服务模式。这不仅仅是被动应对人生病之后如何解决看病的问题，而且更加强调自我保健的功能。甚至还有的人提出来，我们将进入健康管理的时代，举个例子，大家都知道食品补充剂，包括维生素，它是人体必需的，65 岁以上的人群每天摄入 600 到 1200 毫克的钙和维生素 D 可以有效地缓解和预防骨质疏松。在美国有人做了相关研究，如果减少 70 多万例髋关节骨折，则总体可以节省 139 亿美元的医疗费用。其实健康食品、食品补充剂方面的科学应用是一个很重要的研究领域，但是到目前为止，它并不在我们正规的医疗保障体系中。所以，在中国，功能的整合、公众的参与是一个非常重要的方向。

第二个方向是，中国医疗体系组织的整合。之前中国医疗体系的组织是相对分散的、独立的、互相竞争的，而现在逐渐开始进行整合。以美国为例，医院的总量没有什么变化，不但没有增加，甚至还有略微下降，但是医院间出现了集团化的特征——医院慢慢形成了集团。而在集团化的过程中，既有形式的整合，也有所有制之间的整合，还有不同服务层级间从医院到社区的纵向整合、横向联合等，有法人代表的合并、合作等，形式多种多样。这里我同大家分享两个有趣的案例：哈佛大学的教学医院原来都是独立存在、互相竞争的，大概有十五六所。然后它们逐渐形成了两大医疗集团，然而实现整合的模式很不一样，第一个集团包括麻省总医院在内，形成的是一种松散的，保持各个医院相对独立性组织，仅在财务、法律服务、医疗信息上实行统一，其他方面保持相对独立；而第二个集团实现了一体化管理，每一个医院都成为其中的一个分院。简单地说，第一种模式的整合相当于北师大和珠海分校的方式，第二种模式相当于北师大总校和各个学部、学院的关系。大家猜一猜哪种方式的整合被实践证明能更顺利，带来更大的效益？可以告诉大家，是第一种。因为第二种至少在整合初期出现了很强烈的地震。原因在于医疗行业知识分子比较集中，知识分子包括在座的各位可能都有一个特点——宁当鸡头不当凤尾。如果实行了一体化，原来有好几个院长、几十个科主任，而现在只有一个综合性的科室主任，所以很多没有头衔的医生很可能就带着自己的团队离开了，这将给整合造成很大的矛盾。现在我来总结一下，要实现机构的顺利整合需要有三方面非常重要的转变：一是以自主激励为核心的治理结构的转变；二是以价值激励为核心的支付方式的改革；三是以团队激励为核心的服务流程的再造。这给我们的启示是：第一，要建立"大卫生"的概念——不仅是医疗，还包括预防、公共卫生、环境保护等，尤其是自我保健。第二，从组织整合的角度，建立一站式的、连续性的服务模式。同时在这个过程当中，要实现医疗体系配套政策、治理结构和支付模式的转变。以中国为例，中国现在的支付模式主要是按项目付费，它的激励机制是多开药、多做检查，这样医生的收入就越高。如果我们转变了这个激励机制，那么就不是像现在这样多做项目多给钱，而是做得更好才能得到更多的钱，只有这样才能提高医疗系统的绩效，国际经验基本上也证明了这一点。

五、医疗卫生体系的合作化

现在来谈谈最后一个趋势。在医疗卫生体系里，有两只主要的"手"：一只是看得见的手，即政府干预；另一只是看不见的手，即市场竞争。曾经有很多人认为这两只"手"是水火不相容的，然而从全世界的范围来看，这两只"手"实际上是互为补充的，并且正出现合作化的趋势。这种合作化的基本思路是要求我们不将医疗卫生笼统地看成一个整体。我们可以分别看看在不同的功能子系统里，政府干预与市场竞争是如何进行功能划分的。在卫生监管子系统里，全世界没有国家将其完全放到市场里，这一定由政府干预为主，是政府的一个基本责任。而在卫生保障里，市场的作用开始增加，但它只是作为支撑为社会保险提供补充性的商业保险。在卫生服务领域里，许多国家则强调市场竞争，而不一定要政府来直接提供服务了。到卫生资源的系统里，物质资源提供系统则基本上已经实现市场化了。因此，在不同的子系统里面，政府和市场的相互作用，两者之间的合作方式及程度都不太一样。这里我举两个非常极端的例子来作为它们相互融合的证据，美国被看成是一个以市场主导为主的卫生医疗体系，这里引出的问题是，在以市场为主、以"看不见的手"为主导的国家里面，政府的作用是否就没有了或被弱化了呢？并不是的。实际上我们发现政府的作用还非常大。还有一个例子，英国的医疗体系是以政府主导的，但是在政府主导的模式下我们同样看到英国相关市场的作用也非常大。美国在筹资方面，政府的投入占总费用的46%，占财政支出的22%，而中国财政支出中医疗卫生占多少？仅5%左右。而英国也不完全是政府主导，虽然该国政府支出在总费用中占很高的比例，但民营机构市场份额在英国这一政府主导的国家也占到了34%。所以，我们可以很明显地看出，各国的实践告诉我们，市场竞争和政府干预是完全可以做到相互配合的。在上层的政策设计上，要注意二者的有机集合；在具体的实践中，要注意对效果的科学评估，而不仅仅在理念上相互争执。这是我得出的一个基本结论。

时间过得很快。不知不觉，我已经占用了2/3的时间来给大家分享这五个方面的基本趋势。下面欢迎大家的提问和互动，我很期待，谢谢大家！

主持人：胡必亮教授

今天我们大家非常有幸能够听到这么精彩的学术报告。经济学工作者经常被人们理解为没有"道德"的人，因为经济学研究在相当大的程度上不能讲"道德"。尽管亚当·斯密既写了《国富论》，也写了《道德情操论》，但实际上，经济学工作者是不太讲"道德"的。但是在医疗卫生、教育方面，比如从事医疗卫生工作或研究的工作者，则一定要讲"道德"，因为它是公共政策，涉及公众利益。所以他们不光要具有高超的智慧和专业技能，同时也要有高尚的人格、品格和道德情操。今天各位不能错过这个机会，每一位都要进行点评。首先，有请北大的柴教授。

北大柴教授点评：

谢谢胡院长！我知道在座的老师和同学可能比我在这个领域会有更高的见解，但既然点到我了，我就谈几点我的看法。

首先说说本次讲座的国际化效果。一位哈佛的名教授，站在北师大的讲坛上，带着对国际、对中国深刻的观察和思考，给中国的学生和老师分享他的知识和经验，这本身就是件非常好的事情。同时我想说说跨领域学科的益处。北师大主要以教育学科为主。而今天刘教授把"健康"这样一个主题带到了以教育为主的大学里，让老师和同学们更深刻理解了"健康至上"这一最高原则和人类发展的终极目标。这不仅是从事医疗行业的工作者所要实践的事，也是全社会所要进行的实践。责任的主体，不仅有政府、医院，还有消费者。这是我想说的第一个方面，讲座的形式非常好。

第二个是讲座的内容非常丰富。刘教授对医疗筹资、服务体系、监管等都作了详细的报告，我深受启发。现在，中国的医疗体系走向何方，这需要全社会、整个国家来进行思考。这样的一个领域，光靠医生，是完全不能解决问题的。全球化观察的式样，能给中国非常好的借鉴。特别是刘教授讲到的医疗信用的保障，有时候并不仅仅是道德问题，广州的小悦悦，被压在路边，十几个人看到了，都没人管，这不仅仅是中华民族道德层面的问题。所以我认为刘教授提出的改革手段和方法是非常值得我们作进一步探讨的。他的建议非常好。当我们面临医患关系出现巨大冲突的时候，当面临人类社会出现这样惨绝人寰的境遇时，并不能仅停留在道德修养的层面上。我认为刘教授今天所讲的机制和方式，就是如何建立一种不包括良心的保障机制，真的特别的好。他提出了很多相关的思考和解决问题的建议。

说到 NGO 组织，我们要从医疗问题中走出来，用一个更加宽广的视角来思考这个问题。教育领域要参与其中，经济领域要参与其中，产业领域要参与其中，政治领域也要参与其中，这实际上是全民参与。2008年，清华大学已经在倡导"全民健康"的活动了。因此我们不仅在理论上思考这个问题，也从实践的角度来进一步有所为。全民都维护健康，创造健康，包括修复健康，共同建立人和人之间的互助组织。汶川大地震，我们第一次接纳了"全民健康"这样一种思路。他们进行了全县的动员，我当时亲自到汶川进行调研，当地政府非常积极，并且各行各业都参与进来。这给中华民族开了个好头，这将引领我们中华民族在这21世纪走向强盛和发达。

现在，我想到了四句话描述人生的最高目标：健康长寿、幸福生活、发展自我、贡献社会。在全民健身的医疗体系方面，我们要借鉴国外优秀的方式和方法，全面优化医疗体制，同时动员全社会的参与意识和责任意识。今天站在北师大的讲坛上，让大家一起来思考健康和医疗卫生的保障。这形式本身就非常好。谢谢大家！

主持人：胡必亮教授

谢谢北大的柴教授，下面有请中国疾病预防中心专家李志新教授。作为汶川地震重灾区汶川县的县长，他肯定有很多感受和经验同我们分享。

李志新教授点评：

今天真是个巧合的机会，偶然听到刘老师回国了，并且还要开一个讲座，所以我就过来了。先向大家简单地介绍一下自己：我在中国疾控中心工作，汶川地震后我在汶川挂职了两年，现在我已回到疾控中心，在慢性非传染疾病预防中心工作。我在汶川地震的工作得到了刘老师全方位的支持。刘老师刚才提到的一点非常好也非常重要，就是经济发展是手段，而不是目的，健康才是最终的目的。我刚到汶川时，并没有这么深刻的认识。当时我考虑的只是在汶川工作期间，做好卫生医疗工作分内的事。一次偶然的机会，我有幸结识了刘老师和他的团队。刘老师是一个很好的传播者。就像刚刚这样，他向我传播了很多新的理念，让我能在汶川做一些事情。也正因为刘老师的理念和思想的传播，汶川现在实施"全民健康示范县"工程，汶川政府正把健康作为全县经济发展的总纲。

刘老师在讲座中传达的另一非常重要的信息是：以前都说经济发展促进健康。但实际上，通过刘老师的讲述，大家应该都有了这样一个概念：健康能强有力地促进经济发展。中国改革开放30多年取得了如此骄人的成绩，不能不说是因为这30年来我们健康卫生工作所取得的辉煌成绩。我们的人均期望寿命从人均30多岁提高至60多岁，从而为中国的发展储备了大量的劳动力，刘老师刚刚也说了，这是改革开放30年取得如此巨大经济发展的基础。在座各位同学是学经济的，应该很容易理解这一现象。

我从事的是慢性疾病预防工作。这不仅在中国，在全世界都是非常重要的课题。慢性病医疗负担占全部医疗负担的80%左右。在最近一次慢性病监测中，我国的慢性病情形并不乐观，仅举两个最常见的慢性病：糖尿病的患病率，18岁以上公民现患病率达到9.7%；高血压就更加可怕了，18岁以上公民已超过30%。随着我们的生活慢慢变好，我们应该思考如何过上健康的生活？柴教授是营养学专家，中国国民在这一方面的素质还不够，亟须普及这一方面的知识。我们也采取了很多的策略：对于高血压，我们的核心策略是降盐。世界卫生组织推荐标准每日摄入量为6g盐，而我们国家很多地区都超过了12g，像山东一些沿海省，日摄入量高达14g，现在卫生部和山东省就在进行联合控盐。但是，人的饮食习惯一经确定就很难改变了。

现在一些专家有这样一种理论：控制慢性病要从孩子抓起，要从教育系统开始改变。我个人认为刘老师是一个非常好的传播者，在座的各位以后也都是从事教育工作，希望大家在今后的教育工作中也要把健康的知识和理论传播下去，谢谢！

主持人：胡必亮教授

刘老师和李老师刚刚都有提到：从事经济学研究的人应该知道，经济学很重视教育对经济的作用，实际上医疗卫生对经济有很强的作用。我建议大家去读一下1993年世界银行的一本报告《投资于健康》。我至少还记得这项研究提到了四个观点。

第一，医疗卫生是人口再生产的一个条件，没有好的医疗卫生，就不可能有很好的人口再生产。人口的再生产和经济的再生产是同时进行的。而医疗卫生主要是管理人口再生产的——如果没有良好的医疗卫生，社会就"生产"不出高素质的人才。这是为什么要重视健康的第一个理由。

第二，注重医疗卫生有利于更有效地利用社会资源。

第三，注重医疗卫生有利于提高教育的质量。孩子们营养跟得上，学习效率才会更高。

第四，注重医疗卫生有利于财政资源配置效率的提高。为什么非洲长期发展不起来，其中一个重要原因就是因为非洲有很多的艾滋病患者，国家的财政资源很大一部分都消耗在治疗艾滋病上了。所以医疗卫生的发展有利于财政资源的有效利用。《投资于健康》这本书就讲了这么一个道理——为什么医疗卫生有利于国家的发展和富强。下面有请光明日报的方总编辑做点评。大家欢迎。

光明日报的方总编辑点评：

这是我第一次系统地听有关医疗卫生发展方面的讲座，真的受益匪浅。不管我作为自然人还是媒体工作者，对医疗卫生方面的话题都很关注。

首先，作为自然人，不可避免地经常要与医院打交道。今天我获得了许多健康方面的知识，深受启发。第二，作为一个媒体工作者，我通过这个讲座了解到了一些资深专家最新的见解和有价值的政策建议。我希望能够凭借我们的工作在更大的范围内推动中国的医疗改革和发展，这是作为媒体工作者的重要责任和任务之一。关于建议我也有一些自己的想法，刘老师的讲座让我想起胡院长曾谦虚地说他不是经济学家，但他在我们心目中是非常优秀的经济学家。有位著名的诺贝尔奖获得者尤努斯，他有一个这样的理念——向穷人发放小额贷款。其实，按照这个理念，中国的医疗信用工作可以与政府、媒体大力合作，找一个试点进行实践。

最后非常感谢刘老师，感谢胡院长。

主持人：胡必亮教授

谢谢方老师！今天我们还请来了一位真正的"资本家"，德福资本的合伙人 Austin Hu，他在世界银行工作了几十年，也曾经在高盛工作。今天我们也有幸把他请来。有请他上台做点评。

Austin Hu 点评：

纠正一下胡老师，我不是做风险投资，我是做 PE，是私募基金，是投资的比较稳的。

言归正传，大家能看到我的随身纸片上写得满满的，我真的从这个讲座中学到了很多。我离开高盛，现在在德福做投资，主要投资在健康医疗方面。非常感谢胡院长和刘教授给我这个机会。刚才刘老师介绍得非常全面，各位嘉宾也做了很好的点评。下面我就政府与市场的合作化这一点同大家（我目前正在做的内容）分享我的一些想法。

刚才刘教授也对美国、欧洲的模式进行了介绍。政府跟市场、政府跟私营机构的合作已经出现了，这个模式将来一定会继续下去。到底哪个模式好，哪个模式不好还要看每个国家的国情和每个社会、经济体的发展程度的变化。我个人觉得在这个方面做比说难多了。因为从政府的角度，它有它的责任，有它关心和必须做到的地方。私营机构与政府有很多合作的地方，可是在理念方面要有一定的调整。因为政府主要是进行监管或为人民服务，私营企业主要目的是盈利。如何让两个主体很好地互相理解，相互合作的确是很大的挑战。但虽说是挑战，我觉得前景还是光明的，这也是本次讲座开设的原因之一吧。各位都还很年轻，还有很长时间学习。虽然各位还会面临很多挑战，但不要怕，有问题才能更好地发挥新的理念，想出办法来解决。虽然从大方向说是为了社会，但是你自己、你的家人也能在这个过程中获得很好的回报。祝大家顺利完成学业！

第七讲　全球医疗卫生发展趋势

主持人：胡必亮教授

下面有请国资委的程伟老师，他是宏观经济研究部的部长。

程伟点评：

今天有几个想法跟大家一起来分享。实际上，今天讨论的话题主要是医疗体系的框架，中国打的是一套"组合拳"，而在实际操作的过程中，我们又过度强调了指头的力量，而忽略了拳头的力量，这是中国改革过程中的一个问题。也就是说，中国忽视了发展的目标，而又太强调过程。那么我们的目标是什么？我们的目标是经济结构的健康化——是对健康产业的定位，社会化是它的定性，多维化是它的途径，协同化是它的手段，合作化是它的保障，实际上，这是一个组合拳，缺一不可。

我想说的第一个问题是健康化问题，今年3月份我在哈佛做了一件事。我收集了30多个城市的政府工作报告，根据这30多个城市的政府工作报告我画了一个图，其中发现这些中心城市的政府工作报告里都提到了当地的产业转型与升级。那么，转型、升级面临的一个很大的问题是，过去依靠第二产业投资对经济的推动现在逐步需要依靠技术、市场和服务等第三产业来推动。而在这个过程中，GDP可能会有一定程度的下降，这就会导致就业问题。而就业是政府关注的重点，也是我们能否顺利转型的基础和评价指标之一。健康产业在此给我们提供了一个很好的解决方式。

第二个问题是关于国有资产的改革，核心的问题是三大问题，钱从哪里来，人到哪里去，机制活不活。简单来说：钱从哪里来？费用社会分摊；人到哪里去？医学模式的多维化；机制活不活？医疗体系的协同化。也就是说这三大问题是所有国有资产改革都要面临的问题。也是我们医疗体制改革所面临的问题。实际上，这些问题都很复杂。比如说分摊社会化的问题，刘老师刚才讲到很多，学经济学的都知道，医疗市场行业是垄断性行业，并且外部经济性很强。这是以固定收益为特征的资产，医疗行业一旦出现暴利，会大大提升社会成本，而社会福利会成倍下降，这就是乘数效应。比如说一个城市，建起一栋大楼，却造成千万个老百姓流离失所。一幢工商总局的大楼盖起来，但千万个民营企业倒下去。而分摊的社会化问题，医学模式多维化的问题，其中最核心的问题就是如何来探索这一产业链。我想说的是，中国的改革开放过程实际上是开放推动改革的过程。那么开放推动改革一个核心的问题就是当行业和国家的财政不足以支持行业发展的时候，我们寄希望于产业的开放，从而会推动资源的市场化。在资源市场化的过程中，行业成本会上升，这就意味着利益集团的形成。

第三个问题是政府市场关系的问题，核心是管制问题，它涉及管制是否基于控股权，产业安全管制模型是否完善等。举个例子，美国的核电站全是民营企业，这意味着中国的核电站也可以实行民营化。日本的新干线是民营企业，也同样意味着中国的铁道部可以私有化。这些问题核心就是政府建立怎样的管制模型。我们在讨论医疗体系协同化的时候，刘老师提到了两点，我印象特别深刻。一个是治理创新，一个是支付体系的创新。实际上这两个创新对应的是两个不同的目标，治理的创新对应的主体是医院，支付体系的创新对应的主体是医生。那么国有企业改革的核心问题是什么？核心问题是建立、优化价值体系上的传导机制、绩效考核体系和分配制度，至于社会责任依靠法律来解决，那是另一个体系的问题。但是医院就不一样了。医院是什么？是公共机构，既要保证盈利，又不能出现暴利现象。如果医生既要保证医疗技术创新，又要保证投入产出效应达到最优化，那么就需要进一步探索其中的支付体系，使建立在支付体系基础上的医生能够实现利益最大化，及医院效应的最大化。而这恰恰就是公立医院改革的最大难点。

在国有企业改革的过程中，产权理论的核心是解决三大问题。

第一个问题，按照科斯定理，有剩余产品的追索权。即对该物品的投资，投资者有分红的权利。

第二个问题，投资行为本身可能并不是以赚钱为目的而是想对该物品进行控制。

第三个问题，对于所投资的企业，投资者有股权资产的处置和转让权。这三个权利才是真正意义上的产权理论。但是像公立医院这样的国有资产主要服务于公共领域，不是以追逐剩余产品为前提，而是要考虑社会效益的最大化。所以这样的公共机构主要以控制为前提而不是创造价值。于是医疗体系就失去了创新的动力，这样也就很难形成多维化主体了。

这就是中国医院改革面临的最大的问题。而对于医生，这就涉及行业标准的问题；另外，还有一个关于药的问题。前几天，我参加了"十二五规划"关于医药方面的规划讨论。其中有三大问题：行业集中度不高，创新机制缺乏，医药质量保证体系不到位。

最后一个问题，基于政府与市场关系的问题。政府有集中力量办错事的能力。全世界都一样！所以中国发展之路的核心问题是解决政府控制资源的效率问题，其中包括国有资产改革的效率问题，包括NGO的发展问题等，这些都涉及政府的转型。但是市场和政府的有机结合，这对全世界来说都是一个难题。今天刘教授把整个链条都进行了梳理，并且每个链条的背后都有很深的理论思考，其中更多的是他自己的探索。发自内心来说，无论从理论还是操作的角度来看，我都强烈认为刘老师是一位大师。感谢刘老师！

主持人：胡必亮教授
下面有请徐烨博士讲讲她的感受。

徐烨点评：
我于2000年进入北师大心理学院学习，2004年毕业进入美国UIUC，攻读心理学和统计学双学位硕士。一次很偶然的机会，我在刘老师那边实习了一个暑假，就对卫生政策产生了兴趣，也同时是受到刘老师人格魅力的影响，他对卫生事业的投入深深感染了我。我觉得在座的各位同学们非常幸运，能够有这样的机会听到这么多来自不同领域的专家就同一个课题来分享他们的经验和思考，尤其还是这样一个与我们的生活联系如此紧密的题目。我本科四年大部分精力都是投入在学习专业课和进行一些科研项目上，读完硕士之后才发现自己学的很多东西跟社会是脱节的。而在座的同学现在就有这样的机会能够听到最前沿的理论知识，这说明北师大这些年的确取得了很多进步。

今天到来的各位专家老师的理论素养都很强，而且都有对未来发展趋势的感知和预测能力。比如今天刘老师给我们讲卫生政策的发展趋势，而前几天胡必亮老师在哈佛给我们讲中国经济的发展趋势。我记得有一本著名的书分析了很多百年老店在经历了高层的变动后能够依然保持发展的长青，其中一个很重要的原因就是他们能够及时把握时代的脉搏，把握时代的机遇。我觉得这对我们每一个人都是一项很重要的能力。

关于今天的课题，我也受益匪浅。我一直在向刘老师学习，但还只是学到了一些皮毛。我自己做了一点研究，是关于公立医院改革的，我很高兴能够跟各位私下里就这个问题进行深入的探讨。刘老师刚才提到很多趋势，包括医学模式的多维化、医疗体系的协同化都是现在医疗政策研究领域热门的前沿课题。我觉得我们现在还有一个重要的理论问题没有解决，就是我们如何来定义和看待医院。这个问题存在两个困境。一个是医疗服务，从经济学的需求弹性研究发现，它对于个人来说是必需品，但它又是一种奢侈品，个人难以完全承担。因此医院体系如何设置很重要。另外一个是：医院同时需要维持自身财务健康、持续的运营，同时又要在一定程度上发挥其公益性，这也是公立医院面临的一个困境。我们以后可以跟各位同学一起探讨。非常高兴能够听到刘老师的演讲，我也很受启发。谢谢。

主持人：胡必亮教授

下面请王诺老师谈谈他的感受。

王诺老师点评：

首先，谢谢刘老师，让我们在这么短的时间内得到这么大的信息量，让我们获得很多启发。另外，要感谢胡老师。大家都提到，跟胡老师在一起幸福指数会提高。这3年我的幸福指数在胡老师当院长后已经显著提高。因为刚才我坐在那儿，有位老师说我像同学，我快40岁的人已经变成了20多岁的学生。

北师大作为一个综合性大学，这几年我们在医疗卫生政策领域的研究也在不断扩展。因为我们院跟刘教授有很多合作，曾一起合作过三本书。我主要谈一下卫生经济学，它跟卫生医疗等方面有很多交叉。如果同学们对这方面感兴趣，可以上网查找相关的外文文献，就会发现大量的文章都是刘老师发表的。他在这个领域的影响力绝对是数一数二的。

现在谈一点我的感受，我觉得刘老师在有限的时间里给我们带来了很大的信息，在很多重要的地方都用凝练的词语表达了，他讲的很多点我们都可以继续深入下去做一些研究。刚才刘教授也谈到，我们国家从2009年实行新医改，到今年2011年是3年近期目标的截止时间。实际上我们改革到今天，攻坚时出现了很多问题，如国家和市场对公立医院的问题，全民医疗有效覆盖率的问题等。刘老师刚才提到的名义覆盖率已经达到90%，那有效覆盖率是多少呢？还有社会分摊问题等。很多前沿问题，如提到的医疗模式的多维化，服务的多维化，社会心理社会工作者的多维化，通过这些方式来解决医患关系问题，这些想法都是非常前沿的。可能过去你并不了解这个领域，可能没准哪一点就激发了你的兴趣点，可能将来你的研究方向甚至职业方向就会与这个相关，这不仅是一个医学的领域，这是一个各个学科都有合作的领域，是经济的、全民的、社会的问题。

最后我想谈谈与刘老师接触几次后的两点感受。

第一点就是文如其人，刘老师非常儒雅，甚至这种感觉都带到了学术上。比如说刘老师曾对我的文章作过评论，甚至也提出过我认为是批评的地方。我们习惯于市场—政府逻辑的思考方式，经常把它分割开来考虑。而刘老师是用中国式包容的方式进行思考，认为它们相互间是可以协调、合作、协同化的。这是今晚给我在理论上的最大一个感受。

第二点感受就是行动力，我们从事经济学研究的，特别是应用经济学方向的，最主要的一个目的就是要落实行动。刘老师是非常有行动力的学者，他会亲自到实地，如农村、灾区等做实际工作，包括刚才他提到的

NGO的工作，这是作为一名知识分子或作为科研工作者所需要学习的，我们需要行动起来，而不仅仅是在办公室里埋头研究。最后，我用刘老师的一句话来结束我的感受吧：医改的确面临着困难，但我们要坚持直面，然后想着解决它。

主持人：胡必亮教授

这确实是一场学术盛宴，好多年没有这样的感受了。本次讲座真的非常精彩，我学到了很多。下面我们有请最后一位嘉宾——姚彦贝女士。大家都知道世界经济论坛、博鳌论坛，同时还有一个新兴市场论坛。现在整个世界经济、发达国家的经济体的经济增长速度都在下降，而新兴市场作为拉动整个世界经济增长的最强劲的动力，它的地位不断提升。新兴市场论坛位于华盛顿特区，总部有一位特派专家近期正好在北师大，今天她也参加了这次活动。下面有请她从新兴市场论坛的角度，来谈谈她是如何看待今天刘老师的演讲的。欢迎姚彦贝女士！

姚彦贝点评：

大家好，我是从美国新兴市场论坛过来的，现在跟胡老师一起在做一些以中国为中心，与发展中国家的发展问题相关的工作。刘老师说他在医疗方面是个小学生，还在学习，那我就是一个还没出世的婴儿，我完全不具有评论的资格。但既然我在很多国家都有生活和工作的经验，就稍微谈一下我在几个国家生活、工作过程中关于卫生、健康方面的一些感受。大家都认为美国是世界上最有钱的国家，他们国家的人民，在大家的想象中，可能在卫生健康方面基本上已经实现了全民医保，或者说是穷人和富人有对等的医疗条件。我是住在华盛顿特区——首都，经常能看到国、众两院关于医疗改革进行争辩、争论，它们实际上并没有实现全民医保。这让我很震惊：一个这么有钱的国家为什么还会有几百万人是没有医疗保险的。但是我到了日本之后，发现日本这么小的国家，他们的全民医疗和卫生可以做得那么好。我个人认为这跟以下两点有很大的关系：一点是他们对健康方面的意识非常好，从小到大他们不管在吃还是在运动的方面都已经培养成一种健康意识；另外一点可能正是因为国家小的关系，经济也特别发达，它在还富于民这方面做得是非常好的。国民税收很大一部分都拿出来进行公共建设，包括医疗卫生方面还有体育建设等。不知道等一下刘老师可否就哪一种模式比较适合中国这一问题再进一步给我们分享一下他的看法。至于其他方面，我想还有很多同学想问刘老师问题，所以我想把接下来的时间留给大家。

北师大社会发展与公共政策学院金教授点评：

我想谈谈个人的感想，主要关于卫生筹资——health care financing。中国医改，正在向前推进，但是越推越糟糕，越推费用越大。实际上公立医院的改革，我个人认为没有必要，因为卫生部门在其中既当裁判员，又当运动员，根本没法管。其实最重要的是采购方和购买方相互分开，国家形成社会保障部来代表人民进行采购，卫生部来组织服务。我在首都医大期间，见过几名台湾学者，台湾实际上只有一家医保机构，但是存在多家医院，这样以一对多的方式，采购力就很强了。接下来中国的医疗改革该如何走下去，还需要在座的各位贡献你们的聪明才智。

某学生家长点评：

我家两代都是赤脚医生，我对农村的健康问题还算比较了解。我从六七岁就跟父亲去行医、采药，15岁进入卫校，学过3年护士，做过5年护理工作，然后进入西安医科大攻读人体解剖学专业的硕士研究生，之后在新疆做了5年人体解剖学讲师，然后于1994年进入民办的医药教育体系从事医学教育，并在之后17年的时间里创办了一所医药院校，叫西安生物医药技术学院。从6岁到48岁这些年里，从乡村的卫生、医院和医学院到医科大学整个大的健康产业，我都可以说是一个观察者和体验者，我发表的论文很少，但我看到了很多真实的情况，也很关注中国医学模式转变和健康产业的发展。世界卫生组织提出的 Health For All，就是人人享有健康，但是我觉得很遗憾的是，这几个目标到今天都没有实现，我们离这些目标差距还很大。但今天听完讲座，我真的受益匪浅。刘教授以全球的视野来看待祖国健康事业的问题，其中有很多问题值得我们思考。

我衷心地希望刘教授、胡教授还有各位尊敬的领导、专家、学者在关注健康产业的同时关注一下卫生人力资源的培养。我们愿意作为一些小项目的承担者和合作者。第二，我想说的是，今天这里聚集着这么多优秀、顶尖的人物一同探讨中国的健康产业，或健康事业。但是，无论是健康产业还是医疗卫生服务，它们之间都是割裂的。大家站在不同的立场来看待这个问题，很难形成系统性的、全面性的理论。所以我在这里强烈建议，我国是否能够形成一个全国性的国民健康政策咨询委员会类似这样的智库，把各界力量集结起来共同研究人民的健康问题。这样一个卫生政策咨询委员会我认为会在健康产业决策里起到重要的作用。这是我所提出的一个建议。

最后还是敬请大家关注健康产业的人力资源问题，这个问题实际上制约着我国医疗卫生也包括宏观经济健康的发展。过去大学的合并把很多优秀的医科大学都合并到综合性大学里面，初衷可能是好的，但结果是医学教育受到严重的制约，不管是高端的、中端的还是低端的卫生人力资源。据我自己观察，的确没有 90 年代前后那样的繁荣、兴盛和多元化，以我的母校西安医科大学为例，被交大兼并以后，交大的领导认为医学的教育体系并不重要，所以之后我们学校的医学院就衰落了，它的多元性受到了严重的制约。所以我敬请大家关注中国的 Health related profession and medicare and human resource system，只有重视这个问题，中国的健康经济才有可能有希望。谢谢大家。

某学生评论：

我来自清华大学，非常荣幸能来到北京师范大学跟同学们一起听刘老师的讲座。我现在也是跟刘老师做项目，我本身学工业工程，我也希望能够利用这个宝贵的机会与大家分享一下我的一些想法和感触。刚才刘老师提到了"大卫生"这样一个概念,"大卫生"的含义是不只注重治疗,还要注重预防,并且还要注重治疗之后一系列的反馈以防止复发。我之前在富士康做过一个有关制造产业工人幸福感的研究。我觉得如果把它归结到"大卫生"这一概念也未尝不可,同时我又想到了另一个概念——"大系统"。这两者有什么不同?从我工业工程的角度出发来看,现在我正和我们系的老师做一个项目,这个项目实际上相当于一个数据库的开发:它先把所有药归类,然后把它们放到这个庞大的数据库里面,之后再把所有的病归类,放到数据库里面,然后把药和病做相关联系,最后判断如何诊断它,针对疾病要用什么药,以及用药的剂量是多少。所以我觉得医疗卫生不只需要从战略的眼光去考虑我们到底该怎么做的问题,我们更需要关注具体如何落实。同时,我们还可以把这个系统再扩大,把它变成一个 Partner Group,把两所医院的数据归放到一起,或者如果有一个"大系统"的概念的话,可以把我们所有医院的数据都放在一起,然后把所有的信息录入到数据库中,进行透明、标准化的流程,我觉得这可以是今后更加关注的一个问题。

同学提问:

在全球发展的过程中,美国在进行医改,中国也在进行医改,那美国和中国医改最大的相同点和最大的不同点是什么?中国最应向美国学习的经验是什么?谢谢!

刘远立:我最近在做一篇关于中美医改比较的论文。我想我可以把这篇论文寄给你作为参考。我想借此机会感谢胡教授。他不仅自己"胡说",而且发动大家一起"胡说",这种交流我非常享受,并且我从中也能学到很多东西。今后如果有同学对这方面感兴趣的话,都可以进行交流。我要提醒大家,在北师大有很多这方面的高人,胡老师是其中一个,王诺教授也在这里。我们还有张秀兰教授,还有卫生部前任部长张文康最近也在北师大。所以我对北师大在卫生方面的研究是充满信心的。同时我很愿意跟大家交朋友，多交流。最近我在我学生的鼓励下开了新浪微博，叫哈佛刘远立。希望今后大家如果有任何问题，可以通过这个微博与我保持交流。谢谢大家！

主持人：胡必亮教授

非常感谢刘远立教授！我想大家都有同感，这的确是一场非常精彩的演讲。不仅刘教授的演讲非常精彩，所有嘉宾的补充和评论都非常精彩。如果有同学想做医疗卫生方面的研究，我争取今后请刘老师来指导相关论文。

最后让我们再次以热烈的掌声感谢我们的刘教授，非常感谢！同时也谢谢各位的积极参与！祝大家晚安！

演讲者简介：

刘远立，同济医科大学医学硕士、哈佛大学科学硕士、明尼苏达大学哲学博士，现任哈佛大学公共卫生学院"中国项目部"主任、清华大学卫生与发展研究中心主任。1994年起在哈佛大学从事国际卫生政策与管理的科研和教学工作，是"卫生体系学"创始人之一，并担任哈佛大学在该学科的博士生导师。2003年被哈佛大学评为"6位未来公共卫生领袖"之一。曾任或继续担任联合国"千年发展目标"顾问委员会委员，世界银行、亚洲开发银行、世界卫生组织、联合国儿童基金会、联合国计划开发署、中华医学基金会（美国）等国际组织以及世界500强企业的战略顾问，也是中国卫生部"卫生政策与管理专家委员会"委员、"健康中国2020"战略规划专家组成员和"健康北京2020"战略规划课题组组长。

刘远立的专业研究领域主要是运用经济学等分析工具探寻发展中国家卫生体系的效率和公平问题之解决办法，在非洲和亚洲10多个国家开展过有关公共卫生（如：艾滋病防治）与卫生体系改革的学术研究。他参与了中国卫生改革与发展的一系列重大问题的研究和政策咨询，通过多年开展干预性研究、组织干部培训、举办或参与各种高层次论坛等活动，在建立中国新型农村合作医疗制度、城市医疗救助制度、医疗服务领域政府与市场相对作用的界定、医药卫生体系的绩效评价、医疗服务集团化建设、跨区域的协同医疗服务体系建设、移动医疗与数字医疗体系建设、健康与经济等领域产生了重要影响。他出版过包括《构建全民健康社会》在内的6本中英文学术专著，在国际和国内学术期刊上发表过100多篇论文。

第八讲　实验经济学的兴起和发展及其在中国的应用

——德国不莱梅大学 ZMT 研究中心科学家
Björn Vollan 博士演讲录

2011年12月2日，来自德国的 Björn Vollan 博士应胡必亮教授邀请，到我校京师发展课堂作题为《实验经济学的兴起和发展及其在中国的应用》的演讲。以下是演讲实录：[①]

主持人：胡必亮教授

各位老师，各位同学，大家晚上好。今天我们非常荣幸地请到了来自德国的 Björn Vollan 博士来到我们北京师范大学京师发展课堂作演讲，这也是发展课堂的第八讲。

经济理论中，实验经济学从无到有，迅速发展，并逐渐科学化、规范化、系统化，已经成为一个独立的经济学研究分支。实验经济学是一门正在"实验"的、活跃的、具有强大生命力的新兴学科。经过50多年的发展，实验经济学对经济学以及其他社会科学学科的影响已日益广泛和深入。实验经济学对传统经济学有两个方面的贡献：一是，在检验方法方面

---

① 本演讲实录内容由北京师范大学经济与资源管理研究院2011级硕士研究生敖莎同学整理。

的突破；二是，对"经济人"假设的突破。

随着实验经济学知识的普及，使用实验经济学方法来研究我国的经济问题也从无到有并得到了蓬勃发展，并将成为我国一部分经济学者和其他社会科学工作者的研究对象和分析工具。现实世界里，中国的改革开放本身就是一次巨大的实验，"先试点、再完善、后推广"的实验思路成就了经济发展的"中国奇迹"，因此，实验经济学的学习对于我们中国来讲有着更为重要的现实意义。今天，我们特地邀请了德国的实验经济学专家Björn Vollan博士讲授实验经济学课程。Björn Vollan博士的主要研究方向是行为经济学，目前主要从事的工作内容是将影响评价方法与实验经济学结合起来。我相信Björn Vollan博士今天的讲解会给我们带来更多更新的知识，也一定会开拓我们的视野，让我们重新认识经济学研究方法。

下面就让我们用热烈的掌声，欢迎我们远道而来的Björn Vollan博士给我们作学术报告。

演讲人：Björn Vollan 博士

谢谢胡院长的介绍，也同时非常感谢北京师范大学经济与资源管理研究院给我这个机会，来为大家作有关实验经济学的介绍，对我来说，这真的是莫大的荣幸，再次感谢大家。我来自ZMT研究中心，该中心是与德国不莱梅大学一起联合建立的。

今天我的题目是《实验经济学的兴起与发展》，我准备从以下几个方面来展开讲解。当然，最重要的是，首先要给大家介绍清楚实验经济学，即何为实验经济学，它的基本定义是什么，基本研究内容是什么。接下来，我们就要详细介绍实验经济学的兴起与发展，在这里我们会结合中国的实际情况，大致分析一下实验经济学在中国的发展与应用，并用一个具体的例子来介绍实验经济学。最后我们以实验经济学的未来前景展望作为本次讲座的结束。当然，在讲座背后，我会给大家留大概半个小时的时间，方便我与大家进行交流，另外，大家有任何问题、疑问以及建议，都可以随时打断我的演讲。

一、什么是实验经济学？

首先我问大家一个问题"什么是实验经济学"。我可以猜到大家肯定想说实验经济学就是把实验方法引入经济学的研究。这个答案呢，对但是并不完全对，就让我们带着这个疑问开始今天的讲座。

经济学是现代的一个独立学科，是关于经济发展规律的科学。而实验经济学则是一门利用真人实验测试不同经济理论及新市场机制的方法。它利用受试者的金钱动机创造出类似真实世界的动机，帮助实验者及人们了解市场和交易系统运作的原理。相关实验可以在特定准备且可控制的实验室环境里进行，一般来讲，对某一经济现象，都是以仿真方法创造与实际经济相似的一种实验室环境，通过控制实验条件，不断改变实验参数，观察实验者行为，并对得到的实验数据进行分析整理与加工，然后用以检验已有经济学理论及其前提假设、或者发现新的理论，进而为一些决策建议提供理论分析的依据。

在我们所熟知的自然科学的教学和研究中，实验室中的实验是不可或缺的，乃至我们无法想象没有实验的自然科学研究。然而，经济学的情况则大不相同，传统经济学被认为是一门依赖于实际观察的经验科学，或者是建立在归纳演绎、逻辑推理或者是经验总结的方法基础之上的思辨性哲学，而不是在可控实验室中进行检测的实验性科学。正如大家，在座各位都知道的，新古典综合派代表人物萨缪尔森所言："经济学是研究复杂的、自然存在的市场系统的学科，实验对经济学家来说几乎毫无用处。"许多学者也认为作为科学的经济学，其进一步发展受到的羁绊即在于此，如果不能进行可控实验，经济理论的检验必定受到限制，仅凭真实经济数据，很难判断一个模型是否失败，何时失败以及失败的原因所在。萨缪尔森在他的《经济学》著作中曾认为："一种可能发现经济法则的方法就是运用可控的实验，但不幸的是，经济学家不容易控制其重要因素，因此无法进行类似化学家和生物学家所做的实验，他们只能像天文学家或气象学家那样借助观察的手段。"不过，后来萨缪尔森先生在其新版的《经济学》

中也删去了以上我所引用的这段话。马克思也曾说道，"分析经济形势，既不能用显微镜，也不能用化学试剂。二者都必须用抽象力来替代。"也就是说，不管是观察还是分析，不管是在个体主义方法论还是总体主义方法论的传统下，总没有试验的空间。而世事的变迁确非笔墨所能形容，历史发展再次见证了那些已经奉实验为标准方法的学科中曾经出现过的一幕，正如现在再没有人去怀疑伽利略在物理学中引入实验手段来探寻自然规律一般，经济学也正在逐渐走向实验化。现代经济学的发展成果证明经济学实验已经成为经济研究中一种日益成熟的工具。

二、实验经济学的兴起与发展

（一）实验经济学的兴起

从1776年以现代经济学之父亚当·斯密的《国富论》作为奠基，现代经济学经历了200多年的发展，已经有宏观经济学、微观经济学、政治经济学、新制度经济学、劳动经济学、福利经济学、行为经济学等众多专业方向，并应用于各垂直领域，指导我们人类财富的积累与创造。

在介绍实验经济学的兴起之前，我们不妨先回顾一下20世纪经济科学的发展过程。想必大家都知道，1929年世界大萧条之后，"市场经济能自行调节，自动保持均衡"的神话彻底破产，人们感到当时经济学理论与方法都已经无法适应现实经济的需要，寻求新的理论与方法是此后一段时间经济学发展的特征，值得提出的是计量经济学的创立和发展。1930年弗里希、丁伯根、费歇尔等人创立了国际经济计量协会，弗里希将计量经济学看作是统计学、经济理论和数学的统一体，他在《计量经济学刊》杂志的创刊词中说："在经济学中运用数量分析有着几个不同的方面，其中每一个方面都不应与经济计量学相混淆……"经验表明，所有这三个方面（统计学、经济理论、数学）中任何一个方面的观点，对于真正理解近代经济生活中的数量关系，虽然都是必要条件，但其本身并不构成一个充分条件，而把这三者统一起来，则是很有力的，就是这种统一构成了所说的经济计量学"。计量方法的应用使得经济学更加"数量化"，给经济学研究添加了新方法。1936年凯恩斯发表《就业、利息和货币通论》，一反传统的"自由放任"观点，提出由国家积极干预经济生活，依靠政府调节经济的主张。凯恩斯认为，有效需求决定了社会就业量，而有效需求是由人们的三个基本因素即消费倾向、灵活偏好和对资本收益的未来预期所决定的，为提高有效需求，国家必须干预经济。例如由国家直接进行投资，增加公共开支等。凯恩斯在理论分析上开创了宏观分析方法，对整个经济系统的总收入、总需求、投资、消费、总货币量、价格水平等宏观数量进行分析。为探讨这些宏观量之间的复杂关系，建立数量模型势在必行。凯恩斯理论对西方经济学界影响极大，《就业、利息和货币通论》的出版被称为"凯恩斯革命"，根据有效需求理论提出的政策建议逐渐被具体化，为对现实经济进行估计和预测，若干宏观经济计量模型建立起来了。第二次世界大战结束前后，美英等国政府纷纷接受凯恩斯理论，将实现"充分就业"作为制定经济政策的目标，建立并完善了国民经济统计资料的收集和处理系统，刺激了经济学理论与方法的发展。第二次世界大战后，经济学的数量化进程加速，1947年保罗·萨缪尔森的《经济分析基础》出版，该书总结了以往的新古典经济学成果，并以更加准确、更加抽象的数学形式予以改造，提炼其共同的数学结构作为经济分析基础，建立起一个科学的体系并影响了此后数代经济学家进行理论研究的分析风格。这本书的影响是深远的，它使得经济学主流刊物的论文行文风格从"纯文字"向数据和严格论证转变。此后数理经济学和计量经济学蓬勃发展，出现了一批像"索罗不可能性定理"那样用"纯文字论述"根本无法想象的深刻成果，而且计量经济学方法也成为政府和企业指导具体决策的依据。因此人们认为战后的经济学可以说是计量经济学的时代。人们注意到诺贝尔经济学奖是从1969年开始颁发的，该奖的首次得主就是计量经济学的创始人：弗里希和丁伯根，第二年的得主就是萨缪尔森。到目前为止，全部得主中有2/3以上是计量经济学家。

然而，在计量经济学取得巨大成功的同时，它本身所遇到的困难也是不可忽视的。首先是计量经济学并无自己独特的理论，正如弗里希所说，它是统计方法、经济理论和数学的结合，这就是说，它建立模型的理论依据，仍是原来的经济学，关于经济学理论中原始假定是否符合现实经济或者说所要处理的经济系统是否满足某些理论的假定条件，计量经济学难以顾及。通常计量经济学家是在"认为"经济系统大体上（或近似的）满足理论假定的情况下建立模型的，因此模型与现实世界难免有差异。其次是数据问题，计量经济学模型中所采用的数据，例如国民收入、货币总量、价格水平等，都不是经济学家为研究目的而特地采集的，而是政府有关部门或企业单位为各自的业务需要而采集的。这其中，难免有其他外界因素的干扰而使数据集"被污染"，即存在不真实数据，根据这样的数据做出模型，再按此模型做出的预测有几分真实令人担忧。计量经济学不是实验科学，它所使用的数据是观测数据而不是实验数据。特别是像个人偏好、技术等都是无法直接观察到的。因此仅仅靠计量经济学是无法回答"经济理论的前提是否正确"这个问题的，利用计量经济学，经济学家能做到的事是：在一些假定下，在有关变量可观测的基础上，得到一个具体的模型；或者在模型的数学形式已经确定（或者至少是部分确定）的前提下，根据不同的统计特性应用相应的估计方法，估计出模型中的参数。这样，模型形式的选取就有一定的主观性，当有多种模型都可以选用时，选用哪一个模型，就可能受方法上的技术要求或学者本身的个人偏好影响，而不仅仅由研究对象的科学特征所决定。而且对模型本身正确性的检验，计量经济学方法无能为力。因此有人形容计量经济学所处的困境就好像一个电气工程师要靠听收音机来推断电子运动规律一样。在这种背景下，人们就想，在经济研究方法中除了传统思辨的历史的方法和由观测数据产生的计量的方法之外，还应当引入新的方法，这就是经济学实验方法。

实验经济学的渊源可以追溯到1738年伯努利·丹尼尔（Daniel Bernoulli）提出的"圣·彼得堡悖论"（St.Petersburg paradox），但是，经济学家开始认识到实验可以在经济学研究中发挥重要作用，是近200年以后的事。其实，实验经济学的思想方法一直伴随着经济学的产生和发展，只不过主流经济学的实验主要以思想实验表现，而实验经济学的实验主要以针对具体理论的验证实验表现。古典经济学核心的市场均衡理论是由亚当·斯密通过"看不见的手"的思想实验完成的；马歇尔的成就是将这种思想实验用数学模型逻辑地表达出来。最早期的经济学实验是1931年萨斯通（Thurstone）为检验传统的效用曲线而设计的实验。另一个对实验经济学有影响的事件是1940的Tacoma Narrows大桥的倒塌事件。Tacoma Narrows大桥于1940年6月建成，当时它是世界上第三大钢索吊桥，建成后因为设计的原因，桥总是在风中剧烈晃动，只好禁止通行。1940年11月，吊桥因为经受不住风力而轰然倒塌。从那以后引起了人们的警觉，桥梁的设计完成后，还要制作模型进行实验，以检验设计是否合理可靠。部分经济学家从中受到启发，认识到依靠实际观察很难判断某些经济理论是否正确，如不正确也要分析不正确的原因。于是决定借用工程实验的思想来验证经济理论。1947年，纽曼和摩根斯坦（Von Neumann and Morgenstern）提出了个体选择预期效用理论，其基本内涵是：风险情境下最终结果的效用水平是通过决策主体对各种可能结果的加权估价后获得的，决策者谋求的是加权估价后形成的预期效用的最大化，而决策者的风险偏好程度可用预期效用函数的线性无差异曲线的斜率来表示，即斜率越大风险偏好程度越高，斜率越小风险偏好程度越低。预期效用理论提出，对实验经济学的发展产生深远影响，成为有关个体决策实验的一个新热点。

但对现代实验经济学产生重要影响的是著名经济学家，来自哈佛大学的爱德华·张伯伦（E.Chamberlin）教授。1948年，张伯伦在哈佛大学创造了第一个课堂市场实验，用以验证市场的不完全性。张伯伦的实验数据显示实验中的实际成交价格与市场均衡理论中所述的均衡价格有偏差，但他本人并未引起重视，也没有把实验经济学当作一个研究工具。人们都把张伯伦1948年的实验看作是实验经济学的开端。这样讲并无否定此前实验的意思，我们重视张伯伦实验不仅仅因为它是开创性的经济实验，还在于这个实验吸引了许多优秀人才进行经济实验研究，并且催生了一个天才，使实验方法登堂入室进入了主流经济学的殿堂。

1950年，约翰·纳什（John Nash）将博弈理论引进议价行为模型，并进行纯议价博弈实验。纳什提出有关谈判的对称性、效用线性变换的无影响性和不相关可选择方案的独立性两条公理。满足这两条公理，则存在纳什均衡。纳什通过实验，证明议价结果在很大程度上取决于议价者对可能的选择结果的偏好及他们对风险的规避程度和心理承受能力。1951年莫斯特勒（Mosteller）和诺杰（Nogee）用实验研究了在不确定条件下个人偏好（选择）问题。

1952年，美尔文·爵烁和莫莱尔·弗莱尔（Melvin Dresher and Merrill Flood）进行了著名的"囚犯困境"实验。他们的实验证明，即使在一个平衡的博弈里，所观察到的行为也与博弈理论所预测的结果相反。同时，实验证明了博弈理论的另一个预测，即对个人行为的刺激，在某些情况下可能给博弈带来相当的难度。1953年莫里斯·阿莱斯（Maurice Allais）经过反复实验提出了与效用理论相反的观点——阿莱斯悖论（Allais Paradox）（亦称"同结果效应"），这是最早通过实验提出的对期望效用理论的怀疑。此后，又有许多学者对此进行大量的实验，验证个人选择理论实验数据，引起了更多经济学者的普遍关注。1957年，托马斯·谢林（Thomas Schelling）进行了在信息对称下的博弈实验，实验发现：暗示可能有助于产生明显的便于协商的结果，而博弈论的抽象模型可能排除了在协商中起重要作用的因素。1960年，Suppes和Arkigson两位学者进行了系列实验，他们不是直接去检验博弈论假定，而是进行关于策略环境的研究，用来验证在博弈情形下简单学习理论的预期力量，他们发现，试验结果能较好地与学习预期理论相一致，但没有得出环境是如何影响博弈理论预期准确性的一般性结论。

当然，将实验方法规范化使其成为经济学的不可缺少的方法应当归功于张伯伦的学生，天才弗农·史密斯（Vernon L Smith）。张伯伦实验的本意只是让学生通过实验了解经济学概念，并没有想将实验作为经济学研究的新方法加以开发。由于实验也没有达到他预期的效果，所以此后他就放弃了此项工作。然而，正像中国一句老话那样"有心栽花花不发，无心插柳柳成荫"，虽然张伯伦并不看好实验方法，但他的学生弗农·史密斯却以此为契机将经济实验方法发展为如今经济学研究中不可或缺的方法体系。当时作为哈佛大学研究生的史密斯参加了张伯伦教授组织的实验，并对此产生了浓厚的兴趣，他改进了张伯伦的方法，在他所主持的实验中采用了"双向拍卖"的交易制度，使得交易价格迅速收敛于竞争均衡。1956年史密斯在11个班级进行长达6年的实验，验证了竞争均衡理论。据此实验所撰写的论文《竞争市场行为的实验研究》（An Experimental Study of Competitive Market Behavior）发表在1962年的《政治经济学杂志》（Journal of Political Economy）。这是一个开创性工作，它不仅提供了如何科学严密地设计经济学实验的成功范例，而且将实验与十分丰富的经济学理论和假设很好地融合在一起，通过实验结果的丰富内涵来揭示先验的经济理论需要通过可控的实验进行检验的必要性。同时，在这篇文章中，史密斯的实验结果揭示了经济中机制的重要性，并促使理论研究对机制的关注，从而使人们充分体味到实验经济学在提供理论上的启示和新知方面所具有的效力，颠覆或改写了经济学不属于实验性科学的历史，进而展示实验经济学的魅力和前景，而且也标志着实验经济学的诞生。

人们在很长一段时间里始终固守着经济理论难以实验的思维定式。而弗农·史密斯（Vernon Smith）教授则敏锐地觉察到了实验经济理论的作用，并首次付之于实践。

2002年，瑞典皇家科学院将该年度的诺贝尔经济学纪念奖授予了Daniel Kahneman和弗农·史密斯教授，前者是因为"把心理学研究和经济学研究结合在一起，特别是与在不确定状况下的决策制定有关的研究"而得奖，而对于后者，则是表彰其"在实验经济学领域，尤其是在可替代性市场机制实验研究"中所做出的开创性贡献。2002年的诺贝尔经济学奖标志着实验经济学已经被主流经济学界认可，也从而推翻了萨缪尔森先生在1985有关经济学研究不可实验的论断。因此弗农·史密斯教授也被称为"实验经济学之父"。

（二）实验经济学的发展

实验经济学本质上是一种方法论经济学科，按照Alvin Roth教授形象的说法，实验方法主要用于三个方面：第一是"与理论家对话"（Speak to theorists），第二是"寻找事实"（search for facts），最后一个方面则是"在君主耳边低语"（whisper in the ears of the princes）。这三种情况，分别代表实验方法在检验政策等方面的作用。

自从实验经济学诞生以来，其应用的领域越来越广。它经常被用来进行经济理论研究，检验一个经济理论是否成立，研究人的经济行为，计算一个经济制度的效率并进行比较，等等。它也被用来检查一个经济政策的效果。

从20世纪70年代开始，实验经济学进一步发展。国际科学基金会对实验经济学的研究提供稳定的支持，使实验经济学的发展有了物质上的保证。在进入20世纪80年代之后，随着整个经济学理论架构的改变，史密斯及其他经济学家除继续延续以往的工作外，又将博弈论引入实验经济学，并作为其理论的基本框架，这在很大程度上克服了实验经济学的局限性，成为一种更具普适性的研究范式。这段时期，虽然传统的个体决策实验、博弈实验和市场实验等三条实验主线上的研究仍在继续，但是各主线之间的界限开始模糊，实验方法已经渗透到经济学乃至社会科学的各个领域之中。比如在效用论中，研究者开始纳入社会偏好；在微观领域中，有关消费者行为、公共财产、风险选择的研究也开始出现；而在产业组织方面，各种垄断形式都得到了更深入的剖析；在宏观经济和国际经济学方面，财政政策、货币与通货膨胀、国际经济学乃至多部门经济的实验研究已经生根发芽；社会经济层面中，劳动力市场、社会保障等问题也开始受到实验的关注；而在其他一般的社会科学问题中，日程安排、社会困境等问题得到各个学科学者的实验关注。可以说，实验经济学研究方法已经融入到包括微观与宏观两个方面在内的主流经济学的绝大多数分支领域之中，并与其他社会科学研究产生交互影响。

进入20世纪90年代以来，实验经济学的发展更是突飞猛进，而且伴随其成长出现了变成主流学科的迹象，逐渐科学化和规范化，成为一个独立的经济学分支。越来越多的借鉴实验经济学方法的文章被刊载于最有影响力的社会科学刊物上，诸如《美国经济评论》《计量经济学》《政治经济学杂志》《经济研究评论》《管理学杂志》《美国政治学评论》以及《心理学评论》等等，实验经济专刊、专著和论文集亦陆续出版。1990年，史密斯出版了《实验经济学》一书。1993年，普林斯顿大学出版了由两位实验经济学家戴维斯和霍特编著的第一部实验经济学教科书，该书作者断言，"经济学终将成为一门实验科学"。1998年，实验经济学的专门期刊《实验经济学杂志》（Experimental Economics）创刊，标志着实验经济学的发展进入了一个新阶段。随后，2000年，弗农·史密斯出版了《实验经济学论文集》。此外，J.卡吉尔（J.Kagel）和查理斯·罗斯（Charles Roth）主编了《实验经济学手册》，实验经济学逐步形成了一套严格的规范和标准。

在实验经济学先驱的努力之下，实验不仅取得了一些很有说服力的理论成果，而且成功地应用到了这些实际的问题中，成为经济学最具活力和潜力的分支之一，它的影响遍及经济学以及其他社会科学学科，其在政策分析、决策和评估上的实用价值也越来越为人们所认识和欣赏。在研究领域，实验经济学也已经大大拓展了我们的研究范围，经济学的许多基本领域已成为实验经济学的研究对象，实验研究已成为现代经济学研究的一种常规手段。早期实验经济学主攻方向是：个人经济决策、博弈论和对市场机制的模拟。而目前，实验经济学一方面在传统的博弈论和市场均衡领域继续精耕细作，大量的实验数据对于纳什均衡改良理论的发展，助益颇大。另一方面，实验经济学还被应用于宏观经济学的许多领域，例如，股票市场分析、不同国家和地区风险态度的比较、公共财产、消费行为、货币和通货膨胀以及国际贸易、投票理论、外部性等。可以说经过50多年的发展，实验经济学对经济学以及其他社会科学学科的影响已日益广泛和深入。

此外，近年来随着计算机的广泛运用，使得复杂经济现象的实验成为可能。实验方法越来越广泛应用于公共经济学、信息经济学、产业组织理论等诸多经济领域。

（三）实验经济学的方法和运用

在介绍了实验经济学的兴起和发展情况之后，下面我们大致对实验经济学的方法和运用情况进行具体的分类介绍。

经济理论的实验与物理、化学实验一样，包含实验设计、选择实验设备和实验步骤、分析数据以及报告结果等环节。由于实验对象是社会中的人，需要我们验证的是行为命题，因此经济理论的实验运用有别于物理、化学实验，其方法和运用主要有以下几类：

1.模拟和仿真。经济理论的实验不能刻意复制出现实经济的运转过程，而是要模拟出允许不同人类行为存在的环境，以便于实验者能够在这样的环境中观察人们不确定的价值观及其与环境之间的相互作用。弗农·史密斯教授采用只有三个网络节点的模型来模拟电力系统，其实验结果基本上能反映现实电力系统运行中发电企业和电力交易商的行为类型和特征。

此外，实验经济学还通过一些仿真技巧来提高实验结果的可信度和可重复性。一是采取"随机化"方法，被实验者的选取、角色的分配均是随机产生；二是保密实验意图，在进行经济学实验时，我们必须十分小心地讲解实验，不出现暗示性术语，以防止被实验者在实验前对行为对错已有判断；三是使用"价值诱导理论"（Induced Value Theory），诱导被实验者发挥被指定角色的特性，使其个人先天的特性尽可能与实验无关。

2.比较与评估。实验经济学的第二个作用是比较与评估。实验经济学高度重视比较和评估的方法。通过比较和评估，判断实验本身的好坏，分析实验失败的原因，验证理论的真实性。

3.行为分析和心理研究。第三个运用方面是进行行为分析与心理研究。经济理论的实验是把社会中的人作为被实验者，所要验证的是人的行为命题，自然就需要借助行为和心理分析的方法。一是运用行为理论来完善和改进实验。例如针对行为人对重复行为有厌烦的心理，在实验设计中运用价值诱导方法，并把实验时间控制在3个小时内。二是运用行为理论来解释实验结果。许多实验结果与理论预测出现差异，其原因是理论假设行为人是理性的，而被实验者的行为却是理性和非理性的统一。因此只有运用了诸如展望理论、后悔和认知失协理论、心理间隔理论等行为理论，来分析被实验者的非理性行为，我们才能很好地解释得到的实验结果。

(四) 实验经济学对传统经济学的突破

实验经济学的诞生对于经济学研究来讲具有十分重大的意义。下面，我们主要讲讲实验经济学对传统经济学的突破。

随着经济学的发展，经济学较早地配备了独立的理论体系，但是与其相应的实验检验却相对滞后，实验经济学一经产生，立即显示出它的蓬勃生命力。一方面，经济学的传统假设，越来越受到诸多方面的质疑；另一方面，伴随着经济学分析方法的不断细分，社会的、心理的以及伦理道德因素在对人们决定进行的理论与经验研究过程中的影响越来越大，研究成果的形成也越来越多地依赖于从实验室的试验过程获得新的数据，而不是依照传统的方式（即我们所熟知的规范分析与实证分析）来获得。因此实验经济学的出现和发展使经济学家可以在实验室中研究人类的经济行为。随着实验经济学的发展和社会的实际需要，实验经济学将转而会解决更为实际的经济问题。

1.在检验方法方面的突破。下面我们一起来思考一个问题，即经济学用于检验理论的工具或方法是什么呢？对，长期以来，经济学用于检验理论的工具，主要依靠统计学和计量经济学，即靠对过去的经验统计数据的分析观察寻找答案。这种检验往往是事后的，它不免有"事后诸葛亮"之嫌。用统计学和计量经济学做工具，也似乎相当于以理论验证理论。直到近20~30年，自然科学中常用的研究方法——受控实验被引进经济学研究，应运而生的行为经济学尤其是实验经济学的诞生，从而改写了经济学长于经验统计数据描述而缺乏科学实验的历史。

现代经济学研究一般运用逻辑演绎和计量统计的方法，而实验经济学提出一种新的实验的研究方法，对传统经济学解释的方法进行了拓展。首先，由于经济数据来自真实世界而不是可控的实验室实验，我们很难排除其他因素对实证结论的干扰。例如萨缪尔森曾提出一个命题：自由贸易将导致要素价格均等化，但在实际的国际贸易中，需求和供给无法直接观察和精确度量，要素价格均等化的可靠性也就无法验证。其次，传统的经验数据，作为检验依据，具有不可重复的缺陷，就是所谓的"历史不会重复"。第三，传统经验性数据存在"整体性"缺陷。作为行为命题或理论结论直接反映的经验数据，因为是一种整体的数据，无法成为区分理论的分类数据，这样就失去了对行为命题和理论预测基本的检验能力。

实验方法则弥补了传统检验方式的这些缺陷。实验经济学的异军突起，使得经济学可以从模拟现实的实验中获取接近真实的数据，以检验理论的现实性、客观性、科学性、公理性、普适性。这也从一定程度上解决了经济学用"理论检验理论"的尴尬。实验经济学家认为检验经济理论的实验工具至少具有两个优点，那就是可控性和重复性。可控性是指通过实验方法，研究者可以人为地去干预、控制研究对象和研究过程，即研究者可以根据自己的设想来设计实验过程和实验环境，并且能在实验过程中进行人为的调节和控制，以便能更好地揭示对象的内在本质。重复性是指实验者在一定的条件下进行独立实验并提出结论后，他人可依据他的条件重新进行实验，从而能独立地证实或舍弃前人的结论，也就是可以对前人的结论进行证伪。如果实验环境能尽可能地与现实经济环境相符，且重复实验的结果非常稳定，则这一结果就很有可能在现实经济环境中再现。现实统计的经济数据由于受多种因素的干扰，很难证实数据的精确性，精心设计的经济学实验不仅具有可重复性，而且可以生成源源不断的有效数据，进而可以模仿外界因素突然变化后的经济行为的反应，这就为判断某一经济理论是否正确提供了一种有效的检验方法。

实验经济学将实验的方法引入经济问题研究，是经济学方法论的一次重大变革。实验方法的可控性和重复性使得我们对于经济理论的接受或拒绝是基于一个可以重复进行的严格证伪的实验过程，而不是基于权威、习惯或研究者偏好，从而保证了经济理论的科学性。

2.对"经济人"假设的突破。自19世纪末期新古典经济学兴起以来，经济学研究有一个最基本的关于人类行为的"经济人"假设。现代经济学中的"经济人假设"为经济分析的科学化（特别是数学化）提供了理论前提。"经济人"假设主要包括两方面的意思，我相信大家肯定都比我更清楚，第一首先是假定人是自利的，人们总是以追求自身利益最大化为前提；第二人是理性的，具备一定的知识和计算能力，实现自身利益最大化。因此，"经济人"都是谋求利益最大化的个人，他们作经济决策时，都是从自己的利益最大化出发考虑的。虽然"经济人"假设不失为经济学家分析个人经济行为的基本前提，但却并不完全是现实情况。"经济人"假说忽视了人类多方面的动机，因为除了金钱财富，还应包括情感、自我实现等，这些需要受到历史文化、道德习俗的重要影响，建立在自利基础上的逻辑演绎法抽象掉了复杂的社会因素和社会成员的相互影响。

而目前实验经济学则抛弃了传统经济学的"经济人"行为假设，代之以一些行为的实证命题，作为理论和实践探讨的出发点。实验经济学将经济参与人实证化，定义为可犯错误的、有学习能力的行为者，更具有理论意义和现实合理性。显然，实验经济学预见到了传统"理性经济人"假定的某些缺陷可能带给实验分析的危害，即高度的认知水平和完备的逻辑推理能力很难在众多实验被试者身上找到普遍的存在依据。

总之，从我上面的讲解中，我们可以看出实验经济学作为一门新兴经济学科，对传统经济学产生了有力的冲击与挑战。实验经济学和其他经济学理论学派不同，它不是以相对独特的理论体系为特征，而是对经济学研究方式的革新，它揭示了传统经济学的缺陷，并且为此提出了经济学的前进方向。我们也相信随着实验环境和实验条件的进一步改善，实验经济学的发展会更加完善，一定会对主流经济学产生更加重大的影响，成为经济学研究中必不可少的研究工具。

（五）实验经济学的具体例子

在介绍了这么多有关实验经济学的理论知识后，下面我将用一个具体的例子来进一步介绍一下实验经济学的方法、运用和意义。

搭便车是我们日常生活中经常发生的事情，用比较专业的经济学知识来讲就是，搭便车问题是一种发生在公共产品需求上的问题。通俗点讲，就是一些人需要某种公共财产，但事先宣称自己并无需要，在别人付出代价取得后，他们就可不劳而获地享受成果。

下面，我们将从5个方面来具体分析实验经济学的研究过程。

第八讲 实验经济学的兴起和发展及其在中国的应用

第一，就是我们做实验的目的及要求。就像化学实验一样，进行实验之前，我们要有确定的实验目标，以方便事后我们检测实验设计的好与坏。在这里，通过搭便车的实验，我们有以下几个目标：了解搭便车行为出现的原因；分析如何避免搭便车行为的出现；分析搭便车问题与政府供给的必要性。同时在实验开始前，我们要提前安排好合适的课时，针对搭便车的实验，一般是以两个小时为宜，同时我们要布置好教室，留出被试的座位及足够的空间让被试能够进行充分的内部协商。

第二，实验准备。在实验开始之前，实验负责人必须做好以下工作：①设置好实验初始数据，并将实验初始数据写在准备好的信息卡上。②准备好足够的相关数据统计分析图表，这在我们后面所讲的实验总结部分会提到。③指导实验参与者熟悉买卖双方的市场交易规则，要求参与者不得从事转手买卖。对于该实验的参与者而言，可以通过下面的练习熟悉交易规则：这里我们假定参加实验的就是在座同学，将4个同学随机分配到一组进行实验，每位同学都被给予初始禀赋5元，并且被告知他们可以独自决定把这5元的全部或者部分投资于某一"公共产品"项目上，要求他们同时做出决策并且相互之间不能进行协商。实验主持者负责收集这些"投资"，并把汇总的数量加倍，然后将加总后的投资在这4个同学中平均分配。在实验过程中，我相信大家都会考虑如下几个问题：①实验中，来自于公共产品的私人收益占总投资的比例是多少？每位同学从公共产品中接受的收益是多少元？②依据博弈论的预测：有没有人对公共产品项目做出捐助。在这其中，我们的占优策略是什么？③在想清楚上面两个问题之后，我们就要问一下自己，你会不会进行公共产品项目的捐助，如果会，那么你会捐助多少钱进去？

第三，接下来就是非常重要的实验步骤环节。①首先我们要进行人员分组。实验开始前，我们先随机选出8位同学进行示范实验，过后再将全部同学分成8人一组进行搭便车的实验。②第2步，有关个人信息。每位同学都有60元的资本，这60元可以用于私人投资和公共产品投资，用于私人投资的资本不会受到任何损失，但也不会有收益，而用于公共产品投资的资本能产生100%的收益，公共产品的投资和额外收益都将会平均分配给该组的每位同学。③第3步，开始进行交易。每位参与搭便车实验的同学独自进行投资决策，每轮实验开始时，每位同学将60元的分配情况写在纸上交给实验负责人，负责人在每轮实验结束后公布公共产品投资的总数额。④经过以上几个步骤后，最后我们要计算收益。每轮实验结束时，要求参与者计算自己的实验收益，每个参与者每轮的收益为来自公共产品的收益加上私人投资的收益，每轮实验进行8~10次，每4轮后要求学生计算自己的总收益。

第四，实验总结。在实验结束后，我们可以按照以下的步骤进行实验分析：①每位参与实验的同学，将每轮实验的结果填入表1中。②我们以时间（交易轮次）为横轴，以各轮平均投资数占总投资比率为纵轴，在坐标轴中进行描点，并连点成线，然后观察投资率变化的趋势。

表1 实验记录表

姓名：_____   学号：_____

轮次	资本	决策分配		私人投资	公共产品
		总投资数	最终收益		
1	60				
2	60				
3	60				
4	60				
5	60				
6	60				
7	60				
8	60				

第五，思考与总结。在完成实验后，我们还要进行实验总结与进一步的思考。①如果允许实验者之间相互交流，能否提供公共产品的投资水平？达成的结果是否是稳定的？②假定现在有一个团队合作进行某个项目，我们可以根据本实验的结果试着分析一下如何避免团队合作中的"搭便车"行为的出现。③我们都知道，反倾销是世贸组织允许成员国用于保

护国内产业和市场、抵制进口产品不正当竞争的主要手段之一，由于中国外贸出口持续快速发展，出口产品越来越多地成为国外反倾销关注的对象。在应对反倾销指控时，中国企业常常会出现"搭便车"行为。我们也可以试着分析一下，如何设计合理的机制来尽量避免应对反倾销指控中的"搭便车"行为。④公共产品"搭便车"的危害有哪些呢？

这就是一个完整的经济学实验的过程。它对于我们更深刻地分析现行经济市场的运行非常有帮助。

三、实验经济学在中国的发展

讲了那么多有关实验经济学的兴起与发展情况后，下面我来结合中国的实例，讲讲实验经济学在中国的应用发展情况。这样讲好像有点班门弄斧的感觉，还请大家跟我一起多学多问，欢迎提问，这样方便我们互相交流互相学习。

近年来，实验经济学越来越受到全球经济学界的重视。西方实验经济学者由于身处成熟的市场经济中，着重于对基本经济原理及其假设前提的检验。而对于不断发生制度变迁不断进行改革的中国来讲，每项重大改革方案的出台和经济政策的实施，几乎都需要"实验"。不过长期以来，中国习惯的是"试点—推广"的思路模式。其实，这一思路与实验经济学的精神在本质上是一致的。依我看来，实验经济学在中国大有用武之地。在邓小平的规划下，中国30多年的经济改革与其他领域内的改革一样循序渐进、步步深入，遵循着先试点后推广的思路进行，不断地试错、不断地完善，这本身就是一种实验的思想。比如，开办经济体特区、国有企业股份制改革、农村土地制度改革、股票市场试点、农村税费改革等等。当然，中国的经济实验和实验经济学的经济实验还是有一些区别的。中国的经济实验一般是综合的、在真实环境中实施的尝试，一般周期比较长，结果的解释弹性也就比较大。

不过可以肯定的一点是，随着实验经济学知识的普及，使用实验经济学方法来研究中国的经济问题一定会从无到有并得到深入的发展。对于中国的经济学界而言，实验经济学的创立与发展，为探寻市场经济理论，学习、研究、借鉴西方经济学，提供了一门新的学科、新的研究方法、新的思维方式；同时也为解读经济学的可信性、科学性提供了有效的工具和手段。因此，随着人们对实验经济学的了解和深入学习，心理分析在经济学中的应用，实验经济学必将成为中国一部分经济学者和其他社会科学工作者的研究对象和分析工具，也将对中国的经济学研究产生不可估量的促进和影响。

四、实验经济学的未来发展前景展望

最后，我们以实验经济学的未来发展趋势作为今天演讲的结尾。当今，引入实验的方法改变了我们思考经济学的方式。如果你做了实验，你很快就会发现很多重要的实验结果能够被你和其他人复制。经济学家开始提出一些能够或者不能够被证明的概念和命题。观测方法也在经济学中开始引人注目。现在，理论的目的，不仅仅必须要追踪而且还要预测性地观测，不再仅仅是像传统经济学那样"解释"事实。

也许实验经济学在最近10年中最重要的发展方向来源于遍及全球的非国家化和非规制化运动。这对实验经济学本身来讲是一个巨大的挑战。我们是否可以设计出一些自我规制的市场机制来代替公共能源行业中传统的政府规制措施，如天然气和电力传输网络。或者，在那些仍然采用指令性系统的部门中，例如美国空间站和空间航行项目，是否可以引入市场机制来改善资源分配。在诸如这些问题的研究过程中，我们都可以用实验室作为试验台，来估计新交易制度的效率和价格表现。而目前只有少数几个案例设计出自我规制的机制，解决了产品市场和金融市场中的某些争议性问题或者较差的绩效问题。更进一步深入的研究，还有赖于我们的实验室实验。因此，相对于我们还没有了解的，我们现在了解的还很少。虽然已经发展了30多年，但是实验经济学的发展仍然还只是刚开始。

好的，我今天的演讲到此结束，谢谢大家！

第八讲 实验经济学的兴起和发展及其在中国的应用

提问一：

Björn Vollan 博士，您好！感谢您今天非常精彩且丰富的演讲，从中，我们也学到了许多关于实验经济学的基本知识。我想请问的是，如果我们想对实验经济学有进一步的学习或者研究的话，您是否可以给我们推荐几本相关教材呢？

Björn Vollan 博士：谢谢这位同学的提问。如果想进一步学习实验经济学的话，可以推荐大家看以下几本书。第1本就是《实验经济学手册》(The Handbook of Experimental Economics)。该书由俄亥俄州立大学教授 John H. Kagel 与哈佛大学教授 Alvin E. Roth 主编，Princeton University Press 1995年出版。该书大概分为产业组织、讨价还价、个人决策、拍卖等章节，每章均由该领域最顶尖的经济学家撰写。本书也记录了实验经济学领域最重要的研究结果和方法，是每一个从事实验经济学研究或者关注实验结果的经济学者必备的参考书。第2本是《实验商务研究》，由美国 Arizona 大学的 Amnon Rapoport 教授和香港科技大学的 Rami Zwick 教授主编。该书主要是一系列把实验方法应用到商务决策领域的论文集，内容涵盖会计、金融、市场营销、政策研究、信息系统等，对实验经济学、管理学、市场营销学的教育都非常有参考价值。

提问二：

Björn Vollan 博士，您好！听你讲了这么多之后，我就产生了一个疑问，这里所讲的"实验经济学"和我们在经济学课本里学到的"实证经济学"有什么区别呢？

Björn Vollan 博士：实验经济学和实证经济学是不一样的，有着本质的区别。实验经济学往往是研究人的行为的。比如说用一种特殊的类似于游戏的形式，刻画一种社会中的经济行为，请来几个志愿者，来看一看他们行为体现的数据是否能够证明理论或者驳倒理论。所以实验经济学重要在于模拟。而实证经济学是从社会的确实运行中，获取数据，通过对这些数据作分析（多数为计量分析），证明或者得出理论中所示意的结论，描述这些数据反映的切实经济情况，甚至对未来经济形势给予预测。所以实证经济学重点在于实证。

演讲者简介：

Björn Vollan 博士是德国不莱梅大学 ZMT 研究中心科学家，主要研究方向是行为经济学，目前主要从事的工作内容是将影响评价方法与实验经济学相结合。曾在国际顶级学术期刊 SCIENCE 等发表学术论文。

第九讲　全球经济 2050：
我们是否能实现一个新兴市场的世纪
——美国新兴市场论坛首席执行官 Harinder Kohli 演讲录

12月4日下午，美国新兴市场论坛首席执行官哈瑞尔达·考利（Harinder Kohli）先生应我院胡必亮教授邀请做客京师发展课堂，并作题为《全球经济2050：我们是否能实现一个新兴市场的世纪》的专题讲座，我院院长胡必亮教授主持了讲座，新兴市场研究院首席运营官姚彦贝女士参加了讲座。以下为演讲实录[①]。

主持人：胡必亮教授

各位老师、同学，大家下午好。首先非常感谢各位来参加我们今天的讲座活动。如今，我们生活在一个全球化的时代，存在大量的国际投资和国际贸易。并且在全球一体化的大背景下，国家之间的联系非常紧密，一旦出现危机，就会迅速蔓延，就像2008年全球金融危机那样，最早始于美国，到后来危及全球。所以，如果我们想更好地解读中国经济，则需要对别国的经济发展状况也有所了解。目前，世界经济论坛、博鳌论坛、G20峰会等等都是人们了解全球经济的平台。其中，可能还不为大家所熟

---

① 本演讲稿先是由北京师范大学经济与资源管理研究院2011级全体同学根据视频资料进行初步整理，然后由硕士研究生李英子进一步整理而成。

知的，就是新兴市场论坛。新兴市场论坛成立于2005年，已举办过许多重要的大型国际会议，许多国家领导人、政府官员都积极参加。新兴市场论坛在全球经济复苏过程中，扮演了很重要的角色。

今天，我们非常幸运地请到了新兴市场论坛的首席执行官——哈瑞尔达·考利（Harinder Kohli）先生来给我们从全球角度谈谈新兴市场的发展。哈瑞尔达·考利先生是一名非常杰出的成功人士，早年毕业于哈佛商学院，之后在世界银行工作。15年后他得以晋升，成为负责投资和全球业务的主管之一。所以，今天非常高兴能够邀请到哈瑞尔达·考利先生给我们作专题演讲。大家欢迎！

演讲人：哈瑞尔达·考利教授

非常感谢胡教授的邀请。我从美国华盛顿特区赶来参加北京师范大学新兴市场研究院的揭牌成立仪式。这将是一个激动人心的时刻。新兴市场论坛（Emerging Markets Forum）是一个集合各国政要、公司高管与国际高层学者共同讨论研究与新兴市场国家经济、金融和社会发展相关问题的非营利性组织。这是一个智囊团，主要服务对象是近年来发展较快的发展中国家，如对印度、巴西、中国、南非等这一类国家进行经济预测并提供相关建议等。我同胡必亮教授最早商议此事是在今年的8月4日，现在终于尘埃落定。我感到非常高兴，也非常欣慰。

实际上，新兴市场论坛非常重视全球化的发展进程及其影响。特别是对你们这一代青年人的影响。姚彦贝女士——新兴市场论坛的首席管理官就是一个非常好的例子。姚彦贝女士是上海人，在中国成长，后来到欧洲攻读MBA学位。目前，她加入了我们的工作团队，我们感到非常幸运。这是一位中国人实现全球化的典型例子。实际上，我自身也是一个个人实现全球化的很好例子。我出生在巴基斯坦，同时我持有印度护照，并在那里生活了近17年，然后在美国接受教育，并在世界银行工作。世界银行的工作经历让我有机会游历世界各个国家。在新兴市场论坛成立之后，我又有更多的机会前往不同的国家。我所持有的护照本非常的多，在座的各位应该不会超过我。当今的世界已经发生了巨大的改变，这是20年前的我们根本无法想象的。

我的一个基本观点是：在当今逐渐一体化的世界中，不断崛起的发展中国家将成为未来全球经济发展的重要力量。这是一个重要的历史时期，随着这些国家的迅速崛起，世界经济结构发生了改变，对全球利益格局也造成了巨大的影响。在世界政治和经济舞台上都发挥了重要作用。

我所提出的问题是，21世纪能否成为"亚洲世纪"——新兴市场国家的时代。我将向大家展示我们研究时运用复杂模型所得出的结论来说明：如果新兴市场国家没有把握好当前重大的历史发展机遇，将会遭受多么严重的损失。在此基础上，向这些发展中国家建议未来该如何采取行动。

对实现新兴市场世纪，我想谈几点。

首先，关于中等收入陷阱。现在很多国家都在对这个问题进行讨论，包括中国。对这个问题的研究，可以引发我们很多的思考。目前，我正在研究印度的中等收入陷阱问题，我的许多想法都收录在我所编辑的一本期刊《新兴市场国家》中。现在很多人都在使用这个词汇，这个词已经偏离了它原来的本意。

在接下来的演讲中，我将向大家展示我们研究所使用的模型，给各位描述当今的世界经济概况；并预测新兴市场作为一个整体，按照目前的势头发展20~40年，未来的世界将会是怎样的格局。我将对不同国家的"中等收入陷阱"情况进行比较，以此来说明国家应对"中等收入陷阱"的策略将决定它们40年后的发展状况。

同时，我还要说明，新兴市场国家是否会陷入"中等收入陷阱"取决于它们对所面临的七大挑战的处理，就像韩国那样成功地跨越了"中等收入陷阱"。简单来说，我将说明陷入"中等收入陷阱"的原因——不仅在于经济政策如货币政策、财政政策的使用上，同时也包括社会的发展政策。为了使大家对这个问题有更好的理解，在本次讲座快结束的时候，我将会给大家展示两个视频。第一个视频是关于亚洲未来40年的发展趋势；第二个视频是关于拉丁美洲的发展状况，主要展示的是该国目前所面临的问题及其应对措施。目前，拉丁美洲正努力超赶亚洲的发展水平。

我这里还有关于亚洲发展方面的书籍，如《印度2039》；并且昨天我们还在做关于墨西哥发展方面的研究报告等。如果同学们感兴趣，大家可以阅读这些材料，我很高兴能够与大家进行交流、讨论。现在让我们进入正式的讲座内容。首先，谈谈大家都比较熟悉的概念：趋同效应。这是大家在第一堂经济学原理课上就能学习到的内容。世界上存在一些国家，能够引领全球化的浪潮，从而带动世界经济的发展。这些国家发展速度一般比较快，生产力水平比较高。目前，美国是世界上公认比较先进，生产力较发达的国家，是经济全球化的领跑者。但不得不承认的是，当前有些国家如韩国、新加坡等已成功追上了美国当前的发展水平，甚至在有些方面还超过了美国，如电子技术、政府服务等。但总体上来说，美国还是目前公认的引领全球化发展的发达国家。

所谓的趋同效应，主要指的是不发达地区通过学习和模仿发达地区先进的生产管理方法、技术、制度以及通过生产要素的流动，趋向于以比发达地区更快的速度增长。这也就是说，发展水平比较低的国家，可能要比原先发展水平高的国家，更快地增长。但这是可能，并不是一定的。比如说拉丁美洲、非洲等地区的国家，它们的发展速度肯定与亚洲不能相提并论。这是我要说的第一个概念。

我要强调一点的是，如果一国经济要保持较快、平稳的增长，必须实施可持续的发展战略，如重视教育，促进投资，提高资源利用效率，增加社会福利等等。但是总体来说后发国家的经济增长速度要快于发达国家。

其次，我想说的第二个概念就是"中等收入陷阱"。正如上文所提到的，所谓的"中等收入陷阱"是指当一个国家的人均收入达到中等水平后，由于不能顺利实现经济发展方式的转变，导致经济增长动力不足，最终出现经济停滞的一种状态。具体来说，就是新兴市场国家突破人均GDP1000美元的"贫困陷阱"后，很快会奔向1000美元至3000美元的"起飞阶段"；但到人均GDP3000~10000美元之间时，快速发展中积聚的矛盾会集中爆发，自身体制与机制的更新进入临界，很多发展中国家在这一阶段由于经济发展自身矛盾难以克服，发展战略失误或受外部冲击，经济增长回落或长期停滞，陷入所谓"中等收入陷阱"阶段。这类国家既没有发展水平较高的国家的发达的生产力、先进的知识技术水平及完善的制度等，也没有较穷国家比较丰富、低廉的人力资源，它们正处在经济发展的瓶颈期。目前有许多讨论这方面的书籍和论文，大家有兴趣可以进行阅读。这是我所要说的两个基本概念。

我们现在所谈论的经济发展，在世界银行里设有专门的机构对其进行研究——发展委员会，该机构成立于2008年6月，其中有4位部长分别来自发展中国家：印尼、南非、巴西和印度。他们对全球发展中国家近40年的发展历程做了一项研究，发现在所有的新兴发展中国家中，只有19个国家成功地跨越了所谓的"中等收入陷阱"。而大多数国家，比如菲律宾、南非、墨西哥、非洲等地区的国家都陷入了该陷阱中，并且在之后很长的一段时间内，增长速度逐渐放缓，跌宕起伏。巴西就是其中的一个例子，历史经验告诉我们，能够跨越"中等收入陷阱"的国家，之后的发展便会进行得比较顺利，也比较容易取得成功。在墨西哥研究报告中，我们对该国如何走出"中等收入陷阱"进行了分析。目前，中国、印度又该如何避免走入"中等收入陷阱"？我肯定地说，跨越这个陷阱要比陷入之后再摆脱它要容易得多。

为了使我们的分析有量化标准，我们选择了一个模型，涵盖了目前世界上186个国家，在过去40年的发展状况基础上，对未来40年做一个预测和展望。在我这里有一篇40页的论文，介绍这个模型是如何根据事实数据来进行构建的。这个模型可以进行宏观和微观两个层面的预测。微观层面主要关注的就是生产要素，主要包括劳动力、土地、资本、企业家。劳动力受教育程度则直接影响着生产力水平的高低。同时在宏观的层面上，一国的人口数目以及就业率、男女比例及男女差异等都影响着生产要素的生产力水平，这些细节对我们研究新兴市场国家未来40年的发展走向起着重要的作用。为了能够拥有一定的劳动规模，就需要提高劳动效率，人力资本在当代就是一个非常重要的概念。对经济发展同样起到重要作用的就是投资。这个应该比较好理解。如果进行的投资活动比较多，如中国或巴西，高投资率则会在一定程度上影响经济增长率。但是需要强调的是，投资率也不是经济增长的唯一原因。一国的生产力水平也能对经济发展起到巨大的作用。生产力，经济学使用了许多术语对其进行定义。这是一个比较宽泛的定义，主要包括了劳动力及其质量——人力资本，投资率，技术增长率等。

我们选择的是进行微观方向的研究。通过建立模型，使用方程式，我们就能看出城市间生产力的不同所造成的差距。接下来就会出现三种情况：

第一种是该国的发展同发达国家的水平呈收敛关系。就正如之前所提到的趋同效应，发展水平比较低的国家，可能要比原先发展水平高的国家，增长得更加迅猛。但是这一趋同效应是如何发生的，取决于什么因素？这些都需要模型进行非常复杂的计算，包括对未来40年的发展，该国每年的国内生产总值分别是多少，非常具体。

第二种是该国的发展同较发达国家的水平关系之间并不收敛，反而彼此间差距越来越大。这即是陷入"中等收入陷阱"的那些国家所面临的情况。

第三种情况是该国的发展水平非常低，甚至是呈负增长。目前世界上还存在许多这样的国家，如巴基斯坦、非洲一些国家等。这些国家的生产力水平并没有随着全球化的深化得到改善。同时国内也没有出现较高的投资率水平。并且这些国家的人口增长率往往比较高。这些变量及它们之间的关系都在模型中得以体现，还存在另一些变量，如经济规模、中产阶级的数量以及投资需求等等。这里我们没有太多的时间展开，但是如果大家有什么问题，可以一会儿在提问环节进行讨论。

现在我们再来看看当今的世界经济，让我们回到10个月之前。2010年世界总体GDP中，简单来说，欧洲大约占有1/3，G8（包括美国、加拿大、法国、英国、德国、日本、意大利、俄罗斯）总共大约占2/3，66%。这里的GDP数据是以PPP进行计算得到的结果。这就意味着新兴市场经济总量占世界经济大约23%~24%。正如视频上所展示的，现在世界正被分为三大部分：欧洲，北美及日本，新兴市场。这是 2010 年的情况。

现在我们使用模型，来看看未来会出现什么情况。我们把时间推向 2050 年。到那个时候，新兴市场将在世界经济中扮演着重要的角色，其 GDP 将占世界 GDP 近一半左右，或者更多。并且现在我们可以看到，之前的 G8（八国集团）已扩展成 G20（二十国集团），新加入的包括韩国、中国、印度尼西亚、印度、巴西、墨西哥、阿根廷等。G20 的 GDP 份额也将达到 50%。而美国和加拿大，其经济总额可能会大幅度减少，可能只占全球 GDP 的 10%，而不是现在 20%的比例了，减小的幅度将近一半。欧洲 GDP 份额也会下降，可能与美国和加拿大的情况类似，迅速下降，下降速度可能比美国更快，因为现在欧洲所占比例还比较高，26%。因此，如果我们将主要新兴市场国家同其他的发展中国家比如菲律宾、越南等一同计算，它们总体 GDP 份额则会占到 2/3 左右。因此，到了那个时候，全球经济的结构可能要出现巨大的变化，经济发展重心可能会从发达国家转移到发展中国家。到 2050 年，发展中国家之间可能也会出现像今天发达国家之间那样的摩擦。

但是不可否认的是，21 世纪的确将是新兴市场国家所主宰的时代。长期以来，发达国家占全球生产总值约 2/3 的稳定趋势开始逐渐改变，从 2000 年起，其份额已经出现下降的势头。而新兴市场国家占全球生产总值的份额提高速度很快。我们看 1990 年到 2050 年的发展情况，新兴市场的增长势头在 2000 年显现，我们将亲眼见证这些后发国家将如何从 1/3 的全球份额提高到 2/3。

那么，为什么亚洲的发展速度会如此之快，居然能够占全球 GDP 份额的一半或者更多？实际上，这是有假设前提的。即发展中国家在过去的 20~30 年的经济增长举世瞩目，如果在未来的几十年内，能够继续保持这样的增速，到 2050 年则能够出现以上所说的世界格局。但是，到那时，增长速度肯定不会像现在这样快了，因为随着发展水平的逐步提高，会出现趋同效应，与发达国家会越来越接近，已经很难保持现在的发展速度了。

同时，伴随着发展水平的逐渐提高，这些国家促进经济发展的因素也在发生改变，比如说在中国或印度，投资和消费之间的比率就会发生改变。随着生活、工资水平的提高消费可能会成为刺激经济的一个重要的因素，而投资率可能会保持稳定不变。但是也可能会出现新的刺激经济增长的因素。

这里我想说，对于中国继续保持如此快的经济增长速度，我持有怀疑态度。因为现在中国人口的年龄结构正出现老龄化趋势。中国的人口高峰将出现在2030年，更准确地说应该是2028年，之后可能就会像现在的日本和韩国一样，开始逐渐步入老龄化时代。

在人口结构方面，韩国仅比日本晚8年步入老龄化时代。据预测，中国也仅比韩国晚8年步入老龄化时代。根据我们所做的研究，到2050年，日本的总人口数与现在的相比，将会减少近30%，韩国则会减少近20%。中国也会出现相同的情况，而在其他的发展中国家，如印尼、越南、菲律宾、印度和巴西等国，这些国家的人口数依然呈现正增长的发展趋势，但是增速却逐渐下降。这也是未来世界经济发展出现变化的又一个原因。

并且，如果上述国家，包括中国以及我的国家，陷入了"中等收入陷阱"，则未来就不会像我们所预测的那样乐观。这也是我们大家需要注意的地方。

我们从所获得的全球 GDP 数据中可以看出，到2050年，欧洲、美国和加拿大占世界经济的比重将基本保持不变。而发展中国家，虽然近几年的经济发展增速令人咋舌，但是在未来可能会遇到一些困难，进入瓶颈期，我们预期，这些国家的发展速度会比现在低很多。

当然，不可否认的是，亚洲初期良好的发展势头的确让亚洲占全球生产总值的份额大幅度上升。甚至比当年拉丁美洲的表现还要突出，但现在拉丁美洲的增速就出现下滑趋势，占全球 GDP 的份额数也有所下降。实际上，目前亚洲占全球 GDP 的份额一直保持在 30%~32%。而此前，亚洲所占份额一直呈增长趋势。

因此，未来将会出现三种情况。第一种是"亚洲世纪"的实现，也就是说亚洲新兴市场国家将会保持现在的高速发展速度，取得举世瞩目的成就；第二种是陷入"中等收入陷阱"；第三种，就是介入两者之间的状态。

实际上，许多人认为，亚洲现在所取得的发展成就是建立在牺牲西方发达国家利益的基础之上的。技术层面上来说，的确是这样。但是，让我们来看一看历史上的发展进程。在工业革命以前，亚洲占世界经济的百分比达到了60%。当然，数据不会这么精确，因为我们无法获得向我们今天这样如此完整的数据。但是基本上是达到了这个程度的。始于英国的工业革命使西方国家的生产力得到大幅度提高，并且随着海上贸易的开放，西方国家分工不断深化，欧洲、美国等国家和地区经济增长速度逐渐超过了亚洲，特别是中国和印度两大亚洲国家。亚洲从1750年60%的世界经济份额一直持续下降，这样的衰落保持了200多年，一直到1952年，降到了历史最低点15%。从那之后，亚洲经济开始复苏。首先从日本开始，该国保持了较长时间的经济高速增长。其次是韩国、新加坡、中国香港，近年来轮到中国内地。但是印度、越南以及印度尼西亚则相对于滞后一些。所以，更准确地说，现在亚洲所取得的成就应该被认为是亚洲的重新崛起，亚洲重新登上历史舞台，开始发挥重要的作用，就像300年之前那样。这是从历史的发展历程来看。

现在我们研究的关注焦点主要集中在目前新兴市场国家在现阶段发展过程中所遇到的挑战及解决办法。目前为止，中国在过去20年的成就举世瞩目。但是，地区间、城乡间的差距在不断拉大。现在中国的贫富差距就和当年巴西非常相似，而现在巴西的差距正在缩小，中国还呈现扩大的趋势。所以如何解决这一问题将是中国所面临的一大挑战。

还有一个问题是，随着发展水平的提高，资源消耗量将大幅度提高，那么如何解决自然资源的来源问题。在英国、美国或加拿大生活，汽车将成为不可或缺的生活用品。这时，环境问题将逐渐凸显出来。二氧化碳排放量的增加将严重影响环境质量。同时交通规范、交通拥堵等也都是不可避免的问题。所以，随着经济发展程度不断深入，并不能简单、单纯地复制现在发达国家如美国、欧洲等国的生活方式或生产方式。气候问题的确是我们需要关注的重要议题。这将成为下一发展阶段人类所面临的重大挑战。同时这也涉及人类对自然资源的竞争和利用。目前为止，发展中国家还并没有完全意识到这一问题的严重性，实际上这将是阻碍、制约发展的一个陷阱，必须给予足够的重视。目前，中国是世界上最大的二氧化碳排放国家，印度排第二。因此减少二氧化碳排放量是我们共同的责任，而不仅仅是美国、欧洲等发达国家的责任。改变生活方式是长期性的。我们应该就每一个问题都能够找到合适的解决方法。而这就需要全球治理。所需要强调的是，我所说的并不是全球政府，而是全球治理。

所谓的全球治理是一个社会学或国际关系的术语。这是为了解决超出一国或一个地区的某一问题，而由各国进行政治协商以共同解决的方式。全球治理并不需要建立一个世界政府，这是在保留现有各国政府管理机制和力量的基础上，加强彼此的沟通和协调，以解决一些共同面临的问题。随着全球化的深入发展，包括冲突、环境、生态、资源、气候等许多问题的解决都非一国政府所能及，因此，全球治理应受到愈来愈多的重视。包括提供公共服务如医疗、教育等。我们应该这样理解这一问题：对于世界能够产生正面效应的也一定对亚洲有益处，反之，如果对世界不好的事情也一定会威胁到亚洲。所以我们的眼光应该更加长远些。因此，我们要非常积极地参与到全球治理的过程当中，以达到世界性的平衡。

伴随着新兴市场国家经济的迅速崛起和国家的日趋强盛，国际地位日益提高，这些国家应该在诸多涉及国家、地区和全球利益问题的处理上，变得越来越从容，越来越自信。全球治理在环境、全球金融体系及国际政治秩序等方面需要多方的声音，亚洲需要更多的发言权。

正如2011年新上任的国际货币与金融委员会主席尚达曼——第一位出任该职位的亚洲高官所说："在2008~2009年这两年危机中，世界经济重心加快向亚洲转移的速度，亚洲也对于全球金融监管以及经济管理产生了更多兴趣。"不过在一些主要经济机构中，特别是在国际货币基金组织（IMF）中，亚洲还远未被充分代表。二十国集团（G20）是一个显著的进步，与七国集团或者八国集团相比，对于世界经济而言，G20更有代表性，不过即便在G20之中，我们仍需考虑关于亚洲持续增长的发言权问题。我们处在一个转型点上。亚洲的力量显然没有被充分反映。亚洲需要在 IMF 中有更多的份额，特别是中国，中国需要在 IMF 中有更显著的发言权。在席位和决策方面也是如此，这是可以预见的未来。但是如何管控这个转变非常重要。发达国家和发展中国家需要用长期的思维方式来看待这个问题，世界经济已经改变了，IMF 需要体现这些改变。

讲了以上的内容，现在我想有必要让大家比较一下"亚洲世纪"的实现以及"中等收入陷阱"这两个极端的情况。以此对我们现在所处的状况有一个更加全面、深入的认识。现在，让我们一起来观看两个视频。

（播放视频）

好，现在我来进行一些总结。众所周知，全球化是不可阻挡的历史潮流，全球范围内的竞争也必将越来越广泛、越来越激烈。因此，积极做好应对的准备，并采取有效的对策积极投身到全球化的大潮中，无论对于大到国家、小到个人都是十分必要的。任何国家拒绝开放，自我封闭，都注定要落伍。对于发展中国家来说，就应该以积极的态度，尽可能自主地参与全球化的进程。不参与全球化，就只有边缘化，在全球化进程中没有自主性，也注定要被全球化的潮流所淹没。

但是应该强调的是，各国应在权衡经济利益和社会政治效益的轻重之后，自由选择任何形式的公平贸易方式，而不能只在世界自由市场和封闭市场之间进行选择。以求得经济利益和社会政治效益的最大化。经济全球化给发展中国家经济发展带来机遇的同时，也会带来风险，这突出表现为中国开放型经济中各种不安全因素的存在。这就需要各国辩证地对待全球化。

因此，各国在积极融入全球化的同时，还要保持高度的自主性。然而，在以知识经济为主要特征的全球化进程中，相对西方发达国家来说，发展中国家处于明显的劣势。面对经济全球化的挑战，后发国家必须苦练内功，增强实力，并以实力为后盾扩大自主开放，巧妙地利用自己的经济基础和国际地位，主动积极地参与制定而不仅仅是被动地适应"国际游戏规则"，推动既存国际游戏规则的完善，以确保本国在"国际游戏"中权利和义务的平衡，只有这样，本国才能在未来世界上占据与自己相称的国际地位。

而新兴市场国家为了实现所谓的"新兴市场世纪"，则需要各国积极实施本国行动、区域内协作和全球化进程三个层次相统一的战略框架。同时，为了避免陷入"中等收入陷阱"，各国政府应当制定大胆且创新的国内政策，并探讨该地区乃至全球合作的途径。

好的，接下来我将时间交给在座的各位。

谢谢！

提问一：

非常感谢您精彩的演讲。在过去的4年中，亚洲的经济发展出现了不稳定的特征。而亚洲如何能够正确进行自我定位，这是一个问题；另一问题，我认为阻碍亚洲能继续保持像现在这么高的经济增长速度，政治又是一个非常重要的原因。因此，要真正实现新兴市场国家的时代，亚洲国家该如何做呢？谢谢！

Harinder Kohli：我在《亚洲2050》里谈到了这个问题。如果你想阅读，可以问姚彦贝女士，或者到图书馆也能够借到英文版的。我想说的是，亚洲国家需要在一些重大的全球问题上采取一致的立场，我们使用"全球共识"来描述这样的状态。

2011年，亚洲各国在世界经济缓慢复苏的背景下探求着自己的复苏、发展和繁荣之路。尽管全球金融风暴和世界经济衰退对全球化进程产生了一定的影响，但全球化的大趋势不可逆转。亚洲未来的经济社会发展，也离不开全球化以及与世界其他国家和地区的贸易与合作。这次全球金融危机和世界经济衰退，发生在一个更为开放、市场分工更为细化的经济日趋全球化的时代。在目前的后危机时代，迫切需要世界各国政府在全球视野下来共同探讨全球治理结构问题，并加强各国之间的沟通、协调与合作，以建立开放、共赢的世界经济秩序。亚洲各国要在和平、稳定的前提下，本着互利、共赢的原则，实现均衡、公平、可持续的共同发展。可以相信，通过亚洲人民的共同努力，一定能够建设一个更加繁荣、和谐的新亚洲。通过亚洲国家积极参与全球治理机构的改革，一个更加开放、公平、繁荣的国际新秩序一定会在全球形成。

　　刚才你提到的政治在经济发展中所起到的作用，这的确是一个非常重要的问题。实际上，政治和经济的确会对彼此产生作用，有正的作用，也有负的作用。目前，国际政治经济秩序对于后发国家，从某些程度上来说，是损害它们的利益的。因此由于国际经济旧秩序没有从根本上改变，经济全球化趋势在推动世界经济发展的同时，也给各国特别是发展中国家带来挑战和风险，发展中国家在经济、政治、文化、信息、军事等方面面临着严峻压力。发达国家和发展中国家资源占有失衡，财富分配不公，发展机会不均，形成"越不发展越落后，越落后就越难发展"的恶性循环。并且，由于全球经济发展不平衡、南北差距扩大和贸易保护主义抬头等外部因素，加之自身基础薄弱，广大发展中国家在经济社会发展中面临着不少困难和矛盾，有的甚至面临被边缘化的危险。因此，各国共同面临着维护国家权益、建立公正合理的国际政治经济新秩序的重要课题。而发展中国家不能实现充分发展也最终制约了世界经济持久稳定增长。

　　因此，只有建立起公正合理的国际经济新秩序，才能改变发展中国家这种不利局面，才能推动世界经济向均衡协调可持续方向发展。

提问二：

　　非常感谢您的精彩演讲。您给我们展示了许多"中等收入陷阱"的数据。我想向您请教的是，像中国和印度这样的大国，如何才能成功跨越"中等收入陷阱"？您能向我们提供一些比较具体的建议吗？谢谢您！

　　Harinder Kohli：现在可以和大家说说阿根廷和巴西的例子。在20世纪头50年，阿根廷可以说是这个世界最重要的国家之一，尽管它只是生产肉和动物的皮毛。随后几年当中，阿根廷陷入中等收入陷阱，另外，在拉丁美洲陷入中等收入陷阱的国家还有巴西，70年代的时候，巴西和中国现在的情况是类似的，到1976年这段时间当中，巴西经济每年增长10%~11%，这是非常好的表现。但是两个十年快速增长之后，增长速度开始放缓并下降。此后，在经历了20年的高通胀、高债务之后，巴西现在是一个比较稳定的国家，是一个债权国。而且巴西是拉美在智利之后第二个最民主的国家，制度改善进展非常快，两个国家终于成功走出"中等收入陷阱"。我认为，现在对亚洲国家来说这是一个很好机会来讨论如何避免中等收入陷阱，而在那个时候拉丁美洲国家没有机会讨论这个问题。

目前，经过30多年成功的改革开放使中国跃居为世界第二大经济体，但目前面临的挑战是如何在避免陷入中等收入陷阱的同时，保持可持续发展。从长期来看，拉动中国经济急速增长的因素似乎正在消退，例如资源已经基本从农业转移到工业，而随着劳动力的减少和人口的老龄化，供养退休者的工作人数可能会不断地减少，同时生产率增速逐渐下降。部分的原因在于中国的经济正在逐渐耗尽基本生产方式转移所带来的收益，加上中国还面临着其他的挑战，比如环境的恶化、贫富差距的拉大、过度使用资源以及碳排放过量等，同时还有服务业发展滞后以及过度依赖外国的市场等。如果不进行根本性、结构性的改变，中国可能会落入所谓的"中等收入陷阱"，从而加剧全球的增长困境。

因此我认为，中国需要更加坚守包容性增长和环境可持续发展的立场，以确保长期发展，并克服30年来高速发展所带来的种种失衡。据我所知，中国现已经逐步开始制定多项改革措施以应对上述挑战；但要实现成功的转型和经济再平衡需要一个长期、综合的过程。政府需要进行重大的改革，从现有的劳动密集模式向资本、技术密集化程度更高的模式转变。同时，还需要努力进一步强化金融部门，促进个人消费，完善收入再分配机制并发展综合性保障网络。因此，中国面临的选择是：能不能在目前转变发展方式、结构调整、产业转型以及深层领域改革各方面有所突破。如果这些方面实现突破的话，中国肯定能够突破这个陷阱。

提问三：

非常感谢教授的精彩演讲。您在演讲中提到了经济发展过程中的"趋同效应"。那请问教授，世界经济未来的出路在哪里？您认为此次经济危机多久能够结束？谢谢！

Harinder Kohli：首先，经历这么一场大的危机以后，大家应该有耐心，全球经济可能还会经历一个比较长的时间的低谷，这个比较正常，千万不要急躁，不要老是预测全球复苏。第二，全球经济在度过这么一个比较长的低谷以后，更重要的是循环性的增长点。我觉得这个增长点其实已经找到了，就是包括新能源在内的一些战略性新兴产业能不能在技术上获得突破。实际上，这也是世界经济未来发展的出路所在。

每一次全球经济在落入低谷以后，最终把全球经济拉到高点的唯一推动力就是技术的突破和创新。所以包括新兴市场、包括发达国家，目前大家都在寻找在战略信息产业方面的突破。如果在技术层面获得突破的话，全球经济在3到5年的时间内应该可以走出低谷。

提问四：

中国现在增长速度如此之快，但是在发展的过程中，出现了很多问题，因此有人说应该将速度放缓一些，要平衡好各方关系，如政治、经济、社会以及各自之间的相互关系。对于这个问题，您怎么看？

Harinder Kohli：我基本同意以上观点。经济增速放缓一般是调结构的最佳时机，同时目前全球正面临新一轮技术革命和产业革命的机遇和挑战，加快结构调整的压力进一步加大。据我们对中国的研究，中国在未来的几年内，如果加大改革力度，加快转变经济发展方式，培育新的增长动力，例如提高全要素生产率、加大人力资本投资形成新的人口红利等，未来5年平均经济增长速度仍会相当高，达到8%以上。只要增长质量、效益、协调性和可持续性提高，人民得到更多实惠，更加公平地分享发展成果，即使经济增速放慢，中国经济发展也可以说是成功的。

不要因为对短期问题的过度关注而影响长期问题的解决，应坚决推进改革和结构调整的步伐。我们观察中国经济不仅要看到亟待解决的短期问题，更要看到经济结构不合理、发展方式粗放等长期问题。这些长期问题很重要，但是，每当遇到风吹草动，出台的一些短期政策往往与规划相左，这样就把一些长期的重大事情给延误了。要根本解决这些问题，需要坚决推进改革和结构调整的步伐，这在一定程度上需要以经济增长的适度放缓为代价。而为了科学发展，这个代价是值得的。

　　发展的最终目的是人们生活质量的提高。经济发展只是手段，是为了切切实实地实现好、维护好、发展好最广大人民的根本利益。人是发展的目的，当然也就是经济建设、经济发展的目的，经济建设则是达到人这个目的的手段。没有这个手段，目的就不可能达到，坚持以经济建设为中心，要始终着眼于人的全面发展这个根本目的；而坚持以人为本，则要牢牢抓住经济建设这个最基本最重要的手段。因此，如果仅仅只关注发展本身，而忽略发展的目的，则会造成人文关怀的社会政策的缺失。这样不利于达到高速发展的同时社会达到和谐的状态。所以，如果改革进行得顺利，即使经济增速有所放缓，而让广大人民能够享受到经济高速发展的果实，改善贫富差距，则会给今后的发展奠定更坚实的基础。

　　主持人：胡必亮教授

　　因为时间关系，今天的提问到此为止。可以说，Mr Kohli 给我们作了一场非常精彩的学术报告。我相信各位，也包括我学到了很多。就仅从 Kohli 先生给大家播放的两段视频，我们就能够发现其中包含了许多机会。比如说亚洲现在所拥有的，正是拉丁美洲所缺少的，如治理机制、制度等；同时，我们也要承认，拉丁美洲同样拥有我们亚洲所缺少的，如它们丰富的自然资源。这就为我们今后的发展指明了方向。

　　同时，也像考利先生所说的那样，我们个人也要积极参与到全球化的进程中，将自己打造成一个全球化的人才，这样我们才能发现更多的机会。所以在座的各位，比我们这一代要幸运得多，能够赶上开放的全球化时代，将会有更广阔的发展空间。

最后，非常感谢考利先生精彩的演讲。同时也非常感谢到场的各位牺牲你们的休息时间来参加我们今天的讲座，非常感谢！祝各位周末愉快！

演讲者简介：

哈瑞尔达·考利出生于 1945 年，曾就读于印度理工学院的机械工程专业，并于 1972 年以优异的成绩从哈佛大学毕业，获得工商管理硕士学位。

考利先生在佩特以一个生产工程师的身份开始了他的职业生涯，也就是一个汽车零部件制造商；此后，1967~1970 年间，他加入了印度硬质合金联盟，在它的化学品和金属品部门工作。1970 年，他来到美国学习管理和金融。

从哈佛大学毕业后，作为一名年轻的专家，他加入了世界银行在华盛顿的总部。在他 26 年的世界银行生涯中，他担任过一系列的高级管理职位，涉及技术、战略和国家关系责任，在世界各大洲的 50 多个国家工作过。这些职位包括领导性质的职位：作为银行全球业务在化工、化肥、炼油和石化产业的部门负责人；作为制定和监督银行的工业和金融部门的发展政策和战略的集团负责人；以及作为银行的信息、技术和设备部门最年轻的经理之一。

当考利先生处于后一种职位时，银行创造了第一个全球企业通信网络之一，率先把个人电脑的概念普及到所有的员工，成为最大的电子邮箱企业用户，其中包括非技术类的公司，并建立了一个屡获殊荣的新总部大楼。1990 年，他又成为技术部的经理，技术部有很多高级技术专家，他们为所有欧洲和中东的银行借款人提供咨询。1993 年，他成为为马格里布国家和伊朗的国家战略和所有贷款决策负责的经理。1994 年至 1998 年，他是东亚和太平洋区的高级顾问，领导着世行在私营部门参与基础设施的工作。哈瑞尔达·考利先生于 1998 年开始经营圣坦尼集团——一个建在华盛顿的战略咨询公司，专门从事新兴市场的工作。

自母公司成立以来，他一直是母公司的大股东、总裁和首席执行官。

该集团现在由5个公司组成，包括在亚洲和拉丁美洲的子公司。其工作重点是：经济和政治研究；新兴市场的企业战略；金融部门，能源，基础设施和城市发展；以及采购系统和治理改革。它的客户包括主要的国际公司，政府以及多边和双边发展机构。考利先生是新兴市场论坛的创办董事和行政长官之一。

第十讲　中国金融发展与人民币国际化

——美国卡内基国际和平基金会高级研究员
彼得·鲍泰利教授演讲录

2011年12月16日,前世界银行驻华首席代表、约翰霍普金斯大学资深兼职教授彼得·鲍泰利(Pieter Bottelier)应胡必亮教授邀请,到我校京师发展讲堂作题为《中国金融发展与人民币汇率》的演讲。以下是演讲实录:①

主持人:胡必亮教授

各位,下午好。多么美好的一天!时光飞逝,已经快到年底了。通常,在年底人们都会展望未来,回顾过去一年自己都做了些什么。所以这是人们自省、思考国家和社会问题、总结收获的时候。今天,我们很高兴邀请到鲍泰利教授和我们在一起讨论中国金融与人民币汇率问题以及在未来的几年中中国经济将会怎样发展的问题。教授今日所讲则可以作为硕士研究生和博士研究生进行研究的重要资源和指导。从1970年到1998年的近30年间,鲍泰利教授将大多数时间都花在世界银行的经济研究工作上,在发展研究方面,他绝对是世界银行中优秀的经济学家。此外,他还做了很多关于预测中国经济形势的工作,他曾是世界银行北京办公室的首席代

---

① 本演讲稿先是由北京师范大学经济与资源管理研究院2011级全体同学根据视频资料进行初步整理,然后由硕士研究生项思璐、张馨雅两位同学进一步整理而成。

表。大学毕业后进入世界银行前，他还在布鲁金斯学会和麻省理工学院做过研究。

这里，我还想与大家分享我在世界银行工作期间作为他的直接下属与他共事3年的快乐和幸福。毫不夸张地说，那是我生命中非常快乐的一段时光。直到现在，每每回想起这3年，我都会向大家感慨这3年是多么难以置信。

他是一个非常和善的人。我们在一起做了很多研究工作。比如说《二十一世纪中国的粮食安全》《二十一世纪中国的环境保护》等。那是香港回归之前我们一起完成的一个非常重要的研究项目。那时，世界银行出版发行了7本图书作为庆祝香港回归中国的厚礼；而这7本书中大部分的研究是在他的领导下进行的。那的确是一段辛苦却非常快乐的时光，我永远也不会忘记！所以我相信他今天的演讲不仅非常值得一听，而且值得反复回味。让我们用热烈的掌声欢迎鲍泰利先生！

演讲人：鲍泰利教授

谢谢你，胡教授！我很高兴来到这里，同时很感谢你在介绍中将我大大"吹嘘"了一番。其实我的贡献十分有限，但是我非常荣幸能作为世界银行的项目带头人来到这里，与像胡教授一样的人合作。我希望你们所有人都能听懂英语，因为我不会说汉语。

胡教授让我从中国的视角对全球经济形势和所有有关人民币国际化的问题进行阐述，而我也会试着发表一些自己的看法。你们中的一些人或许已经从媒体得知世界正经历着欧债危机带来的动荡，在某种程度上，这应该是一次全球化危机。中国与美国、欧洲、甚至印度都紧密连接在一起，整个世界已经与50年前完全不同了，我们现在正在经历欧债危机的阴霾所带来的经济动荡，从某种程度上说，这次危机甚至会引发未来新的经济危机。

其中的一种危机就是全球化的挑战。我的理解是这样的：第二次世界大战之后的很长一段时间里，主导经济的权力一直由西方国家所掌握，比如美国。而现在看来那样一个时期即将结束，在 20 世纪 50 年代，美国的经济总产量可以占到全球总产出的 40%以上。以美国为首的西方国家占主导地位的经济形势是过去 60 年来全球经济、政治和国家安全关系的一个特征，而在今天，那样一个时期即将结束，尽管美国仍然是最强大的经济体，大家却很难相信它现在占全球总产出的比例已经下降到 18%~19%。虽然目前来讲西方国家仍是全球消费的主要群体，但全球大部分产出却已经变为来自以中国为代表的东方国家。而这些以中国为首的占有世界上 55%的产出的东方国家却只占全球消费总量的 45%，即 55%的消费仍然是在西方，但这些国家的总产出却只有全球总量的 45%。这就是全球消费与生产严重失衡的根源：西方消费太多，东方消费太少，也是一个不容忽视的、必然会改变的事实。

那么，接下来我要讲的是一个比较难懂的话题，我会尽量地深入浅出。这个问题就是中国的金融改革，特别是人民币的国际角色。请让我从我的结论说起，然后我会尽量解释原因。我认为从 1978 年邓小平领导改革开放以来，中国已经走到了一个转折点：金融市场的改革逐渐被提至议程首位。很长时间以来，中国一直专注于整改商品市场、服务市场，而不是金融市场。我相信这其中既有外部原因，也有内部因素。而现在正是中国加快金融改革的步伐的极其重要的时刻，人民币的国际化很可能成为这一改革中极其重要的一部分。但是，这样的改革同样面临着很多问题。金融部门的改革在我看来不仅对中国，而且对整个世界来讲都应该是一件头等大事。

一、中国金融领域发展历史

研究中国经济史的人都知道中国至今还没有一个完善的金融体系，金融体系创始于 1978 年 12 月的十一届三中全会之后。1978 年以前，中国唯一的金融机构就是中国人民银行，没有资本市场，没有保险业务，即便有少量的国际贸易也并非出于商业目的，一切都是后来才发展起来的。1979 年银行体系重建，中央恢复中国农业银行，中国银行从中国人民银行分设出来，建设银行从财政部独立出来，它们是第一批专营银行业务的机构。而在接下来的发展历程中金融体系改革的飞跃是1984年政府决定开始国有企业改革，政府希望把承担国有企业融资的责任转交出去。那是非常关键的一步，也是银行真正融资业务的开始。但是当时没有一家银行了解如何为大型企业融资，于是中国工商银行应运而生，中国人民银行专门履行中央银行的职能。

中国工商银行成立于1984年，现在已经成为经营中国大型企业融资业务的最主要的银行之一，甚至是国际最大的银行之一。从1984年到1994年，中国的银行不能被称为真正的银行，政府实际掌握着实权，20世纪80年代，各地方支行转为由当地政府直接管理。没有电脑系统，没有金融整合，所以银行实际被政府操控。直到1992年，邓小平南方讲话，第二次改变了中国，这一举动虽然解决了一些问题，但仍然遗留了很多问题，如政府大额举债、信息披露不够等等。

紧接着从1992年至1993年初，由于货币发行过多的滞后效应等导致了远远超过今天的高通货膨胀率。今天人们抱怨的通货膨胀是完全无法与那时相比的。那时的通货膨胀率已经高达25%~30%。高通货膨胀引发了一场巨大的争论：政府该采取怎样的措施。尽管当时中国国有制经济在很大程度上仍然占主导地位，但非公有制经济已经成长为相当重要的一部分，许多外企、合资企业以及小型企业占多数的私营企业的存在使中国成为一个混合型经济体。国有和非公有经济都是重要的。有一些人认为：通货膨胀就意味着没有足够的货物，因为我们必须生产更多的产品来避免通货膨胀，所以我们必须更多地投资，这在当时是一个错误的思路。另一方面，有这样一群人，他们接受过先进的教育、懂得投资，意识到通货膨胀是一种自发的货币现象。它来源于现金过多，而且现金过多的原因则来自于借贷。

因此当时的政府分成了两派：一派认为应该加大投资力度，一派则认为国家已经投资过度。而朱镕基先生，作为当时主管经济的副总理，成为了关键的决策者。这便是中国宏观经济政策工具作用发展的开端。1993年

7月的中国宏观经济稳定计划则是一个关键性突破，那是中国第一次有意识地利用宏观经济政策工具来试着控制通货膨胀，同时他们也意识到如果缺乏对银行系统的认知是搞不好宏观经济的，这就导致了对银行系统管理的再集中化———一个很大的突破。朱镕基先生和他的团队经过深思熟虑最终做出了这一决定，并且很幸运的是，他们是完全正确的。如果他们做出了错误的决定，中国将不会是今天这样。现在中国能够发展得这么快、这么好，一定程度上取决于1993、1994年。1993年11月，14届中央委员会第三次全体会议召开再次成为一个重要的突破，因为它直接影响了14届全国代表大会的决议———建立社会主义市场经济，这是有中国特色的说法。

在当时，中央委员会决定必须创造一个现代化的价格体系，这是正式企业改革的开始，但这需要很多很多年才能取得成功，这样一个创造现代化企业系统的决定会有各种各样的结果，因为这也意味着整个税收系统都需要改变。中国必须建立一个如美国国税局（IRS）的税收机构，据记载，关于地方政府和北京（中央）对税收收入之间的分配展开了激烈的争夺，所以说在1994年元旦引进的现代税收系统是中国金融系统和税收现代化进程中的一个重大突破。后来人们意识到还需要引入财政体系和合资企业制度，这又是一个重大的突破，与此同时还需要采取各项分步措施来优化银行系统，当时银行系统不仅仅是银行系统本身，它还是国家的经纪商，国家的财政局。银行必须代表国家从事各种社会服务活动，如中国许多城市地区的教育问题、军事费用、国有企业问题、健康保健问题、职工的住房保障系统（当时并没有私人部门从事房地产活动）。人们开始将许多责任从国有企业转移出来，转向国家。当时的教育部部长被告知应该承担处理教育系统的责任，住房部部长该为住房问题承担责任了。直到1995年和1996年，国有企业让员工下岗的做法被政治上认可，当时很多职工都下岗了，原因之一是因为他们受雇于社会主义经济而又不能创造利润，很多国企员工下岗在政治上被默许了，这实际上从1987年就开始了，国有企业可以破除老的制度而基于合同的形式雇用员工，我希望你们能够理解这种情况。在1996年，国有企业的雇员和政府部门职工几乎一样多了。从那时起，国企员工的数量开始下降。之后在1997年发生了亚洲金融危机，这对于中国来说是个巨大的冲击，虽然中国并没有受到很严重的直接影响，但是泰国、印度尼西亚、马来西亚等一些东南亚国家，甚至台湾和香港地区都受到了冲击，就连日本都受到了影响。

而中国是唯一一个没有受到严重影响的国家。北京的中央领导人意识到，这是一次非常严重的经济危机。如果当时中国是一个开放的经济体，那将会损失惨重。所以他们意识到，不应该把中国的幸免于难当成理所当然，也深感改革的压力。他们甚至更加强烈地意识到，银行必须联合起来为应对潜在的危机做好准备，国有商业银行亟须整顿以防范金融风险。1997年初，这场危机从泰国开始，韩国受到较大冲击，这给中国的领导人敲响了警钟，韩国早在1996年早些时候就已经成为经济合作发展组织（OECD）的成员之一，中国从未想过韩国会遭遇如此境地。这也使他们感觉应重新思考金融业改革的重要性并进一步推动企业改革。

1998年3月朱镕基被任命为总理。尽管现在朱镕基已经退休，但他永远是中国历史上关键的改革家，一个伟大的改革者。成为总理后，他宣布要让国有企业变得更有效，在那个时间过半国有企业是不盈利的，只有少数国有企业盈利，那是多么糟糕的情况！当时的局势内忧外困，受金融风暴的影响，出口增长率出现下降，商品库存猛增，消费需求不振，朱镕基总理在这种情况下做了一个重大决定：目光向内，促进内需，催热房地产市场。1998年7月，国务院发出《关于深化城镇住房制度改革加快住房建设的通知》，指出稳步推进住房商品化、社会化，逐步建立适应社会主义市场经济体制和我国国情的城镇住房新制度；加快住房建设，促使住宅业成为新的经济增长点，不断满足城镇居民日益增长的住房需求。深化城镇住房制度改革的目标是：停止住房实物分配，逐步实行住房分配货币化；建立和完善以经济适用住房为主的多层次城镇住房供应体系；发展住房金融，培育和规范住房交易市场。这个决定所起的作用是使民营建筑业有了一定的发展，因为单位不再建造房屋了，中国商业建筑业和个人房屋抵押贷款都可以追溯到那个时期。现在房屋抵押贷款大约占中国的银行总资产的16%，大大超出最初的1%。房屋抵押贷款一直在发展变化。但是也必须遵守法律制度的要求，因为现代工业的贷方必须被保护，必须有一定的安全保障，以确保其不受损失。我不知道你们怎么称呼排除损失，不管怎么说，安全的银行、安全的证券，都需要发展。银行变得更多地从事商业活动，如贷款融资的发展，私人贷款。在市场化尝试的最后阶段，四大资产管理公司相继成立，接收四大国有银行1.4万亿元不良资产，1999年4月，中国第一家经营商业银行不良资产的公司——中国信达资产管理公司成立，该公司主要是负责接收、管理、处置中国建设银行划转的不良贷款。随后，在1999年内，中国东方资产管理公司、中国长城资产管理公司、中国华融资产管理公司相继成立，分别收购、管理、处置中国银行、中国农业银行和中国工商银行剥离的不良资产，各家银行剥离的不良贷款范围是剥离逾期、呆滞和呆账贷款，其中待核销呆账以及1996年年底以来发放并已逾期的贷款，不属此次剥离范围。

2001年中国加入世贸组织，每个人都开始意识到，中国是重要的，然而在当时由于背负了巨额的不良资产，国有银行在技术上已经资不抵债，国有银行如果不能及时转型，将会直接影响到国民经济运行的质量和速度，据当时有关部门测算，如果四大国有商业银行资本充足率达到巴塞尔协议8%的标准要求，需动用大约9700亿元财政资金，近万亿元的资金大致相当于当时一年财政收入的50%，相当于GDP总值的1/10，这无疑是一个天文数字。2003年10月，中共十六届三中全会明确提出，选择有条件的国有商业银行实行股份制改造，加快处置不良资产，充实资本金，创造条件上市。决策者创造性的思维又一次突破重围，以中央汇金投资有限责任公司（下称汇金公司）为操作平台，新一轮国有银行改革由此破局。2004年8月中国银行股份有限公司成立，9月中国建设银行股份有限公司成立，2005年10月中国工商银行股份有限公司成立，2009年1月中国农业银行股份有限公司挂牌成立，中国银行、交通银行、建设银行、工商银行、农业银行纷纷上市，至2010年各国有大型商业银行股份制改革基本完成。所以这些上市的银行是非常成功的，如中国工商银行、中国建设银行，这是中国能吸引大量的外国货币进一步加强国有银行的资本的基础，是非常成功的策略。

二、人民币国际化

2008年，美国发生金融危机，雷曼破产了，然后危机波及全球。2009年中国中央银行行长周小川提出国际货币体制改革建议，倡议将IMF（国际货币基金组织）的特别提款权（SDR），发展为超主权国际储备货币，并逐步替换现有储备货币即美元。正如周小川提出的，我们正在使用的SDR是已经存在的，应将SDR转变成一个真正的国际货币，可以作为货币使用，这是一个极好的建议。尽管在逻辑上是可行的和建设性的，但也是复杂的，很难被国际社会所采用，因为美国是世界上储备货币的发行国、世界最大的债务国，他们认为美元是国际货币的中心，拥有实际的否决权。中国人民银行开始追求改革国际体系的替代方式，这也就成为2009年下半年开始推动中国境外的人民币的流通和香港离岸人民币市场的建立的原始动力。对于那些没有金融经济背景的人来说，这个举动是很难理解的。推动离岸人民币的发展是一项艰巨的任务，因为中国的资本项目对外仍然是封闭的，人民币不是国际可自由兑换的货币，然而，它想要在金融和投资方面成为国际货币，其实就算是在这样困难的情况下，仍然可以实行。如今，人民币存款基数在香港保持快速增长的势头，已达到近6000亿元。如果你今天去香港，你可以用人民币付出租车的车费，而在5年之前这是无法想象的。在香港人们都愿意接受人民币，这是为什么呢？唯一的原因是人们预期人民币相对美元会升值，而港元是盯住美元的。正是对于升值的预期才支撑了香港的人民币存款总额。这一切都进行得非常顺利，直到五六个星期前，也就是在九月末、十月初的时候，欧洲的危机，使得人们的预期开始改变，欧洲是中国最大的合作伙伴。许多人担心，中国政府、央行将再次叫停人民币的升值趋势。这使得在香港持有人民币变得没有那么有利可图，正是因为这样，香港离岸人民币汇率开始和上海、北京的人民币汇率不同。所以现在我们再次回到了曾于1994年终止的双重汇率制度。现在的问题是我们应该做些什么来应对这个问题,在香港,人们并不像以前那样希望持有人民币,而这些市场的预期都是非常重要的。

现在,有一个对中国,乃至世界都很重要的结论——中国应加快国内金融体制改革,使人民币不仅是贸易融资货币,也可以像美元、欧元一样成为国际储备货币,这对于中国来说将是一个非常重大的挑战。因为如果想要使本国的货币成为世界范围内可自由流动的储备货币,我们将不得不放弃国内的利率管制。中国现行的系统是人为地保持低利率,保持较低的汇率,这就不可能使大量资金进入或撤离中国,而一旦放开了这些管制,这道屏障就没有了,将使得中国面临更加严峻的挑战。而我相信,时机已经成熟,这项工作已经势在必行,虽然不能在一夜之间、一年之间完成,但如果中国的领导层相信它是正确的道路,在三到五年内完成是可能的。

现在我来谈谈,为什么我认为这对中国、乃至世界而言很重要。先从中国说起,中国的金融系统存在着"金融抑制",存款利率被人为地压低,减少了居民可支配收入,这可能相应减少了家庭消费,当然这种低利率可能对金融系统也有影响,中国的 12 个月的利率甚至比通货膨胀率还低。如果你口袋里有 100 万元人民币,你会把钱放进银行吗?当然不会!作为世界第二大经济体的中国,储蓄率居然低于通胀率。这是非常奇怪的。储蓄利率上限压低了官方金融体系借款利率,防止境外投机性资本流入,但是这种政策同时也推动了金融中介进入利率较高的地下金融市场,2009 年开始这已经成为一个严重的问题,国有银行开始开发各类非官方的信托产品,提供 7% 到 8% 或者更多的投资回报率。但由于这并不是官方承认的利率,这些业务也都在资产负债表以外——大规模的影子银行正式崭露头角。那银行用这些钱做什么呢?它们不会把钱借给国有企业,因为它们只付 6%~7%。实际上银行把钱放入私募股权基金(Private Equity Funds),这是金融体系无法控制的一部分。银行也就由此谋取利润。这样一来,它们就可以给那些购买它们信托产品的公司或个人更高的收益。这所有的一切都形成了现在中国的大规模的影子银行。如今,它们已经是系统的一部分。由于我们没有相关的统计系统来计算,其规模很难衡量。这其实是一个不理想的状况：因为有很大一部分金融中介业务都在官方系统之外，增加了市场利率。银监会（CBRC）对于这些行为几乎没有任何办法进行管制，使得整个系统很不稳定。这也导致了系统中有很多空子可以钻。因此，那些知道如何操作这个系统的人在其中大赚了一笔。这也是中国社会众多不平等的来源之一。

我认为如果中国更好地将正式和非正式的市场整合到一起，使得金融系统在一个市场内进行，而不是分两个市场分开运作，这样是大为有利的。在某种程度上，现在的金融体制具有类似"户口"制度一样的效果。在中国那些没有户口的人和有户口的人享有不同的权利，你们基本上被分为两类人。正如户口系统一样，中国也有这样的金融系统。其实最终中国也应该放弃"户口"制度，我不知道这需要多久才可以做到，因为当地政府并没有钱来像照顾有户口的居民一样照顾那些流动人口。因此，这个过程不会进行得很快。同样，摆脱正式和非正式的金融体系的分离现状也是不容易的，现在而言，重要的是尽可能加快金融改革的速度。它肯定可以比户口系统的消除更快，中国可以在5年内实现完整的金融财税改革并使人民币可自由兑换。那么现在就是放松对存款利率控制的好时机，尽管这可能会增加企业从正规金融机构获得贷款的成本，进一步则会减少它们的投资水平。但是如果系统地考虑GDP增长的效应对就业的效果，会发现这一政策会使得原来无法从正规金融机构获得足够金融支持的中小企业和其他借款人能够获得更好的服务（这也是政府的既定目标），减缓甚至消除那些不受监管的地下金融市场的发展，出现的一个结果是，正规机构较高的利息率反而会减少这些中小企业获得贷款的成本，这对经济增长有很大的好处，因为中小企业能够用每元钱创造比国有企业更多的就业机会。接下来我们谈另外一点，从国际方面来看，世界金融体系自第二次世界大战以来一直是以美元为基础的。美元，是迄今为止最重要的国际货币，今天的美元甚至比20世纪50年代的时候美元地位更为重要。1944年7月，《布雷顿森林协议》的签署，确定了美元的官方储备货币地位，在1956年的苏伊士运河危机后，这个地位又进一步加强。历史是这样告诉我们的：

第十讲 中国金融发展与人民币国际化

当时，英国仍然有强大的殖民势力，他们想要惩罚埃及将苏伊士运河国有化的举动。但战争结束后，英国很是缺钱，他们希望从美国借钱来资助在苏伊士的军事行动。美国却说，"不可能"，他们表示，"我们不是殖民者，我们也不想和它沾上半点关系"。

今天，美元相对那时而言更是主导货币。"欧元"的出现，使美元有了唯一的竞争对手。我们不知道欧洲的货币系统发生了什么问题，先暂且不管欧元危机。自1999年以来，美元一直是世界上最重要的货币。有多重要呢？我们可以看下面的一组数据：近70%的全球贸易是用美元结算的；45%的可交易债权是美元标价的；60%~63%的央行持有的全球储备是投资在美元主导的票据上的。与此相比，美国经济在全球经济中所占份额只有18%~19%，但在贸易融资中的金融债务工具以及资本市场，美元是完全主导的货币，没有任何货币可以撼动它的主导地位。这是一种不健康的系统，使得现在整个世界都在受美国国内的经济政策的影响。美国的中央银行——美国联邦储备委员会只负责美国国内的物价稳定和就业，他们并不为全球负责。这样一来，我们今天所拥有的系统可以说基本上是一个坏的系统，不稳定的系统。因此，我们必须将目光转向国际金融体系改革。

唯一有可能成为像美元一样的大型国际储备货币的国家货币就是人民币，这不仅是因为中国的经济规模，还因为中国在国际商品市场的一体化程度。我说商品市场，是因为中国的全球化并不是在金融市场上的。因此，为了使人民币成为可使用的储备货币，中国应将其金融体系全球化。当然，随之而来的风险也很大，但中国不能继续无限期地关闭其金融市场。

所以，我得出的结论是：人民币国际化不仅是中国国内改革和社会发展的重要步骤，同时也是一个更加稳定的国际金融体系不可或缺的一部分。

感谢您的关注！

提问一：

非常感谢您的精彩授课，我的问题是随着人民币全球化，上海将成为中国的国际金融中心。而近年来随着中国国内改革的不断深入，很多地方政府也想建立一些地方性的金融中心，如重庆。而我们知道在亚洲，尤其是在中国，香港才是真正的金融中心。您认为中国政府努力在上海建立一个新的中心是有必要的么？

鲍泰利教授： 这是一个很好的，也是很有趣的问题。因为涉及怎样才能使上海成为国际金融中心。他们希望在2020年前达成这个目标，现在来看，还没有达到。除非人民币变得完全可自由兑换，上海才可能成为像香港、纽约、伦敦一样的国际金融中心。所以实际上中国政府应该要上海市政府发展国际性质的金融市场。但这也就意味着中国政府已做好准备使人民币可自由兑换；间接而言，他们将放弃很多金融管制手段，因为如果资本跨国自由流动，利率往往保持一致。美国、欧洲的利率几乎是一致的；因为资本项目不可自由兑换，中国的利率才可以是不同的。如果你想使上海成为国内国际金融中心，你将必须放弃所有这些管制。我相信，那些负责上海项目的人非常清楚这一点。我认识他们中的一些人，方星海（上海金融工作委员会主任），他是我在世界银行曾经的同事，后来他去了上海。我认为这是非常重要的问题。若从我个人的意见出发，这并不完全是个金融方面的决策，它也是一个政治决策。政府会放弃这方面的权力吗？这将是一个值得思考的问题。非常感谢。

提问三：

非常感谢您给我们梳理了金融体系改革的进程，我得说您让我们都感到汗颜，在中国经济改革史方面，我们还没有您懂得多。我今天看了一则新闻，说过去10年来，资本市场的价值，主要是指上海深圳的证券市场市值，并没有增长，您对这个是怎么看的？

鲍泰利教授： 中国的金融市场是一个很奇怪的市场。中国是世界经济增长最快的经济体，但中国的证券交易所却是世界上最不良的证券交易所。我们如何解释这个问题呢？上海证券交易所的行为几乎和大多数的经济行为没有任何关系。我做了很多研究来探索这个复杂的原因，中国的证券交易所仍然是以投机性质的投资，而不是长期的机构投资为主。大多数人都没有投资相关背景知识，或者都希望他们可以在一天或一个星期里赚很多钱。这是一个高度投机的市场，通常来说市场的大小决定了交易。我的观点是，中国国内的资本市场、证券市场，并不是真正意义上的国际标准的市场，而是非常奇怪的市场，外国人仍然没有进入市场的途径。市场仍然是封闭的，除非他们有QFII牌照，像是摩根士丹利、德意志银行一样的国际银行，已经申请了约一亿或者两亿美元的资产。但是这并不意味着开放，中国国内的资本市场本质上仍然是封闭的。因此，他们非常受普通股股东的投资行为的影响，其中可能包括在座的你们。为了使股票市场更加成熟，你必须转变为这样一个系统——在那里很大一部分的投资决策是由大型的保险公司或者大型的机构投资者做出的，即那些能够负担得起用专业人员来深入调查他们所购买公司价值的人。但现在而言，这个系统基本上处于尚未开发的状态。

中国最大的问题不是股票市场，而是债券市场。中国的债券市场甚至比股票市场还欠发达，利率仍是集中地间接地由"北京"决定的。因为中央控制了银行体系的存款利率和贷款利率，使国有企业和民营企业要发行债券必须通过该体系。由此，你没有真正的属于中国的收益曲线。如果你去英国、美国或加拿大，私人发行的债券，他要做的第一件事情就是尝试确定我可以以什么价格收取债券。他就会去查收益曲线。在美国，美国国债的收益率曲线即决定了债券市场的定价，但在中国我们并没有这样的曲线，因为一切仍然都在管制中。直到中国放弃利率管制，才能建立一个真正的债券市场。

提问三：

近期政府的报告指出人民币国际化迈出了非常重要的一步。在中国，我们在正式系统中国际化速度很快，但在非正式系统中的速度却更快。我们怎样才能解决这个问题呢？

鲍泰利教授：嗯，我认为这是最难的挑战。昨天我跟刘明康先生见面了，他现在已经退休了，是曾经的银监会主席。他对这些问题很感兴趣，他退休之前做出了一个决定——所有银行：所有国有银行，包括地方政府银行，城市商业银行，将于今年年底前把所有不在资产负债表的项目重回表内，时间上来说就是从现在开始算起还有两个星期。我不知道这能不能成功，因为这么多钱甚至会有一些腐败行为是与非正式货币市场关联的，要让所有不在资产负债表上的项目重回表内，重新受到国家管制似乎很难。如果中国能做到这一点，我将会留下非常深刻的印象。但我觉得，一旦银行发现系统有漏洞，它们将会与政府玩游戏。

还有另一种方法，不知道是否可能会发生，在这里只是作为一个智力游戏来了解到底是怎么回事。大家都知道，70年代末和80年代初邓小平领导的改革开始了，我们采取了在农业中的双轨定价的制度。有一个政府官方支持的粮食的价格，但如果农民能生产比计划多的粮食，他将不惜任何代价使其在自由市场上出售。这就是双轨制价格体系，它帮助中国完成了从计划经济到市场经济的过渡。它提醒了我，也许我们可以在金融体系做同样的事情。当然，这只是一个智力游戏，是不会真实发生的。如果你也认为，我们真的不喜欢影子银行，且不认为它是健康的，那么最终我们必须建立一个市场体系，使得政府撤出，政府将集中力量宏观调控，让市场发挥其作用。在你的脑海里可以思考的一个概念是，在某些时候，当影子银行体系已成为真正的绝大多数，我们将取消政府在金融体系的作用，就像他们在农业中做的。该价格支持计划不像以前一样重要了。就像他们对煤炭、对其他重要的生产要素一样的，实行一段时间的双轨制，然后再实现计划到市场的转变。像这样改革制度过渡，我认为这是非常危险的。我宁愿选择一条更加谨慎的道路。

提问四：

前几天，中国存款准备金率又下调了0.5个百分点。其他国家，如美国、加拿大,认为中国是打算刺激经济,即使仍然在通货膨胀的状况下。而中国政府却认为,中国在实施积极和稳健的货币政策。你是如何理解稳健的货币政策的呢?

鲍泰利教授:这是很有趣的一个问题。中国有许多闲置在央行的法定存款准备金并不能真正拿出来流通。这个比率是非常高的,大银行和小银行有所不同,大银行是22%。小银行是16%,但仍然高于国际一般标准。在回答你的问题之前,我们应该明白,为什么这个比例是如此之高,而且不寻常的高呢?中国金融体系是这样的:低利率以使得汇率保持在一定水平。几年前,中国金融体系中人民币流动性过剩,央行通过出售央行票据来减缓流动性过剩。2003年开始,它们开始使用央行票据,这是对银行中流通货币的抑制,银行必须交出流动的人民币。在一段时间内,央行真的获得了实际利润,因为它们可以在上海银行同业拆借市场投资美元。如果它们在外汇市场投资美国国债,需要支付3%~3.5%,而现在它们只需要支付2.5%,利润就是这样产生的。大约几年前,金融危机重创美国,美国开始降低利率以保护美国经济的深度衰退,这个情况随之发生了变化。

所以应该说,有另一种维持稳定的方式,对于我们来说要便宜得多。我们只需要告诉银行,必须保持更多的存款准备金,就不费这么多钱,成本只有1.6%。这是中国使用最低储备金来稳定银行体系的流动性过剩的来由。但后果是,央行不得不在过去的两年半时间内,至少八次提高最低存款储备金率。现在形势开始改变,为什么呢?因为中国的贸易顺差正在缩小,而香港对外汇市场的期望也在改变,人们现在是长期持有美元、短期持有人民币。6个月前,他们是长期持有人民币、短期持有美元。现在整个市场的心理都改变了,结果就导致银行体系的流动性过剩已经干涸了,现在有流动性紧缩,这是为什么上海银行同业拆借短期货币市场已经上涨了很多。现在,这意味着在中国,许多企业借款人无法得到钱。为了使其减少流动性紧缩的影响,他们将储备要求从24%降低到21.5%。这是应对不断变化的国际环境的决策,其实他们这么做也更合适。现在而言,我比较希望这个状态将持续一段时间,在未来6个月,将会有进一步削减最低存款准备金的举动。

提问五：

感谢您精彩的演讲。您提到，香港是离岸人民币市场的中心，人民币存款基数近几年在香港也不断增长，我想知道您有没有对香港和内地之间的人民币双向流动的建议，使我们能建立一个更加稳定的离岸人民币市场。如果可能的话，在未来，你认为有没有其他城市或地区可能发展成为离岸人民币中心？

鲍泰利教授：这是非常复杂的问题，你肯定知道很多有关这方面的背景知识，否则你不会提出这样的问题。正如我尝试建议的一样，离岸人民币市场存在方式有点奇怪：因为中国是一个过剩经济，它有经常项目和资本项目的双顺差，而人民币在资本项目下不可自由兑换。通常在这种情况下，你不能把钱向外投，因为钱想要回来。货币资本存款比在香港真正持有人民币存款多的原因是对于人民币升值的预期。如果升值预期是5%和一年期存款利率只有2%，那么持有人民币现金，这是可以的。中国处在一个非常不寻常的情况，即经常项目顺差，资本项目顺差但货币不可自由兑换，推动人民币走出去仍然看似是成功的。但是在9月底，情况有所改变，其中部分原因是欧元危机。

现在，我们更清楚地看到在香港人民币离岸市场有什么问题，一年前我们并没有意识到的问题。如果人民币可以自由地从香港回到内地来，就不会出现这样的问题，但内地并没有真正想让那些人民币回流。因此就出现了一个AC矩阵管制系统：中国的进口商被鼓励支付人民币使人民币外流，但出口商并不被允许使用人民币，因为他们并不想人民币回流。这是我们现在的双重汇率制度的起源。感觉上是需要保持人民币外流以便它不会回流到中国大陆，该控制系统是非常不自然的。

这个问题是不同寻常、复杂而独特的，我从没在世界其他地方遇到过这个问题。直到我们解决了这个问题，新加坡、伦敦才可能成为第二个、第三个离岸人民币市场。这是我们现在面临的很大的挑战。

胡必亮教授点评：

我必须在这里喊停，否则我们大家可能会谈整整一夜，因为我知道他熟知一切有关中国经济的问题。无论是我们在世行工作的时候，还是后来我去华盛顿拜访他的时候，他总是给我以新知。他熟悉中国经济从农业、工业到金融体系的一切。实际上，我们中国人应该感到非常自豪，尽管西方有一些人，他们不了解中国，因此提出了很多扭曲中国现实的言论，但也有像鲍泰利教授这样的学者，他们能正确地理解中国，他们也正在为传播中国的真相而不懈努力。他经常被美国政府、国会邀请一同探讨与中国相关的问题，如中美贸易平衡问题，人民币汇率问题等。正是因为有这样一群熟悉中国、熟悉中国经济的人的努力，帮助中国纠正了很多美国人眼中关于中国被歪曲的事实。我们应该为此充满感谢和感激。再次掌声感谢鲍泰利教授！

我相信大家和我一样都学到了很多，我想特别强调一下我从彼得身上学到的东西：

第一，经济历史对经济学研究的重要性，如果你不了解历史，那你就不会明白问题从哪里来，怎么研究解决问题；也不会明白如何对未来做出正确的预测。一言以蔽之，如果你不了解过去，那你也很难读懂未来。

第二，对于经济学专业学习的你们而言，掌握经济学的逻辑对于经济学研究是非常重要的，因为经济中有太多不同的因素，你不能单独地看一个，而是要研究它们之间的相互作用。彼得专注于研究金融改革，但通货膨胀、税制改革、房地产改革等等这些连接起来都是金融改革的各个不同方面，这些不同的因素都应该以准确的逻辑联系起来，今天彼得的讲座就给了我们关于如何将各个经济要素连接起来很好的例子。

第三，就是金融改革对于整个经济体制、对中国体制改革，乃至对世界经济稳定发展，对国际货币体系重组的重要性。

最后一点，也是我认为最重要的一点，那就是如何读懂生活的意义，如何把你的生活打造得更加有意义。我现在仍然能回想起17年前我们一起工作的时候他的样子。现在17年过去了，他仍然逻辑清晰、精神饱满，几乎没有留下岁月的痕迹。为什么呢？因为他对他所从事的事业充满兴趣。在我和他共事的时候，我们对于我们的研究充满了激情，我们很享受研究中国的政策制定的过程。在朱镕基总理的领导下，一群研究学者，如周小川、郭树清、易纲等等，他们都曾和彼得一起研究中国经济问题。所以他对于中国经济发展和改革做出了巨大的贡献，他也乐于享受这个过程。这也就是说，如果你能高度参与并对社会建设、人类发展做出贡献，你将保持乐观、开朗、年轻的生活状态，你的生活也将更加有意义。

恭喜大家能有这个机会学习，也再次感谢彼得的精彩演讲。

演讲者简介：

鲍泰利（Pieter Bottelier）是世界著名智库机构——约翰·霍普金斯大学高等国际研究院（SAIS）资深兼职教授（1999年至今）和卡内基国际和平基金会访问学者（2009年至今）。他曾在世界大型企业联合会（Conference Board）任中国事务高级顾问（2006~2010年），在哈佛大学肯尼迪政府学院和乔治城大学任兼职讲师（2001~2003年和2004年）。

自20世纪60年代从荷兰阿姆斯特丹大学毕业后，他先后在麻省理工学院和布鲁金斯研究所从事研究工作，担任过赞比亚财政部长的顾问和联合国贸易与发展会议（UNCTAD）的咨询专家以及赞比亚国有铜业公司的首席经济学家和市场部主任。

从1970年开始，在世界银行工作了28年，先后从事与非洲、印度尼西亚、墨西哥、拉丁美洲相关的经济研究，是一位研究范围和兴趣十分广泛的宏观经济学家，1993~1997年间任世界银行驻中国代表处首席代表，1997~1998年任世界银行主管东亚事务的副行长的资深顾问。鲍泰利发表了大量学术论文和研究专著，其中有相当多的论文和著作都是研究中国经济问题的，被美国学界、政界和世界顶级智库机构誉为"真正懂得中国的经济问题专家"。